B. lettres n.º 4192. B.
1759 Q.ᵃ
B. L.

HISTOIRE

DU

CHEVALIER

DU SOLEIL.

TOME SECOND.

HISTOIRE

DU
CHEVALIER
DU SOLEIL,

DE SON FRERE ROSICLAIR,

ET DE LEURS DESCENDANTS.

*Traduction libre & abrégée de l'Espagnol,
avec la conclusion tirée du Roman des
Romans, du sieur Duverdier.*

TOME SECOND.

A AMSTERDAM,

& se trouve A PARIS,

Chez PISSOT, Libraire , Quai des
Augustins.

M. DCC. LXXX.

HISTOIRE
DU CHEVALIER
DU SOLEIL.

LIVRE SIXIEME.

LA satisfaction de la Cour de Constantinople & les fêtes que l'on donna à
cette occasion, devoient toujours, suivant
l'usage de ce tems-là, être terminées par
un tournoi. Le respectable Trébatius en
indiqua un, mais à un terme assez éloigné
pour donner le tems à tous les Chevaliers
étrangers & courans le monde de s'y
rendre; aussi la foule y fut-elle si grande
qu'il faut convenir que nous serons bien
embarrassés à faire connoître tous ceux
qui s'y signalerent. Nous y verrons non-
seulement les Heros & les Héroïnes dont
nous avons déja parlé, mais encore leurs

enfants, leurs parents, leurs amis & d'autres perſonnages qui n'ont point encore paru ſur notre ſcene, mais qui ſont deſtinés à y jouer des rôles intéreſſans. Comme dans un amphithéâtre bien garni on eſt embarraſſé à diſtinguer les phyſionòmies, & à démêler le caractere particulier de chacune, ſur-tout lorſque ce ſont preſque tous gens du même état & de la même profeſſion, ainſi nous aurons peine à nous défendre de la confuſion & de l'obſcurité, en expoſant les caracteres, les exploits & les amours de tant d'illuſtres Chevaliers, de nobles Dames, & de ſages Enchanteurs. Les combats, les galanteries, les preſtiges magiques reviennent ſouvent & ſe reſſemblent toujours beaucoup dans leurs principales circonſtances. Nous aurons ſoin de paſſer très-légérement ſur ceux des articles de notre roman, qui ne nous offriroient que des répétitions de ce que nous avons déja été plus d'une fois obligés de dire; nous ſaiſirons au contraire, pour nous étendre un peu davantage, tout ce qui offrira un caractere de nouveauté & de ſingularité. Cependant nous ſerons forcés de nommer tous les acteurs, & de dire ce que chacun d'eux a fait de principal avant de s'être trouvé dans certaines circonſtances, dont nous eſpérons que le détail plaira à nos lecteurs.

Nous avons vu le vindicatif Séla-ge enlever non - ſeulement les deux enfants de Floralinde, mais trois autres qu'il vouloit oppoſer aux Princes Grecs, & qu'il avoit intention de rendre les vengeurs de ſon frere Fangomadan. Ce n'eſt pas qu'il ignorât que loin que les deſtinées ſe prêtaſſent à ſes vues, elles avoient réglé que les enfants de Flora-linde ſeroient les libérateurs de leur mere, & que même ils devoient opérer ce dé-fenchantement dans un âge peu avancé ; mais il ne déſeſpéroit pas apparemment d'allumer dans leurs cœurs une haine qui les armeroit contre les Grecs, nonobſ-tant les ſentimens favorables pour la fa-mille de Trébatius, que pourroient leur inſpirer Méridian & Floralinde quand ils les connoîtroient : d'ailleurs les trois autres Princes n'ayant pas les mêmes rai-ſons d'attachement pour les Grecs, il comptoit bien en faire des ennemis mor-tels de l'Empire de Conſtantinople. Il commença par les ſéparer & fit élever les trois Princes dans un Palais de ſon

isle secrette, & les deux enfans de Floralinde dans un autre. Ces derniers sça-
voient qu'ils étoient frere & sœur, les
trois autres pouvoient aussi se croire freres ; l'éducation qu'on leur donnoit étoit
propre à en faire des Héros. Floralise
même, fille de Floralinde, étoit élevée
dans l'exercice des armes, & devoit être
un jour une célébre Amazone. On leur permettoit l'amusement de la chasse, mais
c'étoit à des jours & dans des cantons de
l'isle tous différens. On les menoit souvent auprès d'un petit Temple ou Palais, qu'on leur avoit dit être consacré à
la Magicienne Médée. Ils ne pouvoient
jamais y entrer sans combattre & vaincre
quelques bêtes féroces ou quelques monstres auxquels le Magicien avoit soin de
ne donner que le dégré de laideur & de
force necessaires pour les animer, & jamais pour leur faire aucun mal. Quand
ils étoient parvenus à entrer dans le Temple, on leur présentoit une suite de tableaux magiques rangés dans une galerie, qui les instruisoient des faits d'armes
des principaux Chevaliers du monde.
Après leur avoir fait connoître ceux des
siecles passés, on leur montra ceux qui
vivoient encore, & Sélage les encoura-

gea par l'exemple de Trébatius & de ses
enfants, mais en les leur présentant plutôt comme des ennemis qu'il seroit beau
de vaincre, que comme des modeles qu'il
seroit glorieux d'imiter. L'intention de
l'Enchanteur n'étoit sûrement pas que
Floralise s'enflammât pour aucun de ces
portraits : cependant la figure de Poliphébé fit une impression aussi vive sur
le cœur de cette jeune Princesse, que
celle de Floralise inspira d'amour au
jeune Clarifel, Prince d'Assyrie. Quant à
celle-ci, Sélage l'avoit placée exprès pour
faire cet effet parmi les tableaux qui s'of-
froient aux yeux des trois jeunes Princes
dans le Temple de Médée, & son intention fut bien remplie.

Cependant le tems arriva où ces aimables enfants devoient être transportés dans l'Isle défendue, pour y donner
les plus grandes preuves de valeur & d'intrépidité & rompre l'enchantement qui
retenoit leur mere sous la garde de Brandafidel. Sélage qui cherchoit à éluder,
ou du moins à diminuer l'effet de cet
arrêt fatal pour lui, fit jurer à chacun
des cinq, avant leur départ, qu'ils seroient
toujours mortels ennemis des Grecs ; ensuite paroissant céder à l'impatience qu'ils

avoient de voyager , d'aller chercher des
aventures & de fe fignaler par quelques
exploits qui leur méritaffent le grade de
Chevalerie, il fit promettre à Celinde &
à Floralife de ne le recevoir que des mains
de celui que celle-ci vaincroit à la lutte ;
il leur déclara auffi que c'étoit à eux à
gagner leurs armes , & fur-tout qu'ils ne
pourroient fe fervir d'autres épées que
de celles que leur valeur leur acquére-
roit. Après cela il les fit monter fur un
petit navire enchanté , qui les conduifit
avec promptitude jufques fur le rivage
de l'Ifle défendue. Ils étoient en équipage de chaffeurs, & n'avoient point d'autres armes que des javelots & des fleches.
Dès qu'ils eurent mis pied à terre &
monté une petite côte, ils apperçurent
le château de Fangomadan ; ils s'en approcherent & lurent fur la porte cette
infcription : « dans ce château eft enchan-
» tée la noble Floralinde , quiconque
» voudra la délivrer , peut fonner du
» cor , la porte lui fera ouverte ; & s'il
» peut vaincre les redoutables gardes de
» la Princeffe enchantée , il lui rendra la
» liberté & obtiendra grand lôs ». Les enfants de Floralinde, loin d'être effrayés des
dangers qu'ils alloient courir , ne virent

que la gloire que pourroit leur procurer la
délivrance d'une Princesse qu'ils ne connoissoient cependant pas pour leur mere.
Floralise sonna du cor, la porte s'ouvrit ;
elle entra la premiere dans le château, &
apperçut dans la cour la tour de crystal,
qui renfermoit l'épouse de Méridian.
Cette Princesse paroissoit à travers les
murailles transparentes de la tour,
doucement couchée sur un lit ; elle
eut alors la liberté de se lever sur son
séant, & d'adresser ces mots à l'inconnu qui s'approchoit d'elle. « Craignez
» les dangers qui vous menacent, il n'est
» pas aisé de parvenir jusqu'à moi, les
» monstres vont fondre sur vous «. Effectivement il en parut plusieurs de toute
espece, qui attaquerent Floralise ; mais
son intrépidité & les javelots dont étoit
rempli son carquois lui suffirent pour les
percer. Le Chevalier parut ensuite, c'étoit
Brandafidel, chargé malgré lui d'éprouver la valeur de quiconque voudroit délivrer la Princesse de Scythie. Il se présenta armé de toutes pieces en disposition de combattre, il affecta même de
se moquer de la hardiesse avec laquelle
le jeune homme vouloit l'attaquer sans
armes. Rien n'arrêta le jeune audacieux,

& le bon Géant jettant sa lance & son épée, « puisque vous voulez absolument » vous battre, dit Brandafidel, luttons » donc, j'aurois trop d'avantage si je » restois armé ». La proposition fut acceptée & le Géant terrassé, quoique avec assez de peine & après d'assez grands efforts; il fut poursuivi jusques dans la salle où étoit le tombeau de Fangomadan. Pendant ce tems Celinde, frere de Floralise, étoit à son tour entré dans le château; & n'étant armé que de fleches, il les avoit toutes tirées sur les monstres qui l'avoient environné & les avoit poursuivi jusques dans la même salle, où il ne sçavoit plus comment se défendre, lorsqu'il apperçut l'épée de Rosiclair plantée dans la principale colonne du monument : il n'hésita pas à se jetter dessus, l'enleva facilement & s'en servit pour achever de tuer & de dissiper les monstres. S'appercevant alors que sa sœur commençoit à être fatiguée de son combat avec le Géant; « faites comme moi, » Floralise, lui cria-t-il, je viens de » trouver une épée, & j'en vois d'au- » tres autour de ce tombeau ». La jeune Guerriere ayant effectivement regardé autour d'elle, apperçut les armes de Ca-

mille attachées à la colonne, au pied de
laquelle elle se trouvoit. Elle se releve
aussitôt avec vivacité, saisit l'épée de la
Reine des Volsques, & la présentant à
Brandafidel : « Géant, lui dit-elle, il ne
» tient présentement qu'à moi de t'ôter
» la vie, j'ai sur toi l'avantage de pos-
» séder une bonne épée, & tu n'en as
» plus ; mais je veux répondre à ta gé-
» nérosité, tu n'as pas voulu me com-
» battre avec des armes quand je n'en
» avois pas, je te donne la vie.... Je me
» confesse vaincu, reprit alors le fils de
» Fangomadan, & je l'avoue d'autant
» plus volontiers, que je reconnois, à
» la facilité avec laquelle vous vous êtes
» emparée de l'épée de Camille, que
» vous êtes cette fille illustre, à laquelle
» il est réservé de rompre l'enchante-
» ment de Floralinde ; & vous, dit-il,
» en se tournant vers Célinde, entre
» les mains de qui il vit l'épée de Ro-
» siclair, venez partager la gloire de
» délivrer la Princesse de Scythie ». En
même tems il les ramena dans la cour ;
& ils n'eurent pas plutôt approché leurs
épées de la tour de cristal qu'elle s'ouvrit.
Floralinde en sortit, & courut embrasser
ses libérateurs. Avec quelle satisfaction

A v

ne reconnut-elle pas, dans les traits de
Floralife les fiens propres, & trouva-
t-elle dans ceux de Célinde la plus parfaite reffemblance avec le Prince Méridian fon époux. Elle les embraſſa encore
tendrement & à plufieurs reprifes, &
elle étoit tentée de leur donner le doux
nom de fils & de fille. Ces charmans
libérateurs fe fentoient auſſi difpofés à
l'appeller leur mere, & à avoir pour elle
les fentimens des plus tendres enfants.
Quelques queſtions qui furent faites de
part & d'autre confirmoient ces foupçons
& ces preffentimens, lorfqu'on entendit
d'un autre côté du château un bruit épouvantable, & un grand cliquetis d'armes
& d'épées. « Voici fans doute quelque
» nouvelle attaque, dit Brandafidel ».
Les jeunes Guerriers vouloient y courir ;
mais le bon Géant les arrêta. « Atten-
» dez du moins, leur dit-il, pour ten-
» ter de nouveaux exploits, que vous
» foyez armés Chevaliers ». Floralife fe
reffouvint alors qu'on lui avoit recommandé de ne recevoir cet honneur que
de la main de celui qu'elle auroit vaincu
à la lutte. « Eh bien! brave Géant, dit-
» elle, c'eſt de vous que je veux rece-
» voir cet ordre ». Brandafidel y confen-

tît avec plaisir, & Célinde lui ayant demandé la même grace, il la lui accorda
aussi. En donnant l'accolade à la jeune
Amazone; «valeureuse Dame, lui dit-il,
» si vos prouesses doivent égaler vos
» charmes, vous ferez plus d'exploits
» que n'en ont jamais fait Trébatius &
» ses illustres enfants; c'est vous-même
» qui avez gagné votre épée, vous vous
» en êtes servi contre moi, il ne m'ap-
» partient pas de vous la ceindre, mais
» dites à qui vous voulez déférer cet hon-
» neur ». Aussitôt Floralise se jettant aux
genoux de Floralinde, & lui baisant les
mains, la pria de lui accorder cette faveur.
Ce fut avec la plus vive satisfaction que
cette tendre mere arma ainsi sa fille, qui
venoit d'être sa libératrice. Célinde ayant
reçu à son tour l'accolade, le Géant voulut que ce fût sa sœur même qui lui
ceignît l'épée. Ces cérémonies étant ache-
vées, les nouveaux Chevaliers vouloient
courir au bruit qu'ils avoient entendu;
mais Brandafidel les arrêtant encore :
» Hélas! leur dit-il, chers enfants, le
» destin ordonne que vous preniez dès-
» à-présent congé de votre tendre mere
» & de moi; nous n'avons peut-être que
» ce moment où il nous soit permis de

» nous embarquer pour la Grece, où l'ai-
» mable & fage Rofalinde doit rejoin-
» dre fon époux : laiffez-nous partir, &
» après avoir achevé de détruire les enchan-
» temens de cette ifle funefte, tâchez de
» fuivre nos pas ; le Ciel permettra que
» réunis à vos parens, vous jouiffiez de
» la gloire & du bonheur que vous méri-
» tez ». De nouveaux embraffemens, mêlés de larmes, furent la fuite de ce compliment. Brandafidel entraîna Rofalinde.
Dès qu'ils furent fortis du château, les
portes s'en fermerent avec un fracas épouvantable. Le frere & la fœur en gémif-
fant entrerent dans la falle où étoit le
tombeau de Fangomadan : le bruit qu'ils
y entendoient étoit caufé par les trois autres jeunes éleves de Sélage. Le Magicien
les avoit à leur tour fait conduire dans
l'Ifle défendue ; ils étoient entrés dans le
château & avoient pénétré jufqu'à la
falle, après avoir tué avec leurs épieux,
leurs javelots & leurs fléches les monftres
qui défendoient l'approche du tombeau.
Mais enfin quand ils furent au pied
de ce monument, trois fantômes de
Guerriers terribles fe préfenterent à eux :
c'étoit Nembrot, Séfoftris & Zoroaftre.
La contenance la plus fiere, les propos

les plus menaçants, tenus par ces spectres de Héros, étoient bien faits pour
intimider les trois Damoiseaux ; mais
ils les attaquerent avec audace & vigueur,
& sentant le désavantage qu'ils avoient
à combattre sans épées, & ayant apperçu celles qui étoient attachées aux
colonnes, ils s'en saisirent, les enle-
verent facilement, & en frapperent des
coups si terribles, que les Démons revêtus de ces trois corps fantastiques,
avoient peine à se défendre contr'eux.
Célinde & Floralise arrivent dans ce
moment & croyent voir Camille &
même Rosiclair s'opposer aussi à eux &
leur demander leurs épées. Mais que ne
peut l'intrépidité & la bouillante ardeur
d'une jeunesse héroïque ! Non-seulement les Démons furent vaincus, mais
le tombeau de Fangomadan fut ouvert ;
son cadavre & celui de son fils furent
précipités au fond des enfers : sa veuve
& sa fille sortirent d'enchantement. Floralise les conduisit hors de cette salle funeste, & les laissa maîtresses du château,
dégagé & libre de tous les prestiges qui
obsédoient cette demeure & toute l'Isle
défendue.

Les quatre Guerriers & l'Amazone

étant réunis avec elles, le fage Lirgandé defcendit fur un nuage, & leur
adreffant la parole : „ Enfin, leur dit-
„ il, les enchantements du cruel Sélage
„ font diffipés. Noble Dame, & vous,
„ aimable Demoifelle, vous pouvez ré-
„ gner en paix dans ces lieux ; mais vous,
„ chers enfants, il faut que vous vous
„ fépariez promptement, & que vous
„ vous abandonniez au fort qui vous
„ eft réfervé par la deftinée. Célinde
„ & Floralife, vous trouverez fur le ri-
„ vage prochain un vaiffeau prêt à vous
„ conduire fur les traces de votre mere;
„ & vous Torinian, Argante & Clarifel,
„ un autre navire vous attend fur le ri-
„ vage oppofé ; mais avant que de par-
„ tir, fongez que vous n'avez point en-
„ core reçu le grade de Chevalerie, dont
„ vous êtes dignes par la valeur dont
„ vous venez de donner des preuves écla-
„ tantes «.

Les trois Princes demanderent auffitôt
avec empreffement cet ordre : Lirgandé
engagea Célinde à le leur conférer fur-
le-champ ; & quand il fut queftion de
leur ceindre l'épée, ce fut la veuve de
Fangomadam qui la donna à Torinian,
& fa fille à Argante ; pour Clarifel, le

Sage pria Floralife de lui faire cet honneur ; & ce fut avec des tranfports de
reconnoiffance & de joie que le Prince
d'Affyrie reçut fon épée de la main de
celle dont il avoit déjà admiré le portrait
dans le Temple de Médée, & dont les
charmes avoient fait une fi vive impreffion fur fon cœur. Il jura non-feulement
d'employer toute fa vie fes armes pour
le fervice de Floralife, mais même de
combattre fans ceffe à fes côtés, fi le
fort lui permettoit de la rejoindre. L'A-
mazone reçut ces complimens avec une
noble modeftie ; & Lirgandé les obligea bientôt de fe féparer, & de s'embarquer : les trois Princes d'un côté,
le frere & la fœur de l'autre, chacun
revêtu de l'armure qu'il avoit gagné
autour du tombeau de Fangomadan,
à l'exception de Célinde, qui, n'ayant
trouvé que l'épée de Rofíclair, reçut
de Lirgandé une nouvelle armure enchantée.

Pendant que les défenchantés de l'Ifle
défendue courent les mers, voyons ce
qu'étoient devenues les Princeffes de
Rome & d'Ecoffe, qui, comme nous
l'avons dit dans le livre précédent, cherchoient le Prince Elene des Daces. Elles

étoient vêtues en hommes, & paroiffoient les plus jolis damoifeaux du monde ; Arbolinde fur-tout, qui étoit une
brune piquante, de la gaieté la plus vive
& la plus fpirituelle, fe livroit d'autant
plus volontiers à fon goût pour la plai-
fanterie, que fon cœur & fon efprit
étoient libres de toute paffion & n'étoient
tourmentés par aucune inquiétude. Rofelie étoit blonde, plus réguliérement
belle, mais moins agréable, & étant
continuellement occupée du defir de revoir fon cher Elene ; elle ne rioit que
par intervalles, & lorfque la gaieté fou-
tenue de fon amie l'y forçoit pour ainfi
dire. Etant montées fur un vaiffeau qui
faifoit voile pour la Grece, elles furent
obligées d'entrer & de s'arrêter dans un
petit port où étoit déja un navire plus
confidérable que le leur, fur lequel elles
remarquerent deux Chevaliers jeunes &
de bonne mine, dont l'air & la politeffe
annonçoient de grands Seigneurs. Elles
s'informerent du nom & de la qualité de
ces Meffieurs, & les Princes (car ils
l'étoient) frappés de leur jolie figure,
eurent auffi la curiofité de leur parler. Ils
les interrogerent, les Demoifelles ne répondirent que ce qu'elles jugerent à pro-

pos ; mais comme on leur propofa, de
la part des deux Princes, de s'attacher à
eux en qualité d'Ecuyers, Arbolinde prenant la parole répondit, qu'elles y confentoient volontiers, n'ayant pour le moment ni condition, ni but déterminé
dans leur voyage. « Nous nous nom-
» mons, continua l'aimable Ecoffoife,
» le damoifeau que voici, Rofelli, &
» moi Arboleon ; nous avons été en der-
» nier lieu Pages d'une Princeffe, mais
» nous n'avons pas pu refter long-tems
» dans cette condition. Mon camarade
» a été trouvé trop trifte & trop langou-
» reux pour un Page, on a cru qu'il
» avoit le cœur rempli d'une grande
» paffion, & que cela étoit d'un mau-
» vais exemple à la Cour d'une jeune
» Princeffe ; pour moi, on m'a trouvé
» trop éveillé : enfin on nous a donné à
» tous deux notre congé & ce qui nous
» étoit néceffaire pour aller chercher for-
» tune ailleurs. Attachez-vous à nous,
» dit alors le plus âgé des deux Guerriers,
» & foyez nos Ecuyers ; je fuis Lifard,
» Roi de Tarfe & époux de la belle Flo-
» re, Reine d'Argentone ; après avoir eu
» le bonheur de délivrer, à l'aide des

» premiers Chevaliers du monde, mon
» beau-pere & ma maîtreſſe, j'ai ſuc-
» cédé au trône de ſon pere & du mien,
» & je croyois pouvoir vivre tranquille
» avec elle, mais des circonſtances trop
» longues à vous expliquer me forcent
» à errer dans le monde, moi toujours
» occupé de ma chere Flore, comme
» Roſelli l'eſt de ſa Dame. Mon frere
» Floriſart, qui eſt encore jeune, & n'a
» pas même reçu l'ordre de Chevalerie,
» eſt libre de tous ſoins amoureux,
» comme Arboleon; vous nous convien-
» drez à merveille l'un & l'autre ». Roſelie & Arbolinde les remercierent, &
ayant paſſées dans leur navire, dès ce
moment elles devinrent leurs Écuyers &
leurs favoris, car les deux Princes les prirent bientôt dans la plus grande affection.
Liſard, dont nous avons déja parlé dans
le livre précédent, ſoutenant ſon caractere de Prince amoureux, faiſoit ſans
ceſſe des confidences à Roſelli, ſur ſa
paſſion pour la Princeſſe Flore, & ſon
Écuyer, qui lui avoit dit que ſa Dame s'appelloit Hélene, lui en faiſoit
auſſi ſur ſa tendreſſe. Ils étoient tous deux
Muſiciens, & chantoient des Duo, où

ces deux noms se trouvoient mêlés ensemble. Le jeune Florisart & son écuyer
s'en moquoient d'abord de bonne foi ;
mais bientôt Arboleon, ou plutôt Arbolinde, sentit qu'elle alloit perdre son
indifférence, en faveur du beau Florisart,
qui l'accabloit de caresses & d'amitiés,
fort innocentes de la part du jeune homme. La Demoiselle déguisée n'y répondoit qu'en rougissant, & le jeune Prince
de Tarse ne s'en appercevoit pas. Leur
navigation fut longue, le calme & les
vents contraires les obligerent de relâcher
dans plusieurs lieux, où il ne leur arriva
rien de fort remarquable. Cependant la
nouvelle passion de la Princesse Ecossoise
déguisée augmentoit toujours, elle ne
sçavoit comment la déclarer à son objet,
& craignoit que quelqu'autre beauté,
connue pour telle, ne s'emparât de son
cœur. Enfin l'amour lui suggéra un moyen
assez extraordinaire d'enflammer son
jeune Prince pour elle. Elle avoit un portrait d'elle-même, vêtue, parée & coëffée
convenablement à son sexe, & à la mode
de son pays; elle le montra à Florisart,
qui trouva cette figure charmante, &
sans y reconnoître les traits de son Ecuyer,
se sentit de grandes dispositions à en de-

venir amoureux. Il demanda, avec beaucoup d'empreffement, des éclairciffemens
fur l'original de ce portrait, à celle-même
qu'il repréfentoit. L'Ecuyer fit quelques
façons avant que de s'expliquer. Enfin
elle lui avoua, du ton de la plus grande
confidence, que c'étoit Arbolinde d'E-
coffe ; elle ajouta que cette belle Princeffe ayant eu occafion de le voir à Tarfe,
fans que lui Ecuyer fçut précifément
quand ni comment, elle en étoit devenue
éprife, elle l'avoit chargé de le chercher,
& de lui montrer au moins fon portrait,
pour voir s'il feroit quelqu'effet fur lui.
Florifart vit dans tout cela l'apparence
d'une bonne fortune, faite pour enchanter un Prince de dix-huit ans : il ne cacha point à fon Ecuyer tout l'amour
qu'il reffentoit pour cette charmante
Princeffe, & s'informa avec empreffement dans quel endroit il pourroit la
rencontrer. L'on juge bien que la réponfe fut vague & myftérieufe, & que
le faux Ecuyer fe contenta d'avoir fait
l'impreffion qu'il défiroit fur le cœur de
fon jeune maître.

Cependant le navire des Princes de
Tarfe paffa auprès d'un vaiffeau dans
lequel ils remarquerent un Géant & une

Dame. C'étoient l'honnête Brandafidel &
Floralinde ; mais Lifard, fur la mauvaife réputation qu'avoient en général
les Géants , s'imagina que celui-ci en--
levoit de force la Dame avec laquelle
il étoit. Il accroche auffitôt fon navire ,
& fe mer à le combattre fans autres éclairciffemens. Le duel fut animé & furieux
de part & d'autre ; mais enfin un coup
de vent les fépara heureufement.

Puifque nous avons eu le bonheur de
rencontrer l'époufe de Méridian, difons
de fuite qu'elle & le bon Géant arriverent heureufement auprès de Conftantinople , qu'ils s'acheminoient vers cette
capitale fur un fort cheval & une belle
haquenée , dont ils avoient fait l'acqui-
fition , lorfqu'ils rencontrerent une troupe de Chevaliers qui leur demanderent
d'abord s'ils n'alloient pas au tournoi qui
devoit fe donner pour célébrer la réunion
de l'illuftre famille du refpectable Trébatius ? Le fils de Fangomadan dit que
c'étoit fon intention , & la converfation entre ces Chevaliers, qui avoit été
d'abord affez polie , finit par des propos
infolents , que ces Meffieurs tinrent à
Floralinde. Brandafidel qui s'en apperçut
à la fin fe fâcha ; & ayant propofé à ces

étourdis de se battre, il les désarçonna
tous, & en blessa quelques-uns dange-
reusement. Quitte de cet exploit, il eut
bientôt occasion d'en faire d'autres : il rencontra une nouvelle troupe de cavaliers
bien montés, qui conduisoient des prisonniers des deux sexes vers un château, dont
on voyoit le haut des tours, à quelque distance du chemin : il s'informa du nom
du possesseur de cette forteresse, & apprit que c'étoit le redoutable Friston,
qui, étant arrivé dans ce pays, à la faveur
du sauf-conduit général que l'Empereur
avoit accordé à tous ceux qui voudroient
se rendre à son tournoi, s'étoit emparé de ce château : il partit de ce lieu
pour visiter la campagne & les chemins, & faisoit prisonniers tous les Chevaliers & les Dames dont il pouvoit
se rendre maître. Le bon Géant, en
vrai réparateur des torts, s'empressa de
délivrer les prisonniers & en vint à bout,
après avoir battu l'escorte, quoiqu'elle
fût forte & nombreuse. Heureusement
qu'il fût secondé par un jeune Chevalier
couvert d'armes noires, qui l'ayant vu
prêt à être accablé par le nombre, vint
le secourir. Non content de ce premier
exploit, les deux vainqueurs se propo-

ferent d'alier attaquer le château de Frif-
ton & de détruire ce repaire de brigands.
Ils y réuffirent, ma'gré la réfiftance du
barbare & de fes fatellites. Ils ôterent la
vie au premier, & ayant entiérement
diffipé fa troupe, ils donnerent la liberté
à tous les prifonniers, parmi lefquels fe
trouverent Dom Sylvere de Portugal &
la belle Archirofe, fon époufe, Reine
de Theffalie. Brandafidel & Floralinde
pafferent quelques jours à fe repofer avec
eux, & pendant ce tems le Chevalier
qui avoit fi généreufement fecouru le
Géant, fe fit connoître à lui ; c'étoit Sarmacie, qui venoit joindre fon amant
Oriftide & vouloit fe rendre *incognito* à
Conftantinople, où elle ne doutoit pas
qu'elle ne le trouvât. Floralinde dès qu'elle
entendit parler du Prince Troyen, fe mit
auffitôt à s'étendre fur fes louanges, en
dit tout le bien qu'elle fçavoit, & qu'on
pouvoit en dire en lui rendant juftice.
« Je l'ai connu, dit-elle, dès ma jeu-
» neffe, en Macédoine ; j'ai parcouru
» avec lui bien des pays & traverfé bien
» des mers ; enfin nous avons été en-
» chantés, pendant plufieurs années, dans
» le même château ». La bonne Princeffe croyoit par-là plaire à Sarmacie,

mais elle fit l'effet tout contraire. L'Amazone naturellement jalouse, s'imagina qu'une Dame qui connoissoit si bien son amant, en avoit été éprise, & qu'il l'avoit été d'elle. Son imagination vive & emportée lui persuada qu'Oristide l'avoit trompée, en lui disant que son cœur avoit toujours été libre. Remplie de cette fausse idée, son ame fut agitée, & dès la pointe du jour suivant elle s'éloigna du château de Friston & de Constantinople, ne voulant plus courir après un amant qu'elle croyoit infidele. On fut très-inquiet de ce départ précipité, & le lendemain les autres prisonniers de Friston part rent pour la Capitale. Brandafidel & Floralinde ayant dessein de ne s'y faire connoître qu'à propos, prirent un chemin différent & plus long que celui qu'alloient suivre le Roi de Portugal & son épouse.

Retournons aux Princes de Tarse & à leurs charmans Ecuyers. Leur navire traversant la mer dans un parage qui leur étoit inconnu, ils apperçurent sur un rocher une tour élevée & très-brillante, ils s'en approcherent & reconnurent qu'elle étoit de crystal ; Lisard n'hésita pas à mettre
pied

pied à terre, laissant son frere, qui n'é-
toit pas encore armé Chevalier, & ses
deux Ecuyers dans le vaisseau : il grim-
pa sur le roc, & vit ces mots écrits sur
la porte de la tour : " C'est ici que Sélage
" tire vengeance d'un héritier des Princes
" de Grece, & de ceux de la Grande-
" Bretagne, ses ennemis ". Cette inscription ne fit qu'encourager le Roi de
Tarse à tenter l'aventure ; il combattit
des monstres terribles, des fantômes
épouvantables, & parvint enfin à forcer
la porte de la tour, & à en faire sortir
l'aimable & vaillant Rosabel, fils de
Rosiclair. Il le reconnut à la ressemblance de ses traits avec ceux de son
pere, l'interrogea ; & s'étant assuré qu'il
ne se trompoit pas, il l'embrassa mille
fois, & se préparoit à le ramener en
Grece dans son navire ; il avoit déja appellé dans la tour son frere & ses deux
Ecuyers, & ils étoient tout près d'en
sortir, lorsqu'un vieillard, du maintien le
plus vénérable, parut au milieu d'eux ;
il tenoit à sa main un petit livret, couvert d'or, enrichi de pierreries, & l'ayant
ouvert, & s'adressant à Lirard : " Vous
" croyez peut-être, dit-il, avoir détruit
" tous les enchantements que j'ai pu

Tome II.   B

» faire contre la race des Princes de
» Grece mes ennemis ; mais défabufez-
» vous , un coup terrible va bientôt vous
» montrer quelle ardeur j'ai de me ven-
» ger , & quels font les moyens que je
» peux employer pour affurer ma ven-
» geance ». Le cruel Sélage, après avoir
prononcé ces mots , commençoit un enchantement qui devoit être plus effroyable que tous les précédents , & qui infpiroit déja la plus grande terreur au jeune
Florifart , & fur-tout aux deux aimables
Ecuyers , lorfque le fage , & favorable
Lirgandé vint heureufement à leurs fecours. Il défia Sélage de nuire davantage
aux Princes Grecs qu'il protégeoit : » j'ai
» déja détruit , dit-il , quelques – uns
» de tes enchantemens & empêché la
» plus grande partie du mal que tu vou-
» lois faire aux Héros que j'ai pris en
» affection. Je prétends à préfent te
» mettre tout-à-fait hors d'état de leur
» nuire «. En même temps le bon Enchanteur marmota de fon côté quelques paroles myftérieufes, contraires à celles que
le Magicien lifoit dans fon livret. Mais
comme cet affaut de conjurations n'a-
boutiffoit à rien , puifque tout ce que
l'un faifoit étoit détruit par l'autre, Lir-

gandé ordonna tout bas à Lifard d'enlever le livre du Magicien. Le Roi de
Tarfe fe faifant fcrupule de faire violence
à un vieillard qui paroiffoit décrépit ,
le petit Ecuyer Arboleon prit la parole,
& dit à Lirgandé : » Seigneur enchan-
» teur , laiffez moi faire , ceci n'eft point
» exploit de Chevalerie , mais tour de
» Page ; je vais le jouer ». En même
temps, courant promptement derriere le
vieux Magicien, il fe baiffe , paffe entre
fes jambes , le culbute , & lui enleve fon
livret , qu'il remet auffitôt à Lirgandé.
Dès que celui-ci en fut le maître , Sélage
vit qu'il étoit perdu : il s'attendoit à entendre prononcer fon Arrêt de mort; mais fon
généreux adverfaire fe contenta de l'en-
fermer dans cette même tour de cryftal
dans laquelle il avoit détenu Rofabel ,
& de l'y retenir par un enchantement
fi fort, qu'il ne pût plus en fortir , ni
nuire aux Princes Grecs. Après cela Lirgandé avertit le fils de Rofſiclair qu'il
étoit important qu'il fe rendît promptement au Royaume de Niquée; que Liriane avoit befoin de fon fecours. Il l'affura en même temps , que quoique cette
belle Princeffe ne lui eût encore témoigné
que de l'indifférence , elle l'aimoit , &

qu'elle étoit au défefpoir de la difpofition
où paroiffoit être fon pere de la marier
au Roi d'Egypte. Rofabel n'héfita point à
profiter de l'avis de Lirgandé & de fon
fecours. Les deux Princes de Tarfe &
leurs deux Ecuyers ne balancerent pas
à le fuivre , & le navire enchanté s'étant
préfenté fort à propos , comme à l'ordinaire , les tranfporta promptement &
heureufement à Niquée. Le Roi de ce
pays y faifoit célébrer un tournoi , qui
devoit fervir de prélude aux noces de
fa fille avec le Roi d'Egypte , & de fes
deux nieces avec deux Géants , qui jouif-
foient d'une grande confidération dans
le canton.

Rofabel jugea à propos de profiter du
tumulte du tournoi pour enlever fa maîtreffe ; Lifard & Florifart promirent de le
feconder. Ce dernier, pour fe rendre plus
fufceptible d'avoir part aux exploits qui
devoient fe faire dans cette grande occafion , défira de recevoir l'ordre de Chevalerie de la main de Rofabel. Le petit - fils
de Trébatius le lui conféra avec plaifir &
de la meilleure grace du monde , &
lui donna l'accolade de tout fon cœur ;
mais il ne fe trouva point de Dame pour
ceindre l'épée au nouveau Chevalier, &

il fut décidé que ce seroit partie remise
à la premiere occasion. Le soir de cette
cérémonie , le Chevalier se plaignoit à
son Ecuyer de ce délai , qui rendoit sa ré-
ception imparfaite. » Sire , lui dit alors
» le fidele Arboléon , avez-vous donc
» oublié cette Princesse d'Ecosse qui m'a
» chargé de vous remettre son portrait ?
» Ah ! reprit vivement Florisart , je l'a-
» dore , & si elle étoit ici , aucune au-
» tre qu'elle ne m'armeroit , & je jure-
» rois de ne combattre que pour elle.
» — Consolez-vous , j'ai plein pouvoir
» de cette belle Princesse de vous cein-
» dre l'épée ; je suis même chargé de
» vous en remettre une de sa part ». En
même temps Arbolinde tira l'épée d'E-
lene , que nos Lecteurs se souviendront
qu'elle avoit prise à ce Prince avant son
départ de Rome : elle l'avoit précieu-
sement conservée , en ayant soigneu-
sement enveloppé la poignée d'une étoffe
simple & obscure , afin qu'on ne vît pas
à quel point elle étoit brillante. Elle la
découvrit dans ce moment , & la remettant au nouveau Chevalier : » La
» Princesse Hélene , lui dit-elle , a bien
» prévu qu'un Guerrier de votre naissance

» ne tarderoit pas à recevoir l'ordre de
» Chevalerie , & c'eft pour ce moment-
» là qu'elle m'a remis cette épée avec
» injonction de vous la ceindre en fon
» nom. J'y confens , mon cher Arbo-
» léon, reprit le Prince , j'en fuis même
» charmé ; la Princeffe d'Ecoffe ne pou-
» voit choifir un repréfentant qui me fût
» plus agréable «. Le charmant Ecuyer
lui ceignit donc l'épée , & cette cérémonie fut terminée par un baifer, dont
la douceur penfa faire fentir tout-à-fait
au Prince que l'objet de fon amour , de
fa confiance & de fon amitié , étoit
abfolument le même.

Le tournoi de Niquée eut lieu, les
trois Princes s'y préfenterent d'abord fans
s'y faire connoître , & s'y fignalerent au
point de s'attirer l'eftime de ceux mêmes
qu'ils vainquirent , tels que deux Princes
de Zélande qui étoient amoureux des
deux nieces du Roi de Niquée , auxquelles on vouloit faire époufer deux
Géants : ces deux Princes firent bientôt
connoiffance avec Rofabel, ils ne tarderent pas à lui confier qu'ils étoient dans
la difpofition d'enlever leurs maîtreffes,
comme le fils de Roficlair fe propofoit
d'enlever la fienne. Comme ils n'étoient

point épris du même objet, mais qu'ils vouloient user des mêmes moyens, les cinq Princes furent bientôt d'accord. Leur valeur leur procura un sixieme ami & compagnon d'armes, qui se trouva être Oriftolde, fils du bon Roi Sacridor, le meilleur ami de Rosiclair : il étoit amoureux de Clarintée, amie intime de Liriane, & sœur des Princes de Zélande. Il entra dans la confidence ; enfin il fut convenu, entre ces six Chevaliers, que l'enlevement se feroit par les uns, & que les autres se tiendroient dans la forêt voisine, à portée de les secourir. Le plan fut exécuté suivant qu'il étoit convenu; le tournoi se changea en combat, le Roi d'Egypte y perdit la vie, ainsi que les deux Géants, qui prétendoient épouser les maîtresses des Princes de Zélande. Liriane, ses deux cousines, & Clarintée furent enlevées. & ce fut en vain que le Roi de Niquée voulut se mettre à la poursuite de leurs ravisseurs, il fut repoussé & ne put sçavoir ce que sa fille & ses nieces étoient devenues. Enfin on envoya négocier avec le Roi, on lui promit de rendre les Princesses, pourvu qu'il voulût bien accorder ses nieces aux Princes de Zélande, & sa fille à Rosabel dont

B iv

on lui fit connoître l'illuſtre naiſſance.
La Princeſſe elle-même pardonna à ſon
amant, dès qu'elle ſçut qu'il étoit le
petit-fils du grand & reſpectable Empereur Trébatius. Enfin tout paroiſſoit prêt
à ſe concilier, les deux Princes de Tarſe
quitterent alors la Cour de Niquée, lorſqu'une aventure funeſte vint déſoler cette
Cour où la ſatisfaction & la paix alloient
s'établir. Luperce Enchanteur, frere de
Sélage, entreprit de le venger & de per-
ſécuter à ſa place les Princes Grecs &
leurs alliés ; il crut leur porter un coup
funeſte en enlevant la Princeſſe Liriane ;
le Magicien exécuta ce projet dans un moment où elle étoit à la promenade. Un
char attelé par des dragons s'abattit auprès
d'elle ; le Magicien, en la touchant de
ſa baguette, l'obligea d'y entrer, & il
s'envola avant que les Princes, qui
étoient à quelque diſtance, & qui accoururent bien vîte, fuſſent à portée
de l'empêcher.

Dès qu'on en fut informé à la Cour
de Niquée, la déſolation fut extrême ;
on s'agita, on ſe troubla. Les deux
Princes de Zélande coururent ſur-le-
champ pour découvrir de quel côté avoit
été tranſportée Liriane. Roſabel & Oriſ-

tolde plus fages , refterent à Niqüée,
tant pour y attendre des nouvelles de
la Princeffe afin de fçavoir où ils de-
vroient fe tranfporter , que pour défendre le Royaume contre les Rois des Garamantes & d'Armenie , partifans de
celui d'Egypte, & qui avoient combattu
pour lui. Ils avoient été pris prifonniers
après avoir été vaincus par les fils de Roficlair & de Sacridor ; mais leurs Sujets
fe préparoient à venir les délivrer avec
une nombreufe armée. D'ailleurs , on
fçavoit que de nouveaux prétendants à
la main de la Princeffe de Niqüée devoient encore arriver pour la demander
en mariage , ignorants & le choix qu'elle
avoit fait de Rofabel , & fon enchantement. Enfin le Prince de Niqüée , Lindorian frere de Liriane , étoit déja parti
depuis quelque temps pour aller chercher
des aventures , fon pere attendoit fon
retour avec impatience & inquiétude.

Les deux Princes de Tarfe s'étoient embarqués pour retourner dans leurs Etats ;
le premier étoit impatient de rejoindre fa belle époufe Flore ; & le fecond,
fe flattoit de voir arriver la Princeffe d'E-
coffe, dont fon gentil Ecuyer l'entretenoit
fans ceffe.

Rosabel & Oriftolde trouverent effectivement bientôt des ennemis à combattre. Bombe, Prince d'Achaye, étoit amoureux de Liriane fur fa réputation, & peut-
être fur fon portrait ; il apprit qu'elle
étoit deftinée à un autre, & accourut
pour difputer fa main. On lui dit que la
Princeffe étoit enchantée, mais il n'en per-
fifta pas moins dans la réfolution de vaincre celui qui, avant cet accident, devoit
en être le poffeffeur. On lui affigna jour
& heure pour combattre dans la place
publique de Niquée contre Rofabel. Grandelin, Géant, Roi des Ifles Altanes,
vint auffi fe plaindre infolemment de ce
que l'on vouloit accorder Liriane à un
autre qu'à lui. Oriftolde, ennuyé de ces
propos audacieux, lui donna un violent
foufflet qui le renverfa : il demanda à
fe battre pour fe venger de cet affront,
& on fixa pour fon combat avec Oriftolde, le même jour deftiné pour celui de
Rofabel & de Bombe. Cette querelle
fut vuidée, & comme on juge bien,
ce fut à la gloire du fils de Rofíclair ;
il vainquit d'abord le Prince d'Achaye,
qu'il renverfa fur la place fans connoiffance ; mais le Géant ayant fait le même
traitement au fils de Sacridor, le petit-

fils de Trébatius courut pour le venger,
& y réuffit fi bien qu'il donna la mort au
terrible Grandelin. Bombe & Oriftolde revinrent aifément de leur évanouiffement & de leurs bleffures ; & le premier s'avouant vaincu, fut obligé de renoncer à Liriane, du moins pour le moment. Les Chevaliers des deux Rois prifonniers s'étant armés, comme on s'en
étoit bien douté, pour les délivrer, parurent au nombre de quatre mille; mais
quoique ceux du Roi de Niquée fuffent
en plus petite quantité, ils avoient à
leur tête les Princes de Grece & d'An-
tioche : ainfi ceux de Garamantes
& d'Armenie furent défaits. Rofabel
voulant ufer de générofité après la victoire, donna la liberté aux Rois prifonniers. Ce n'étoit pas l'avis du Roi de
Niquée ; mais le fils de Roficlair l'y con-
traignit pour ainfi dire, & les deux
Monarques fentirent toute l'obligation
qu'ils avoient à ce jeune Héros, qui les
fit partir pour leurs Etats, avant que de
s'embarquer lui-même pour Conftantinople, où il devoit retrouver fon pere,
& fe faire reconnoître de fa tendre mere,
enfuite chercher par-tout Liriane, & employer fa valeur à la défenchanter.

B vj

Au moment qu'il étoit prêt à s'embarquer, se promenant sur le rivage, il y
vit arriver un jeune Guerrier bien fait ; il
l'interrogea courtoisement sur le sujet de
son voyage dans le Royaume de Niquée.
« Les vents contraires m'ont seuls forcé
» d'aborder sur cette côte, dit le Che-
» valier, je viens de l'isle de Trinacrie,
» & je vais à Constantinople exécuter
» une commission que m'a donnée la
» Reine Garafilée : l'exploit qu'elle m'or-
» donne de faire est certainement diffi-
» cile ; mais il n'en est que plus digne
» de mon courage & de mon amour. Et
» de quoi s'agit-il, reprit Rosabel ? —
» de vaincre l'Empereur Trébatius, d'ap-
» porter sa tête à la Reine de Trinacrie,
» qui ne veut m'accorder qu'à cette con-
» dition sa charmante fille, la Princesse
» Rosalvire. — Chevalier, vous avez rai-
» son de dire que la commission que l'on
» vous a donnée est de difficile exécution ;
» mais songez qu'elle est injuste, & par
» conséquent peu digne des sentimens
» que doit inspirer l'ordre de chevalerie.
» Quoi ! la cruelle Reine de Trinacrie
» veut vous faire obtenir la main de sa
» fille par la mort du pere de cette
» Princesse » ?

Nonobſtant de ſi juſtes repréſentations, le jeune inconnu s'obſtinoit toujours à ſuivre ſon projet ; il ſoutenoit d'après ſa belle-mere prétendue, que Trébatius avoit eu les plus mauvais procédés avec elle, & qu'il devoit en être puni. A la fin Roſabel impatienté, lui dit, « jeune » homme vous ignorez devant qui vous » parlez, je ſuis petit-fils du reſpectable » Empereur que vous inſultez, & ſans » aller juſqu'à Conſtantinople, c'eſt moi » que vous devez vaincre avant que de » l'attaquer ». Le jeune audacieux accepta le défi, & fut bientôt vaincu ; alors avouant ſa défaite, il ſe fit connoître de ſon adverſaire pour Lindorian, Prince de Niquée, frere de Liriane : Roſabel qui avoit été élevé avec lui, l'embraſſa avec tendreſſe, & l'aſſura que s'il l'eût connu, il n'eût jamais combattu contre lui ; il lui conta tout ce qui étoit arrivé dans ſon pays depuis ſon départ de Niquée ; lui fit part des découvertes qu'il avoit faites ſur ſa naiſſance ; le diſſuada du projet d'attaquer ſon futur beau-pere; il lui perſuada au contraire de l'aller trouver, & de s'aſſurer de ſon agrément, pour épouſer la charmante Roſalvire : cela étant ainſi convenu, Lindorian re-

parut à la Cour de fon pere, & diffipa
l'inquiétude où l'on y étoit fur fon compte, mais il y féjourna peu, il partit
avec Rofabel & Oriſtolde pour Conftantinople : le navire enchanté fe trouva
à leurs ordres, & les conduiſit heureufement vers les rives de la Grece, où ils
débarquerent & s'avancerent dans le
pays, mais en gardant l'incognito.

Pendant qu'ils voyageoient, Clariſel
s'étoit acquitté d'une commiſſion dont
le Magicien Luperce l'avoit chargé ;
mais en lui recommandant de ne l'exécuter qu'après le départ de Rofabel; c'é-
toit de remettre une lettre au Roi de
Niquée, par laquelle Luperce l'avertiſ-
foit ,, que c'étoit en haine des Grecs
,, qu'il retenoit fa fille enchantée dans un
,, lieu qui n'étoit connu que de lui feul,
,, qu'elle y étoit pour ainſi dire en otage,
,, qu'il empêcheroit bien qu'elle ne fût
,, délivrée par aucuns des Héros Grecs, &
,, fur-tout par Rofabel; mais que les enne-
,, mis de Trébatius pourroient feuls rom-
,, pre fon enchantement,,. Le pere de Liriane fut fort fâché de n'avoir reçu cet
avis qu'après le départ de fon fils, s'imaginant que la tendreffe fraternelle l'auroit
engagé à faiſir le feul moyen qui fe pré-

sentoit de recouvrer sa sœur ; il envoya
sur ses pas à Constantinople , pour l'en
avertir ; mais les couriers qu'on lui dé-
pêcha ne purent le joindre : en attendant, le Roi de Niquée prit la ferme résolution d'armer contre l'Empire Grec ;
puisque le seul moyen de délivrer sa
fille , étoit de se joindre à ses ennemis.
Clarisel resta pendant quelque tems à la
Cour de Niquée , très fêté par le Monarque ; mais ce jeune Prince étoit toujours
occupé de son amour pour Floralise ,
sans sçavoir ce que cette Princesse & son
frere étoient devenus. Nous allons l'apprendre à nos lecteurs.

Ils étoient heureusement arrivés sur
les côtes de Grece , & en y débarquant
ils avoient entendu parler du fameux
tournoi qui se préparoit à Constantinople , & se disposerent aussitôt à s'y rendre,
étant tous deux armés , de maniere qu'on
pouvoit les prendre bien plutôt pour deux
jeunes Chevaliers compagnons d'armes ,
que pour le frere & la sœur. Ils ne connoissoient encore ni les douceurs , ni
les chagrins de l'amour ; mais leurs cœurs
étoient disposés à la tendresse , & ils
avoient en général une haute idée de
cette passion. En passant par un petit

bois , ils rencontrerent un Chevalier qui
s'exhaloit en plaintes contre l'amour ,
& paroiſſoit outré d'une infidélité qu'il
croyoit lui avoir été faite ; il juroit d'en
tirer vengeance , & menaçoit même de
ſon courroux & de ſes armes , tous les
amoureux du monde. Celinde ne put
s'empêcher de blâmer cette incartade ;
& Floraliſe qui fut de l'avis de ſon frere,
alla plus loin , car elle voulut demander
raiſon ſur le champ à ce Chevalier de
l'humeur qu'il témoignoit contre tant
d'honnêtes Chevaliers qui ne l'avoient
jamais offenſé , quoiqu'ils n'euſſent pas
eû ainſi que lui à ſe plaindre de l'amour.
Le Chevalier reçut mal cette déclaration ;
comme le jeune courage de Floraliſe n'é-
toit pas difficile à échauffer , il fut bientôt queſtion de ſe battre , & l'exécution
ſuivit de près la diſpoſition : le combat
fut terrible , & l'on vit les deux plus
belles Princeſſes du monde , ſe porter les
coups les plus effroyables ; (car le Chevalier contre lequel Floraliſe combattoit ,
étoit Sarmacie , qui fauſſement perſuadée
qu'Oriſtide aimoit Floralinde , erroit en
ſe plaignant aux échos de la prétendue
infidélité de ſon amant , & s'en prenoit
même à l'amour.) Enfin , le combat

finit, parce que les deux Chevaliers fe
porterent fur leurs armes, chacun un
coup fi violent, qu'ils tomberent l'un
& l'autre étourdis, & fans connoiffance.
Celinde les fecourut, & ayant ôté le
heaume de l'un & de l'autre, il reconnut que l'adverfaire de fa fœur étoit auffi
une femme. On les porta dans une habitation voifine, où les foins leur furent
prodigués, & leur rendirent bientôt la
fanté; alors les deux combattantes devinrent les meilleures amies; enchantées de
la conformité de leurs inclinations, elles
fe firent des confidences mutuelles, &
convinrent d'aller enfemble au tournoi
de Conftantinople; mais Sarmacie craignant d'y être reconnue par Oriftide,
engagea Floralife à troquer d'armes avec
elle : celle-ci y confentit, & ce fut ainfi
que Célinde & ces deux Amazones
arriverent dans la capitale de l'Empire
Grec, au moment que les joûtes y commençoient avec la plus grande magnificence : les Dames qui devoient en être
les témoins, & diftribuer les prix, étoient
les Impératrices Briane & Claridiane,
les Princeffes Olive, Lindaraffe, Archifilore, Rofalvire de Trébifonde, & Artenice, Ducheffe Angloife, parente d'O-

live. Les Chevaliers qui reſtoient juges
des prix, & ne devoient point y concourir étoient les Empereurs Trébatius &
Alphébé, anciennement dit le Chevalier
du Soleil, Roſiclair, Sacridor, Claridian,
Claberinde & Méridian. Les tenans du
Tournoi étoient Oriſtide, Clarinde, fils
de Claberinde, & Braſinian, Prince
de Babylone. Parmi ceux qui devoient
les attaquer, nous remarquerons la
valeureuſe Sarmacie, revêtue des armes de Camille que Floraliſe lui avoit
cédée & qui l'empêchoient d'être reconnue, Lindorian de Niquée, les
Princes de Zélande, Clariſel d'Aſſyrie,
& ſes deux compagnons Argante de
Phénicie & Torinian de Perſe. Nous
avons déja parlé de la plûpart de ces
Héros, nous ferons connoître l'hiſtoire
des autres à meſure que l'occaſion s'en
préſentera.

Les premiers jours, les tenans que
nous venons de nommer, abattirent tous
les Chevaliers qui oſerent ſe préſenter ;
mais bientôt après, le jeune Lindorian
de Niquée parut, & rétablit l'honneur
des aſſaillans ; il étoit arrivé avec Roſabel ; mais celui-ci avoit voulu ſe cacher
pendant quelque-temps, pour ſurpren-

dre ses parens , & se faire connoître
d'eux par quelque coup d'éclat. En attendant il avoit laissé le frere de sa Dame
lui préparer pour ainsi dire les voies.

Le Prince de Niquée étant resté
maître du champ de bataille , Trébatius
après lui avoir fait tous les complimens
qui lui étoient dûs , le pria au nom des
Dames Grecques de soutenir leur beauté ,
& de proposer le combat à tous ceux qui
oseroient l'attaquer. Lindorian y consentit volontiers , en répondant de la
maniere la plus flatteuse pour tout ce
que la Cour de Constantinople offroit
de belles Dames ; il prouva qu'il étoit
aussi galant & aussi poli que brave , &
se ménageoit ainsi les bonnes graces de
l'Empereur son futur beau-pere , se gardant bien de s'acquitter de la commission horrible & injuste dont la vindicative
Garofilée avoit voulu le charger. Au contraire , plus il voyoit Trébatius , plus il
concevoit de respect & d'attachement
pour lui. Il ne se trouvoit personne qui
voulût révoquer en doute la beauté des
Dames qu'il offroit de défendre , lorsqu'enfin un Roi barbare, Asmael de Nor-
vege , se présenta à la barriere , & déclara
que c'étoit Trébatius lui-même qu'il venoit

défier. Il ne cacha pas qu'il y étoit engagé
par Garofilée, qui faisoit toujours espérer sa fille à ceux qui accompliroient son
défir immodéré de vengeance. L'Empereur Grec, malgré son grand âge, accepta ce défi, mais Lindorian épargna à
toute sa famille l'embarras de l'empêcher de hazarder encore à son âge un pareil
combat. Voyant dans le Roi de Norvége
non-seulement un ennemi des Grecs,
mais un rival, il se hâta de l'appeller au
combat, & lui déclara qu'il falloit qu'il
eût affaire à lui, avant que de mesurer
ses armes avec celles de Trébatius. Asmael
y consentit, & ils combattirent sur le
champ : le Roi de Norvége étoit d'une
force terrible, & d'une valeur très-re-
connue : il porta à son jeune adversaire
des coups si violents, qu'il lui fit deux
grandes blessures ; mais enfin il en reçut
lui-même une, qui lui fendit le crâne
en deux, & lui fit perdre la vie. Ainsi le
jeune Prince de Niquée fut vainqueur,
& admiré comme il méritoit de l'être ;
mais ses plaies étoient considérables, &
exigerent un traitement & des soins suivis pendant quelque temps. Trébatius y
veilla avec la même tendresse que s'il
eut été un de ses fils, & ordonna mê-

me que les joûtes fuſſent ſuſpendues juſqu'à la parfaite guériſon du jeune Chevalier.

Pendant qu'on s'occupe ainſi à Conſtantinople du rétabliſſement de la ſanté
de Lindorian, retournons au Prince des
Daces, qui, à peine reconnu de ſon oncle Trébatius, s'en étoit ſéparé pour rejoindre la belle & valeureuſe Roſemonde.
Il courut pendant pluſieurs jours, s'in-
formant d'elle, & la déſignant aſſez bien
pour que l'on pût lui répondre quelquefois qu'on l'avoit vu paſſer, & lui indiquer de quel côté elle avoit tourné ſes
pas ; mais il ne pouvoit la joindre. En
ſortant d'une forêt, il rencontra trois
Chevaliers qui ſe défendoient contre
dix-huit géants qui vouloient leur enlever une Demoiſelle ; il crut devoir
ſecourir le parti le plus foible, & qui lui
parut d'ailleurs le plus juſte, il ſe joignit donc aux Chevaliers, & vint à bout
de défaire les géants. Il s'informa enſuite
du nom de ceux qu'il avoit ſecourus, &
du ſujet de la querelle, le voici : Poliphébé, l'un des combattans, ſe rendant
au tournoi, avoit trouvé une Demoiſelle
qui l'avoit preſſé de tenter une belle &
grande avanture ; il la ſuivoit, lorſque

les dix-huit géans vinrent l'attaquer; il eut succombé sous le nombre, si deux autres Guerriers ne l'avoient secouru, c'étoient Célinde & Floralise.

Elene s'applaudit d'avoir pu leur être utile, mais ne voulant pas cesser de chercher sa Dame, il continua promptement sa route. Les trois autres Chevaliers se reposerent ensemble, & chacun d'eux ayant remarqué combien l'autre étoit brave, ils se prirent bientôt d'amitié. Floralise ayant délacé son heaume, & laissé tomber ses beaux cheveux, fut admirée par le Chevalier au rameau d'or, qu'elle commençoit à trouver elle-même bien fait & aimable ; mais elle fut bien plus tendrement affectée, lorsque celui-ci ayant à son tour découvert son visage, elle reconnut les traits de ce fils Trébatius, dont elle avoit vu le portrait dans la galerie de Médée, & qui l'avoit si vivement intéressé : leurs regards, & ensuite les déclarations que Poliphébé fit à Floralise, & la maniere dont elle les reçut, manifesterent leurs sentimens. Ils eurent bien peu de temps pour se livrer à la douceur d'aimer & d'être aimés ; la demoiselle à qui le Prince de Trinacrie avoit donné sa parole, le pressa de partir ;

il fe fépara, les larmes aux yeux, du frere
& de la fœur, qui s'entretinrent de lui
pendant toute la route, & arriverent
enfin à Conftantinople, pour affifter au
tournoi, mais fans fe faire connoître.

Elene continua encore fes recherches
inutilement pendant quelques jours ; il
en étoit défolé, & l'excès de la laffitude
l'ayant obligé de fe repofer au coin d'un
buiffon, tandis que fon cheval broutoit
l'herbe des environs, il faifoit tout haut
les plaintes les plus touchantes, & les
entremêloit avec les plus grandes louanges qu'il donnoit à la beauté, aux vertus,
& aux talens de fa maîtreffe. Nous avons
déja dit dans les livres précédents, que
quand le Prince des Daces étoit amoureux, il étoit Poëte & Muficien ; c'étoit
donc en vers & en mufique qu'il chantoit
fes amours & fes malheurs. Un Guerrier
qui paffoit auprès de lui, l'entendit &
s'arrêtant, Chevalier, lui dit-il, « peut-
» on vous demander quelle eft la beauté
» que vous célébrez avec tant d'emphafe ?
» C'eft l'incomparable Rofemonde, »
reprit Elene, en accompagnant cet aveu
d'un éloge fi complet de la Princeffe de
Calcédoine, qu'il y eut eu de quoi la
faire rougir elle-même, & de quoi met-

tre en fureur toutes les beautés du monde ;
fi elles avoient fçu à quel point Elene
élevoit Rofemonde au deffus d'elles. Auffi
le Chevalier inconnu s'écria-t-il , « Sire
» Chevalier , cela eft trop fort , vous
» abufez de la permiffion qu'ont les gens
» de notre état , d'eftimer & d'admirer
» leurs Dames : vous devez croire que
» j'en ai une auffi , & je ne peux pas
» fouffrir que vous éleviez fi fort la vô-
» tre au deffus de la mienne. Quelle que
» foit celle que vous aimez , repliqua
» Elene , je foutiens qu'elle eft cent fois
» au-deffous de la mienne ; fi vous ne
» voulez pas en convenir , je fuis prêt à
» combattre pour vous y forcer ». L'inconnu parut y confentir & le neveu
de Trébatius étant remonté fur fon cheval, avoit déja pris du champ, & couroit
la lance en arrêt fur fon adverfaire , lorfqu'il s'apperçut que celui-ci avoit délacé
& jetté fon heaume , qu'il avoit la tête
nue , de beaux cheveux flottoient fur fes
épaules....., des yeux également tendres
& brillants....., des traits charmans, en
un mot , c'étoit Rofemonde elle-même :
Elene faute légérement en bas de fon
cheval, prend la main de fa Dame, la
baife, & ces deux amans goûtent la fatisfaction

faction de se revoir , & d'être réunis. Après s'être réposés quelques jours, ils reprennent ensemble le chemin de Constantinople ; mais avant que d'y arriver , ils firent une rencontre à laquelle Elene ne s'attendoit sûrement pas. Le Roi Lisard & son petit frere Florisart se rendoient aussi au tournoi , suivis de leurs charmants Ecuyers. Les deux couples de Chevaliers se saluerent avec courtoisie , & ayant appris qu'ils faisoient la même route , ils convinrent de se reposer ensemble. Roselie & Arbolinde reconnurent très-bien Elene , même avant qu'il fût désarmé ; mais leur déguisement empêcha celui-ci de les reconnoître. Le soir les Guerriers ayant tous ôté leurs heaumes pour souper , Rosemonde ne put manquer d'être reconnue pour une femme : Lisard & Florisart ne firent qu'en rire ; mais Roselie ne vit point sans un chagrin mortel , qu'Elene qu'elle avoit trouvé si insensible , s'étoit attaché à une autre Dame. Pendant toute la nuit elle en gémit avec sa chere Arbolinde. Le lendemain Elene remarqua son épée entre les mains de Florisart , & lui demanda assez fierement qui avoit pu lui donner le droit de porter ce glaive ? Le jeune Prince de

Tome II.   C

Tarse répondit qu'il lui avoit été donné de la part d'une belle Princesse. Nouveau sujet de dispute : Elene veut reprendre son épée , on la lui refuse. Le Prince des Daces propose de se battre , Lisard accepte le défi. L'issue de ce combat pouvoit être funeste ; mais Brufaldor qui paroît les sépare, en leur remontrant que des Chevaliers tels qu'ils paroissoient être , devoient réserver leur courage pour des occasions plus éclatantes ; ils conviennent de se retrouver au tournoi de Constantinople. Les deux Princes partent pour s'y rendre avec leurs jolis Ecuyers ; en quittant Elene , le faux Arboleon s'approche de l'oreille de ce Prince, & lui dit : » Seigneur , souvenez-vous dans » quelle occasion vous perdites cette » épée : vous devez vous attendre à être » persécuté par celle dont vous avez alors » méprisé la tendresse & les bontés ». Cela dit, l'Ecuyer femelle s'éloigna , & laissa Elene plongé dans les réflexions. Cependant il en sortit bientôt pour suivre avec Rosemonde la route de Constantinople. Les Princes de Tarse & d'Argentone , prirent aussi , peu de temps après, le même chemin ; & Brufaldor continua de chercher Poliphébé , qui lui

avoit promis de fe retrouver dans le même endroit de la forêt, neuf jours après
leur premier combat, mais qui avoit été
entraîné dans d'autres aventures.

Rofabel & Oriftolde, qui fe difpofoient auffi à fe rendre au fameux tournoi, eurent avant que d'y arriver, une
aventure fi extraordinaire, que nous ne
pouvons nous difpenfer de nous en occuper pendant quelques moments.

On fe rappelle que le Prince Tartare Zoïle fut tué par le Roi de Mauritanie Brufaldor; que la Princeffe Té-
liafia, amante du Tartare, quoiqu'elle
n'en eût jamais été aimée, avoit été
inconfolable de fa mort ; qu'elle lui avoit
fait élever un tombeau, & avoit fait
conftruire tout auprès une habitation dans
laquelle elle s'étoit retirée avec quelques
Dames de compagnie. Tous les jours
elle alloit verfer des larmes fur le monument qui contenoit l'objet de fa paffion malheureufe ; elle ignoroit que
Zoïle n'étoit qu'enchanté par le fage
Lirgandé, qui le réfervoit à éprouver
encore d'admirables aventures : elle ne
l'apprit que par l'événement dont nous
allons détailler les circonftances. C'étoit
à Rofabel qu'étoit réfervé l'honneur de

C ij

défenchanter le meilleur ami de fon pere.
En paffant par la forêt des Aliziers, &
auprès du monument, il voit écrit fur
la porte une infcription que perfonne
jufqu'à lui n'avoit encore remarqué.

L'ami de Rofîclair, Zoïle, ici repofe;
Sa maîtreffe pleure fon fort;
Mais qu'aux plus grands périls certain Héros
s'expofe,
Il le rend à l'Amour, & l'enleve à la mort.

Rofabel comprit bien que c'étoit lui
que regardoit cette invitation, & il n'héfita pas un moment à braver tous les dangers qui pourroient fe préfenter pour
fauver l'ami de fon pere. Il entra dans
le monument malgré les flammes dont
il fe trouva environné de toutes pats;
il combattit les dragons & les centaures
qui voulurent l'empêcher de s'approcher
du tombeau. Enfin, quand il en fut tout
près, le tonnerre fe fit entendre, la foudre tomba & brifa le marbre dont le
corps de Zoïle étoit environné. Il apparut
à découvert, fans aucunes marques de
corruption. La trifte Téliafie, qui étoit à
fes pieds, fe jetta fur lui auffitôt qu'elle
l'apperçut, elle l'embraffa tendrement.

Ces baifers femblerent le ranimer, &
fe relevant fur fon féant, il fixa le Chevalier fon libérateur, qui, concevant ce
qui lui reftoit à faire pour opérer le défenchantement, le prit dans fes bras, l'emporta hors du monument, & fa maîtreffe le fuivit. A l'inftant le tombeau
s'abîma, l'édifice difparut, & il ne fub-
fifta plus que l'habitation de Téliafie,
& de fes Dames. Zoïle ayant repris l'u-
fage de la parole, fit quelques queftions,
& jugea par les réponfes, des obligations
qu'il avoit à la Princeffe qui l'avoit tant
pleuré pendant fon enchantement. Non-
feulement il ne fe fentoit plus pour elle
l'éloignement qu'il lui avoit témoigné, mais même il conçut une forte
inclination, qu'il voulut manifefter en
fe jettant à fes pieds ; mais les bleffures
qu'il avoit reçues dans fon combat avec
Brufaldor, & qui paroiffoient encore
toutes fraîches, fe rouvrirent. On craignit une feconde fois pour fa vie, lorfqu'un nain (envoyé fans doute par Lirgandé) fe préfenta, tenant à fa main
une boîte remplie d'un baume dont il
frotta fes plaies, qui furent guéries fur-
le-champ. Il avoit auffi à fon côté un
flacon dans lequel étoit un élixir, dont

il lui fit boire quelques gouttes ; Zoïle enfin reparut auffi bien portant, & pour ainfi dire plus jeune qu'il n'étoit avant fon enchantement. Le nain difparut après avoir promis au Prince Tartare & à fon amante, qu'il naîtroit d'eux un fils qui feroit de la plus grande utilité aux Princes Grecs & fauveroit leur Empire.

Rofabel & fon ami Oriftolde , qui n'avoient été que fpectateurs de toutes ces merveilles , paflerent deux jours avec le Prince Tartare & fon amante , & reçurent toutes les affurances poffibles de leur reconnoiffance ; après quoi, ils retournerent tous les quatre à Conftantinople, où Zoïle avoit grande impatience de revoir fon cher Rofclair. Téliafie n'étoit pas moins curieufe de rendre témoins de fon triomphe Trébatius & fes fils , qui l'avoient été des mépris qu'elle avoit ci-devant effuyés. Enfin Rofabel brûloit du défir de fe faire reconnoître de fon pere & de fa mere par quelques belles proueffes ; Oriftolde vouloit être témoin du bonheur de fon ami.

Lindorian de Niquée étant rétabli de fes bleffures, avoit repris dans les joûtes la place honorable qu'il y tenoit. Il avoit déja

culbuté le jeune Prince Clarifel d'Affyrie, lorfqu'un Guerrier redoutable vint à
bout de le vaincre ; c'étoit Bombe , Prince d'Achaïe. Perfonne ne pouvoit tenir
devant lui ; Claridian avoit bien envie de
mefurer fes fo ces avec les fiennes, en fortant du nombre des Juges parmi lefquels
il étoit rangé , pour entrer dans la carriere ; mais il défiroit y être encouragé par
fa Dame Archifilore , ou du moins d'en
obtenir la permiffion d'elle ; & celle-ci
qui , depuis qu'elle avoit adopté l'état &
l'habit d'Amazone, étoit la plus fiere
& la plus dédaigneufe des Guerrieres ,
lui refufoit fon confentement. En général elle traitoit Claridian avec la plus
grande rigueur, quoiqu'au fond du cœur
elle l'aimât , & qu'elle fût la meilleure
amie de fa mere ; mais c'étoit par un
principe de vaine gloire, qui a trompé
plus d'une fois les plus belles perfonnes
du fexe d'Archifilore , & a fait bien des
amants malheureux , fans rendre leurs
maîtreffes plus heureufes.

Bombe continuant fes proueffes, vainquit encore Argante de Phénicie , &
Torinian de Perfe. Le Géant Brufaldor impatienté de ne point voir arriver Poliphébé au rendez-vous de la fo-

C iv

rêt , voulut venir lui-même aux joûtes, & y éprouver fa valeur. Bombe reçut fon attaque avec fermeté , & eut befoin de toute fa force pour y réfifter , mais il en vint à bout ; le terrible Brufaldor fut vaincu , & également furieux & humilié d'a oir été abattu en préfence de toute la Cour de Grece , & du Chevalier du S , eil , fans que celui - ci y eût contribué. Etonné de ce que les armes du fameux Bramarante , dont il étoit revêtu , ne lui avoient procuré aucun avantage ; accablé par les huées , dont la populace de Conftantinople & une foule d'étrangers le faluerent , quand on le vit étendu fur l'arène, il fe releva, quoiqu'avec peine , remonta fur fon deftrier, & fortit de Conftantinople , & même de la Grece , s'embarqua pour fon Royaume de Mauritanie , n'oubliant pas fans doute d'emmener avec lui cette Dame que Poliphébé lui avoit enlevée , & promenée par le monde , & qu'il avoit enfin ramenée en Grece.

L'on juge bien qu'une pareille victoire fit beaucoup d'honneur au Prince d'Achaïe. Les Chevaliers d'une force & d'une valeur ordinaire ne devoient plus efpérer après cela de lui réfifter. Auffi

le Roi Lifard & fon frere Florifart, qui
fe préfenterent enfuite, furent-ils aifément
renverfés ; mais ils fupporterent cet accident fans fe livrer au défefpoir, comme
avoit fait le Géant Africain. Leurs gen-
tils Ecuyers les releverent, & ayant délacé leurs heaumes, Lifard fut reconnu par Rofíclair, Méridian & Oriftide ;
fon jeune frere Florifart fut trouvé aimable & charmant. Tous deux furent
préfentés aux deux Empereurs & aux
Impératrices de Grece & de Trébifonde,
& traités à la Cour avec la plus grande
diftinction. Les deux Princeffes qui leur
fervoient d'Ecuyers, n'étant pas connues,
on ne fit pas grande attention à elles.

Enfin il étoit temps que quelqu'un
vînt à bout du Prince d'Achaïe ; cet exploit étoit réfervé au Prince des Daces &
à fa valeureufe amante Rofemonde. Dans
le temps que Bombe triomphoit avec le
plus d'arrogance, les deux amans, qu'on
pouvoit croire deux Chevaliers amis,
fe préfenterent au combat ; leurs écus
étoient ornés de devifes galantes, mais
différentes ; celle d'Elene avoit pour ame
Mars & l'Amour, avec ces mots : ,, Mars
,, eft mon favori, mais l'Amour eft mon
,, maître ". Rofemonde portoit fur le

C v

fien un cœur d'acier , percé d'une fléche
d'or , élevé sur des débris de lances &
d'épées rompues ; le mot étoit : » im-
» pénétrable à tout , hors au trait de
» l'Amour «. Elene entra le premier
dans la carriere , après avoir troqué
de bouclier avec sa Princesse ; voulant prouver ainsi devant une si nombreuse & si illustre assemblée , l'amour
qui les unissoit & leur rendoit pour ainsi
dire tout commun. L'attaque fut vigou-
reuse , mais celui qui avoit eu jusqu'à
ce moment tout l'honneur du tournoi ,
fut enfin obligé de céder la victoire au
Prince des Daces , & il se retira furieux,
en abandonnant son écu , qu'Elene ne
releva que pour l'offrir à Rosemonde ,
qui par-là se trouva engagée à continuer
la joûte Le Géant Brandafidel fut le premier qui osa lui tenir tête, & fut renversé.
En tombant, son heaume se détacha ; &
Méridian , Oristide & Rosiclair le reconnurent : ils coururent aussitôt à lui ,
le releverent, l'embrasserent , & se doutant bien qu'il n'étoit pas venu sans Floralinde , ils lui en demanderent des nouvelles. Le Géant s'étant bientôt remis de
sa chûte , le hâta de présenter cette Princesse à son époux Méridian , qui la reçut

avec les témoignages de la plus vive tendreſſe : on les conduiſit au Palais, où ils furent très-bien accueillis.

La Princeſſe Sarmatie qui étoit venue incognito pour combattre aux joûtes, & qui attendoit ſon tour, fut témoin de cette reconnoiſſance ; elle comprit alors qu'elle s'étoit bien trompée, en ayant conçu contre Floralinde de jaloux ſoupçons, & la croyant aimée d'Oriſtide. Se trouvant l'eſprit plus libre & le cœur plus tranquille, elle n'en fut que plus diſpoſée à combattre contre Roſemonde; mais quelles que fuſſent ſa vaillance, ſa force, & ſon adreſſe, elle eut le chagrin d'être vaincue. Après ſa défaite elle ſe retira dans la forêt des Aliziers, bien perſuadée qu'Oriſtide viendroit l'y chercher après les joûtes.

Célinde & Floralife avoient vu avec grande ſatisfaction la reconnoiſſance de leur pere & mere ; mais ils ne pretendoient ſe faire connoître à eux qu'après avoir donné des preuves de leur valeur ; malheureuſement le ſuccès du combat ne leur fut pas favorable, Roſemonde vainquit Floralife & Elené Célinde. Cet échec ayant humilié le frere

& la fœur , ils jugerent à propos de fortir de Conftantinople , & de différer encore pour quelque temps la fatisfaction
qu'ils devoient avoir à embraſſer leurs
parens, & ceux-ci à les reconnoître.

Elene & Rofemonde reftoient incon-
nus , malgré leur triomphe ; cependant
la fineſſe de la taille , l'éiégance , & les
graces répandues dans toutes les actions
de la Princeſſe de Calcédoine , firent
foupçonner qu'elle étoit une Dame. Les
éloges qu'on donna alors à cette char-
manie Guerriere , bleſſerent l'amour-
propre de la valeureufe Archifilore : elle
voulut s'éprouver avec cette rivale , &
fortit de la ville , dans le deſſein de revenir bientôt la combattre , fous l'apparence d'un Chevalier étranger.

Prête à rentrer dans la ville, ainfi dé-
guifée , elle rencontra Rofabel, Orif-
rolde , le reſſufcité Zoïle , & Téliafie,
fuivie de fes Dames ; foutenant le caractere de fon deguifement , elle pria
cette compagnie de trouver bon qu'un
Guerrier étranger les fuivît jufques au
champ du tournoi : on y confentit courtoifement , & cette troupe brillante entrant dans Conftantinople , y attira tous
les regards. Les Dames étoient galamment

vêtues & coëffées à l'Egyptienne, qui étoit la mode reconnue alors pour la plus avantageufe. Rofabel & Archifilore fe mirent en rang pour joûter : le premier eut affaire à Elene, & la feconde à Rofemonde. Roficlair & Olive ne virent pas fans une émotion fecrete leur fils combattre Elene, quoique le Prince de Grece ne le reconnût pas , & que fa mere ne l'eût pas vu depuis le jour de fa naiffance. Heureufement qu'il fe préfenta bientôt une occafion favorable de féparer les quatre combattants. Rofemonde ayant porté un coup terrible à Archifilore , fit tomber fon armet , & la Reine de Lire fut reconnue ; auffitôt le tendre Claridian s'empreffa de féparer les combattantes , il fut fuivi par les deux Empereurs, qui les obligerent à s'arrêter, & même à s'embraffer. Roficlair profitant de cette occafion , & fentant à l'agitation de fon cœur que l'un des deux combattans étoit le jeune homme auquel il devoit prendre le plus d'intérêt , courut à eux, & les fépara de même. Rofabel levant la vifiere de fon cafque , s'agenouilla devant fon pere , & lui baifa refpectueufement la main. Elene reconnoiffant fon adverfaire pour fon coufin , n'eut garde d'infifter pour achever fon combat, & le fecond fils de Trébatius conduifit avec emprefſement le fien aux pieds d'Olive. Cette tendre mere avoit déja prévenu fon époux que pendant une de fes longues abſences, elle étoit accouchée d'un fils, qui, aufli-tôt après fa naiſſance, avoit été enlevé par une lionne. C'étoit aufli une lionne qui avoit porté le jeune Rofabel à la Cour de Niquée; ainfi les faits fe trouverent parfaitement d'accord. Trébatius, Briane, Alphébé & Claridiane devinrent bien-tôt acteurs de cette fcène attendriſſante; quoiqu'elle ne fut pas abfolument neuve à la Cour de Conftantinople, elle n'y fit pas verfer moins de larmes, & n'y caufa pas moins de fatisfaction.

Oriftolde fe fit reconnoître de fon pere le bon Roi Sacridor; Elene reparut enfin devant fon oncle Trébatius, & en fut accueilli avec bon-té, aufli-bien que Rofemonle, qui fe lia de la plus intime amitié avec Ar-chifilore. Ce fut avec la plus grande fatisfaction que la Cour de Conftan-tinople vit Zoïle revenu au monde; l'on ne pouvoit fe laſſer d'admirer par quelles voies extraordinaires il étoit rendu au jour, à fes amis, & parti-

culiérement à Roſiclair : on fut charmé
de le voir enfin aimer la tendre Téliaſie , dont la conſtance méritoit ſi fort
d'être couronnée.

Tout reſpiroit la joie , l'union & la
paix dans les murs & à la Cour de Conſtinople ; le ſeul Claridian étoit accablé
des rigueurs de la Reine de Lire , il tentoit en vain tous les moyens qu'il croyoit
propres à la fléchir en ſa faveur. Enfin il
s'adreſſa à la belle Roſemonde , qui ,
comme nous l'avons dit , s'étoit liée
d'amitié avec la Reine de Lire : blâmant
la conduite vraiment trop rigoureuſe
de ſon amie , elle ſe chargea pour elle
d'une lettre tendre & reſpectueuſe , &
trouva moyen de la lui remettre ;
mais elle ne reçut pour le fils de Claridiane que la réponſe la plus accablante ,
elle n'oſoit la remettre au jeune Prince :
mais celui-ci qui l'avoit d'abord devinée
par ſon ſilence , exigea enfin qu'on la
lui montrât. Elle contenoit une défenſe
précife de ſe préſenter à ſes yeux.
Claridian accablé de tant de rigueurs ,
prit le parti de ſortir de Conſtantinople , & d'aller chercher des aventures ,
loin de ſa Dame , & même de la Grece.
Quand il fut parti, Archiſilore le regretta

& confia à Rofemonde le chagrin qu'elle reſſentoit d'avoir perdu un amant qu'elle aimoit au fond du cœur.

Les Héros de notre hiſtoire n'é-toient pas , comme nous l'avons vu depuis le commencement du récit de leurs aventures, accoutumés à reſter long-temps oiſiſs dans leurs Cours , & tran-quilles au ſein de l'amour & de la vo-lupté. Elene reçut, par une voie myſté-rieuſe , une lettre du ſage Nabate , qui lui ordonnoit de partir & de ſuivre une Demoiſelle qu'il lui envoyoit , mais de laiſſer à Conſtantinople Rofemonde qui étoit enceinte. En même-temps , les Princes Liſard & Floriſart de Tarſe , Claberinde & Clarinde ſon fils , Princes de France , Sacridor & Oriſtolde d'An-tioche , & Braſinian de Perſe , reçurent de pareils avis , ou pour mieux dire , des ordres de retourner chacun dans leur Pa-trie , & de s'y occuper des moyens né-ceſſaires pour ſecourir la Grece , contre laquelle , diſoient les ſages , un furieux orage étoit près d'éclater. Tous ces Princes obéirent , même Elene , qui s'ar-racha en pleurant des bras de Rofemonde. La Princeſſe Rofelie de Rome , qui con-ſervoit toujours ſon déguiſement d'Ecuyer

auprès du Prince Lifard , vit avec bien
du regret fon amant partir d'un côté ,
tandis qu'elle fe difpofoit à prendre une
autre route avec fon maître. Non-feulement elle n'avoit pas touché Elene ,
mais elle n'avoit pu s'en faire reconnoître
pendant le tems qu'el'e avoit paffé avec
lui dans la même Viile de Conftantinople & à la Cour de Trébatius. Bombe
d'Achaie , toujours épris de Liriane ,
ayant en vain donné tous les foins poffibles pour en avoir des nouvelles à Conftantinople , avoit pris le parti de s'embarquer pour la chercher par mer & par
terre, & découvrir quelle étoit l'ifle ou
le château dans lequel le cruel Enchanteur Luperce pouvoit la retenir ; ou la
tour dans laquelle étoit renfermé Sélage , afin de procurer (en délivrant celui-ci) la liberté à fa Princeffe. Zoïle
étoit retourné en Tartarie avec Téliafie ; ayant appris que fur le bruit de fa
mort, fon trône avoit été rempli par
fon coufin Androne , qu'il aimoit &
eftimoit infiniment , il ne voulut point
le dépofféder , mais fe contenta de vivre
heureux & tranquille dans fon pays avec
cette bonne Princeffe , qu'il n'avoit pu
aimer qu'en fortant du tombeau.

Alphébé , Claridiane , & leur fille Rofalvire , avec la Ducheſſe Angloiſe Artenice, ſon amie intime retournerent à Trébiſonde , regrettant infiniment que les rigueurs d'Archiſilore les euſſent privés de Claridian.

Après tous ces départs, la Cour de Conſtantinople ſe trouva fort dégarnie ; Roſabel y reſtoit cependant encore, mais ce ne fut pas pour long-temps. Ce jeune Prince étant à la chaſſe, rencontra une Demoiſelle qui le preſſa vivement de venir ſecourir la plus belle Princeſſe du monde , qui étoit dans le plus grand danger. Il s'imagina que ce ne pouvoit être que ſa Dame Liriane, & prit auſſi-tôt la réſolution de ſuivre la Demoiſelle. Il s'embarqua , & envoya ſon Ecuyer informer ſes parens de ſon départ précipité. Ils en furent ſenſiblement touchés ; Olive ſur-tout en fut ſi affligée , que Roſiclair ne trouva d'autres moyens de la conſoler qu'en l'aſſurant que pour lui du moins il ne la quitteroit plus.

De tous ceux qui s'étoient ſignalés au tournoi , Oriſtide reſta ſeul à Conſtantinople : il avoit effectivement trouvé Sarmacie dans la forêt , & les ſoupçons de cette belle Princeſſe étant diffipés, elle s'étoit parfaitement réconciliée avec fon amant. Ce qui pouvoit encore manquer de cérémonies à leur union, s'étoit fait en préfence du grand Trébatius, qui avoit augmenté le nombre des poffeffions qu'avoit Oriftide autour de Troye, & les avoit érigées en Royaume pour lui & fa valeureufe époufe, qui donna le jour à un fils. Rofemonde accoucha auffi d'un Prince beau comme le jour : elle le nomma Rofelinde, mais il fut prefque à l'inftant de fa naiffance enlevé par le Magicien Luperce, qui le tranfporta en Ruffie. La mere en fut, comme on peut le juger, au défefpoir. Archifilore qui étoit devenue fon amie intime, ne négligea rien pour la confoler : mais cette malheureufe aventure confirma de plus en plus la Reine de Lire dans la réfolution de réfifter à l'amour, pour n'être pas expofée à de pareils accidents.

Voyons à préfent quel fuccès eut le Prince d'Achaie dans la recherche qu'il faifoit de la Princeffe de Niquée, & dans le deffein de rompre s'il étoit poffible fon enchantement. Après avoir parcouru bien des mers, il découvrit enfin une tour de cryftal, pofée fur un rocher au milieu

d'une petite ifle déferte ; il fe douta que
cette tour devoit être la prifon ou de
Liriane, ou de Sélage, & auffi-tôt il
réfolut d'aborder dans l'ifle, & ayant
mis pied à terre, il s'approcha de la
tour, à travers les murs de laquelle il
reconnut la Dame de fes penfées. Il
voulut frapper la porte de la tour avec
fa lance ; mais il en fortit de fi grands
tourbillons de flammes dévorantes, qu'il
couroit rifque d'être brûlé, même à
travers fes armes, qui s'échauffoient de
la maniere la plus incommode pour lui.
Il fut obligé de fe retirer à plufieurs reprifes vers fon navire, dont les matelots
lui verfoient des tonneaux remplis d'eau
fur le corps pour le rafraîchir & refroidir
l'acier de fon armure. Dans ce même
moment, aborde dans la même ifle à
quelques pas plus loin un autre Chevalier ; c'étoit Claridian, qui, outré des
rigueurs d'Archifilore, erroit fur les mers
à l'aventure. Il portoit des armes dont le
fond étoit noir, femé de lames d'or &
d'argent. Sur fon écu, on remarquoit le
Défefpoir perfonnifié, fe déchirant le fein
& s'arrachant le cœur. Le mot de fa devife
étoit, » le défefpoir ôte la vie, mais ne peut
» éteindre l'amour «. Malgré la triftefle

dans laquelle Claridian étoit plongé,
il ne put s'empêcher de rire de l'espece
d'incendie auquel Bombe s'exposoit toujours, & que ses matelots étoient obligés d'éteindre. Ses ris faisoient un singulier contraste avec son accoutrement ;
c'est peut-être ce qui y fit faire plus
d'attention au Prince d'Achaïe, qui s'ir-
rita à la fin de ce que le Chevalier désespéré se moquoit de lui. Il lui en dit son avis
avec la vivacité d'un Guerrier en colere,
& lui fit la proposition de se battre sur-
le-champ. L'on juge bien qu'elle fut acceptée, & qu'il fut porté des coups terribles. Le duel eût sans doute été mortel
pour l'un ou pour l'autre, si la Princesse
enchantée n'eut eû permission de leur
parler à travers sa prison de crystal, &
de les engager à faire la paix. » Cheva-
» liers, leur dit-elle, l'un de vous prend
» une peine inutile, & l'autre se bat mal à
» propos, & sans esperance d'aucun avan-
» tage ; croyez-moi, séparez-vous. Che-
» valier désespéré, allez où l'intérêt de vo-
» tre amour vous appelle ; & vous Prince
» d'Achaïe, renoncez à une entreprise
» pour le succès de laquelle vous voyez
» que toute la force & toute la valeur
» humaine sont inutiles. » Les deux Che-

valiers regarderent ce conseil de la Princesse comme un ordre ; & Claridian ayant
donné la main à Bombe en signe de paix,
se retira dans son vaisseau , & continua
son voyage. Quant à Bombe , il resta
encore quelque temps au pied de la tour
dans laquelle il avoit vu Liriane , il la
contemploit sans cesse , & faisoit même
chaque jour des tentatives aussi infruc-
tueuses. Il n'étoit plus permis à sa Princesse de lui parler : enfin désespérant de
pouvoir la désenchanter autrement qu'en
délivrant Sélage , il prit le parti de se
rembarquer pour chercher la prison de
celui-ci ; mais les vents & les courans
l'entraînerent vers les côtes de l'Empire
de Tébisonde : il y débarqua , & se
promenoit tout armé sur le rivage en
rêvant à ses amours , dans le moment où
la Princesse Rosalvire , fille de notre
principal héros & de la vaillante Claridiane , s'y promenoit avec son amie Artenice. Elles étoient accompagnées du
Géant Tefferée , Prince de Sardaigne ,
ami particulier de son pere , & de deux
Chevaliers Espagnols.

Rosalvire reconnut bientôt le Prince
d'Achaie, qu'elle avoit vu se signaler avec
tant d'éclat au dernier tournoi , & vou-

lant le retenir & attirer son attention,
elle pria les Chevaliers qui l'accompa-
gnoient, de lui proposer de rompre une
lance. Bombe, reconnoissant aussi la Princesse de Trébisonde, s'approcha galamment de son char, & lui adressant les
complimens les plus flatteurs, l'assura
qu'il étoit prêt à joûter pour l'amuser,
à condition que s'il étoit vainqueur, il
auroit l'honneur de l'escorter jusques dans
la capitale de l'Empire de son pere. Sa
proposition ayant été agréée, les trois
Chevaliers furent désarçonnés en trois
coups de lance, & Bombe s'étant mis à
la tête de l'escorte des Princesses, le
char fit encore quelque chemin ; mais
les Dames s'étant trouvées près d'un bois
agréable, proposerent de s'y reposer.
Après s'être quelques momens assis sur
le gazon, les deux amies les y laisserent,
& s'enfoncerent dans le bois, où, comme de raison, les Chevaliers n'oserent
les suivre ; mais tout en s'entretenant
de ce qui les intéressoit davantage, elles
allerent si loin qu'elles coururent le plus
grand danger. Le Roi de Rhodes, Géant
amoureux de Rosalvire, qui guettoit le
moment de l'enlever, se trouva à por-

tée de saisir cette occasion, il parut tout-
à-coup suivi de deux autres Géants su-
balternes, qui, s'étant emparés de Rosalvire, & suivis de leurs maîtres, s'enfuirent avec rapidité ; ils laisserent par
bonheur Artenice, qui, revenant en
courant vers les Chevaliers, les avertit
par ses cris de l'accident qui venoit
d'arriver. Ils volerent aussi-tôt au secours
de la Princesse, mais se séparerent pour
être plus sûrs de rencontrer les ravisseurs.
Bombe fut le premier qui eut ce bonheur;
il fondit sur le Roi de Rhodes, qui fut
obligé de se défendre. Le combat fut
long & dangereux ; le Géant étoit enfin
prêt à succomber, lorsqu'un nouveau
Chevalier survint, & reconnoissant Rosalvire, fut aussi empressé que Bombe
à la secourir. Sans considérer que les loix
de la Chevalerie ne permettoient pas de
se déclarer contre un homme engagé
dans un combat avec un autre, il se
précipite sur le Roi de Rhodes, & lui
abat la tête. Ce Chevalier étoit Célinde,
fils (comme on le sçait) de Floralinde &
de Méridian, qui s'étoit séparé de sa
sœur Floralise, & cherchoit par-tout
Rosalvire, dont il étoit devenu amoureux

reux aux joûtes de Constantinople , aprés
l'avoir reconnue pour la même Princesse
du sang des Empereurs Grecs , dont la
figure avoit fait impression sur lui dans le
temple de Médée. Sa sœur , par la même
raison , cherchoit le beau Poliphébé.

Le Roi de Rhodes étant tué, ses suivans
abandonnerent la Princesse, qui fut ramenée par ses libérateurs jusques auprès de
son char , où elle retrouva Artenice ,
& le reste de sa suite. Les deux Chevaliers furent traités à la Cour de Trébisonde avec toute la distinction que méritoit le service qu'ils avoient rendu à
la Princesse ; elle-même leur témoignoit
sa reconnoissance , mais elle étoit disposée à en ressentir pour Bombe , plus que
pour Célinde , quoique celui-ci en méri-
tât davantage de sa part, ne fût-ce que parce
qu'il étoit sincérement amoureux d'elle ,
au lieu que Bombe n'étoit occupé que de
Liriane ; à tel point qu'ayant appris que ce
seroit inutilement qu'il chercheroit à délivrer cette derniere Princesse dans l'espérance de la posséder, puisqu'elle avoit déjà
épousé Rosabel, il prit le parti désespéré de
renoncer à tout exploit de Chevalerie &
de se retirer dans l'Achaïe. Célinde seul
resta à Trébisonde , occupé à mériter par

son respect & ses soins le cœur de la charmante Rosalvire.

Retournons à Claridian, qui, sous le nom du Chevalier désespéré, continuoit à courir le monde, en cherchant des aventures ; il aborda en Esclavonie, & étant arrivé à un pont, il en trouva le passage défendu par un certain Prince de Zergobie, & ses quatre freres qui prétendoient soutenir la prééminence de la beauté de la Princesse Aphrodisée, fille du Roi d'Esclavonie ; ce beau nom avoit été donné à cette Princesse, parce qu'elle avoit tous les attraits de Vénus. Le Roi de Zergobie en étoit passionnément amoureux ; mais loin d'être aimé, il se voyoit préférer Polidolphe Prince de Croatie. Claridian ne voulut pas combattre seul le Monarque & ses quatre freres ; mais ayant appris qu'il trouveroit à peu de distance l'heureux rival du Prince de Zergobie, il se joignit à lui, & ils allerent ensemble affronter les cinq freres. Claridian y fut encouragé par son Écuyer Polisandre que Galténor lui avoit renvoyé, en l'assurant que la fierté d'Archifilore, & non son indifférence, étoit le seul ennemi qu'il eut à combattre, mais qu'à force d'exploits il viendroit à bout de fe rendre favorable le cœur de cette Princeffe. « Ah ! s'écria alors Claridian, » non-feulement je mériterai d'intéreffer » la belle Reine de Lyre, mais je la » rendrai jaloufe de mes hauts faits, je » veux qu'elle foit un jour glorieufe » d'aimer un Héros tel que moi. » Dès ce moment il fut au-devant de tous les dangers, avec une efpece de fécurité de les furmonter. Il fe préfenta donc au pont avec Polidolphe, & ils défierent enfemble les cinq freres ; ils combatti- rent, & le Prince de Croatie tua d'abord un des jeunes Géants : Lindore l'aîné d'entr'eux, venge fon frere, & renverfe Polidolphe ; les trois autres, & le Roi même font culbutés par Claridian fans être bleffés. Le pas s'étant trouvé libre, les deux Princes arriverent à la Cour d'Efclavonie, où ils furent très-fêtés, mais le Roi de Zergobie confervoit en- core l'efpérance d'époufer la Princeffe ; le Roi fon pere, étant dans la même réfolution, le Prince Polidolphe a i dé- fefpoir, fe lia de la plus vive amitié avec Claridian, qui lui avoit procuré du moins le moyen d'approcher de fa Princeffe, & prit avec lui des mefures pour parvenir

D ij

à l'enlever, ou pour se défaire de son rival. Le moyen qu'imagina d'abord le Prince de Trébisonde , fut de trouver un prétexte pour combattre le Prince Zergobien ; il saisit l'instant où celui-ci relevoit la beauté d'Aphrodisée au-dessus de celle de toutes les Princesses du monde ; & quoiqu'après tout il rendît aux charmes d'Aphrodisée la justice qui leur étoit due , il soutint l'honneur des Dames Grecques contre leur puissant adversaire & trois autres Chevaliers, n'ayant avec lui que le Prince de Croatie. Dans ce combat inégal , un des freres fut tué par Polidolphe ; l'aîné le vengea sur-le-champ en le renversant , mais Claridian rétablit complétement la gloire de son parti , en en tuant encore un & culbutant les deux autres , & l'aîné même.

Par une injustice criante, le Roi d'Esclavonie voulut faire punir les deux Chevaliers vainqueurs comme coupables de la mort des Géants ses amis & ses parents. Il leur fit demander par la Princesse sa fille leurs épées , & ils ne firent aucune difficulté de les lui remettre , mais ensuite ils furent envoyés en prison , & il fut dit que si dans trente jours

ils ne trouvoient au moins deux Chevaliers qui combattissent pour eux contre les
trois freres restans , ils feroient mis à
mort. Aphrodisée fut au désespoir de
cette injuste sentence ; on avoit séparé
les prisonniers, & la Princesse regrettoit
l'un par l'extrême valeur avec laquelle il
l'avoit servie , & l'autre par l'amour
qu'elle lui portoit. Un jour qu'elle se
promenoit dans les jardins du Palais ,
s'entretenant de ses chagrins avec Faustine
sa confidente , elles apperçurent au clair
de la lune à travers les broussailles , l'entrée d'un souterrain dans lequel elles ne
craignirent pas de s'introduire ; il les conduisit jusques dans la tour où étoient
détenus les prisonniers ; un escalier leur
donna entrée dans la chambre où étoit
enfermé le Chevalier désespéré : celui-
ci fut aussi surpris de voir la Princesse ,
que charmé de pouvoir prendre avec elle
des mesures pour se venger & délivrer
son ami. Il fut convenu que l'Ecuyer de
Claridian resteroit dans la prison , &
feindroit d'être très-malade , & que le
Prince de Trébisonde sortiroit secréte-
ment ; que reprenant son épée que
lui rendit la Princesse , & une armure

inconnue qu'elle lui procura , il repa-
roîtroit comme un défenſeur de ſa propre cauſe & de celle de ſon ami ; malheureuſement il lui manquoit un ſecond;
& la priſon de Polidolphe étant éloignée,
il n'étoit pas poſſible d'y pénétrer & de
l'en tirer : il ſortit ſeul & alla hors de
la ville ſe préparer au combat. Il n'y fut
pas plutôt que le plus heureux hazard
lui amena celui dont il avoit beſoin, & tel
qu'il pouvoit le déſirer : ce fut Elene de
Dace , que les Enchanteurs & le deſtin
avoient amené dans ces cantons. Char-
més de ſe rencontrer , les deux Chevaliers
amis & parens , ſe rendirent compte mutuellement de leur ſituation préſente : &
l'on juge bien qu'Elene offrit ſon ſecours
à ſon couſin : ils rentrerent donc enſemble dans la Ville & propoſerent le combat ; il n'étoit pas poſſible de le leur
refuſer , mais la difficulté s'en trouva
augmentée par l'arrivée d'un quatrieme
géant nommé Balourdan , oncle des
trois combattans & des deux tués , qui
voulut auſſi être de la partie ; ce ſurcroît
d'ennemis n'étoit pas capable d'engager
les deux Héros à la rompre ; le combat ſe
livra , & les quatre Géants furent tués.

Alors les Ju.es du camp convinrent que les prifonn.crs devoient être mis en liberté, ma.s par une obftination inconcevable & une.injuftice criante, le Roi d'Efclavonie refufoit encore de les rendre.

Nous fommes forcés de laiffer nos Héros & nos Lecteurs dans cet embarras, dont notre Auteur Efpagnol ne nous permettra de les tirer que dans le livre fuivant.

Fin du fixieme Livre.

HISTOIRE
DU CHEVALIER
DU SOLEIL.

LIVRE SEPTIEME.

NE nous laffons point , ô mes chers Lecteurs , continuons de voir des monf-tres & des Géants paroître fur la fcène de notre Roman. Il y a toujours des dif-férences entre les figures horribles de ces Etres effrayans , comme il y en a entre les phyfionomies douces & agréables des belles Dames , des gen-tilles Demoifelles, des vaillantes Ama-zones, & des braves & amoureux Che-valiers. Vous allez encore entendre parler de combats, d'amours, & d'en-chantements ; mais loin d'être tous femblables, ils porteront au contraire tous des caracteres différents. De nouveaux Héros, & de nouvelles Héroïnes vont se préfenter ; leurs aventures auront toujours un air de famille, & une forte de reffemblance, mais nous efpérons de leur donner quelque air de nouveauté. Enfin nous ofons toujours vous promettre de vous apprendre à la fin de ce Roman-ci, ce qu'eft devenu chacun des Acteurs : c'eft un avantage que les Romanciers, nos confreres, procurent rarement à leurs Lecteurs.

Nous allons déja commencer à préparer les voies de notre fameux dénouement ; en attendant, ne négligeons rien pour écarter également l'obfcurité & l'ennui.

Nous avons laiffé Elene de Dace & Claridian furieux de ce que le Roi d'Efclavonie s'obftinoit à refufer la liberté de Polidolphe & d'un autre Chevalier, fon compagnon de prifon, pour qui ils avoient combattu. Les deux illuftres Champions fortirent de la ville d'Aante, & fe retirerent dans un bois pour délibérer fur les moyens de forcer le Roi d'Efclavonie à fe conformer aux loix,

D v

en vertu defquelles le Prince de Croatie
devoit être délivré. Se trouvant ainfi
feul & à l'écart, le petit-fils de Trébatius fe fit reconnoître de fon coufin le
Prince des Daces, lui avoua qu'il étoit lui-
même le fecond des prifonniers du Roi
d'Efclavonie, & lui expliqua comment
la Princeffe Aphrodifée l'avoit fait fortir de prifon pour combattre le Géant
Balourdan. Elene embraffa tendrement
fon neveu, s'applaudit de l'avoir fecon-
dé dans ce fameux combat ; mais il convint avec lui, qu'il étoit néceffaire qu'il
rentrât la nuit même dans la tour, lui
promettant d'ailleurs, qu'il ne tarderoit
pas à l'en délivrer, ainfi que Polidolphe.
Cette généreufe réfolution fut éxécutée ;
la belle Aphrodifée, pénétrée de la noble façon de penfer du Prince Grec, ne
put s'empêcher d'y applaudir, & le fit
reconduire dans fa prifon, avec le même
myftere qu'elle l'en avoit fait fortir, fe
repofant fur Elene du foin de contraindre
le Roi fon pere à éxécuter les conditions du combat ; celui-ci s'en occupa
férieufement & efficacement. Il trouva
quelques Chevaliers du Prince de Croatie qui lui apprirent qu'une armée du
Roi leur maître, marchoit pour le déli-

vrer. Elene réfolut de fe mettre à la tête
de cette armée ; il la valoit certainement
lui feul. En attendant l'arrivée de ces
troupes, le Prince des Daces fe promenoit dans les bois , & s'amufoit à caufer avec les Bergers galants des plaines
de l'Efclavonie. Nous avons vu que ce
Prince, en plufieurs occafions de fa vie ,
avoit vécu avec les Pafteurs , & même
mené la vie paftorale, qu'il avoit le don
de Poéfie , quand il étoit amoureux ,
& avoit lieu de fe plaindre des rigueurs
de fa belle. Dans le moment dont nous
parlons , le fujet de fes Vers & de fes
Chanfons étoit, finon les rigueurs, du
moins l'abfence de Rofemonde ; auffi
fit-il répéter aux échos fes juftes regrets
d'être éloigné d'elle. Les Bergers les
écoutoient avec plaifir & les admiroient.
Un jour, qu'après s'être affemblés autour de lui, ils l'avoient engagé à prendre fa part d'un de leurs repas champêtres , ils lui parlerent après le fouper
d'une fameufe grotte enchantée , qui
n'étoit qu'à quelque diftance de leur
habitation ; » elle s'appelle la grotte des
» trois amans : en voici l'hiftoire , lui
» dirent-ils. Il y avoit autrefois dans ces
» cantons une fille charmante , que l'on

» appelloit Laïs ; elle posſédoit tous les
» charmes, tous les talents, & toutes
» les vertus qui peuvent ſe faire adorer.
» Non-ſeulement tous les jeunes gens
» du canton lui faiſoient la cour, mais
» on venoit de bien loin lui rendre ſes
» hommages. Trois freres qui demeu-
» roient dans un Royaume voiſin de ce-
» lui-ci, entendirent parler d'elle, & vi-
» rent ſon portrait. Ils en devinrent auſſi-
» tôt épris, & ſe rendirent dans le ha-
» meau de Laïs, déja peuplé d'une foule
» de ſes adorateurs. Elle les rebutoit tous
» avec une égale rigueur. Ceux-ci, quoi-
» que d'un mérite ſupérieur à tous les
» autres, ne furent pas mieux traités.
» La belle indifférence les déſeſpéra à
» un tel point, que la tête leur ayant ab-
» ſolument tourné, il en réſulta le plus
» cruel des accidents. L'un d'entr'eux
» ſe pendit à une des fenêtres de la mai-
» ſon de Laïs, comme fit autrefois Iphis,
» à la porte de la cruelle Anaxarette.
» L'hiſtoire en eſt agréablement écrite
» en vers latins, dans les Métamor-
» phoſes du galant Ovide.

» Le ſecond attendit le moment
» qu'elle rentroit chez elle, ſe perça le
» cœur en ſa préſence, & tomba mort

» à ſes pieds. Le dernier qui étoit le plus
» fort & le plus brave, devenu furieux
» par la cruauté de Laïs & le malheur
» de ſes freres, comme le fut Roland
» par l'infidélité d'Angélique, s'établit
» ſur la place publique de la ville pro-
» chaine, & défia tous les amants de
» ſa maîtreſſe, diſant que puiſqu'il ne
» pouvoit poſſéder ſa belle, il ne vou-
» loit ſouffrir aucun rival. Tous ceux qui
» oſerent meſurer leurs forces avec les
» ſiennes, furent tués, & ſa fureur étant
» encore augmentée par ces meurtres, &
» pouſſée à ſon dernier dégré, il pour-
» ſuivit les autres, & tua tout ce qu'il
» rencontra. Il arrachoit les arbres, dé-
» truiſoit les maiſons, & y mettoit le feu.
» Enfin, il ſe jetta lui-même ſur un
» monceau de débris allumés, & périt
» au milieu des flammes, à l'imitation
» d'Hercule. Un Sage Enchanteur étant
» informé de cet affreux déſordre, occa-
» ſionné par la beauté & l'indifférence
» de Laïs jugea à propos d'empêcher que
» de pareils malheurs n'arrivaſſent en-
» core; ſentant cependant que Laïs n'é-
» toit pas coupable, il ſe contenta de l'en-
» chanter dans la grotte dont nous ve-
» nons de parler, & l'on dit que ſa

» délivrance eſt réſervée à un des plus
» braves Chevaliers du monde «.

Ce recit étoit bien capable d'exci-
ter Elene à tenter l'aventure , il ſe
fit conduire près de la grotte , s'en approcha la lance en arrêt , & frappa contre les portes de bronze qui en fermoient
l'entrée. Elles s'ouvrirent avec fracas ,
& il en ſortit des tourbillons de flâmes ;
Elene eut à combattre des monſtres de
toute eſpece, & enfin les ombres des trois
freres qui avoient été amoureux de Laïs,
& avoient cauſé tout le déſordre. L'on
juge bien qu'il vint facilement à bout
de tous ces obſtacles ; enfin il trouva la
belle doucement endormie ſur un lit
de mouſſe au fond de la caverne. Elle
avoit conſervé , ſuivant l'uſage des enchantemens , tout l'éclat de la jeuneſſe ,
de la fraîcheur & de la beauté ; il la réveilla doucement , & lui ayant annoncé
ſa délivrance , il la conduiſit courtoiſe-
ment hors de la grotte. La belle ſe hâta
de fuir avec ſon libérateur des lieux qui
lui retraçoient les malheurs dont elle
avoit été cauſe , & l'enchantement auquel elle avoit été ſoumiſe. Arrivés dans la
retraite qu'Elene s'étoit choiſie en attendant les troupes de Croatie , elle y paſſa

quelques jours avec ce Chevalier, qui
lui rendoit les refpects que tout Prince &
Guerrier loyal fe croit obligé de rendre
à une belle Dame qu'il a eu le bonheur
d'obliger. Mais il étoit très-éloigné de
lui parler d'amour, uniquement occupé de celui qu'il reffentoit pour Rofemonde. La Demoifelle qui étoit accoutumée à enflammer tous ceux qui l'approchoient, ne fut pas peu étonnée de
la froideur du Prince des Daces, & en
étoit même affez fâchée, mais heureufement un nouveau Chevalier paffant par
ces cantons, la confola de l'indifférence
d'Elene : c'étoit Brafinian, Prince de
Babylone. Ayant été frappé de la beauté
de Laïs, il queftionna à fon fujet le
Prince des Daces affez courtoifement
pour que celui-ci lui répondît avec la
même politeffe. Ces deux Princes ayant
fait connoiffance en fe racontant leurs
aventures, fe lierent bientôt d'amitié :
l'amour que celui de Babylone conçut
pour la Princeffe défenchantée, n'y mit
aucun obftacle, & Laïs ayant eu tout
lieu d'éprouver que l'excès des rigueurs
des belles a quelquefois les fuites les
plus funeftes, étoit bien réfolue à n'être
plus fi cruelle ; de forte qu'elle écouta

Brafinian fans colere & de façon à le
retenir auprès d'elle , il s'y attacha fé-
rieuf ment. E ene lui ayant bien expliqué quelle étoit la fituation de fes affaires en Efclavonie , le fit aifément entrer dans le projet de délivrer Claridian
& Polidolphe ; il fut convenu qu'ils
réuniroient pour cet effet leurs efforts
& leur courage. Brafinian ayant donc
pris la place de Claridian , les deux
Chevaliers envoyerent porter des plaintes au Roi d'Efclavonie de ce qu'il n'a-
voit point dé ivré es prifonniers comme
il y étoit obligé , & le Monarque étant
convenu que le Prince de Zergobie , qui
devoit époufer la Princeffe Aphrodifée,
s'étoit conftamment oppofé à la délivrance de Polidolphe & de fon rival , nos
Héros propoferent un nouveau combat, à
condition que les prifonniers feroient
amenés fur la lice , & remis aux vainqueurs auffitôt que la victoire fe feroit
déclarée pour l'un ou l'autre parti. Le
Prince Zergobien prétendant à la main
de la Princeffe , n'étoit pas bien brave ,
il héfitoit à accepter la propofition ; pour
le déterminer, on lui fit propofer de fe
faire accompagner par tel de fes Chevaliers qu'il voudroit choifir pour lui

ſervir de ſecond ; l'on mit même au combat une condition bien ſinguliere, ce fut que le Zergobien & ſon ſecond ſeroient armés de toutes pieces , au lieu que les deux adverſaires n'auroient pour toutes armes que leur écu & leur épée; le prétendu gendre du Roi d'Eſclavonie eut la baſſeſſe d'accepter cet arrangement , & il en fut puni, car il fut vaincu, lui & ſon compagnon : on les força, l'épée ſur la gorge, d'avouer leur défaite, & de convenir de leur mauvaiſe foi. Claridian & Polidolphe furent remis aux vainqueurs, qui les emmenerent en triomphe hors de la ville ; mais ce n'étoit pas tout , il falloit obtenir la Princeſſe d'Eſclavonie pour le Roi de Croatie, & c'eſt ce qui ſouffrit encore de nouvelles difficultés , toujours ſuſcitées par le Prince de Zergobie. Il fal'ut enfin qu'une bataille en regle en décidât ; l'armée des Croates étant arrivée, les quatre Chevaliers ſe mirent à ſa tête. Les Rois d'Eſclavonie & de Zergobie y oppoſerent toutes leurs forces ; mais ils furent défaits en bataille rangée, & le dernier fut tué. Le Monarque Eſclavon fut enfin forcé d'accorder ſa fille à celui de Croatie, qui conduiſit Aphrodiſée dans ſes Etats. Leur mariage y fut

célébré avec pompe , & celui de Brasi-
nian & de Laïs se fit en même temps.
Les deux heureux époux passerent ensemble quelque temps & y fussent demeu-
rés plus long temps avec Elene & Claridian , si le sage Nabate ne fût apparu aux
deux Princes Grecs , & ne leur eût ordonné de partir promptement & sépa-
rément , pour obéir à leur destinée , &
éprouver d'autres aventures. Quelque
temps après leur départ , les deux belles
Princesses mirent au monde deux filles ;
celle dont accoucha Laïs , fut nommée ,
pour son extrême beauté , Elene , & sur-
nommée de Babylone , pour n'être pas confondue avec celle qui occasionna le siege
& la prise de Troye.

Cependant tout se préparoit à la guerre
tant du côté des Payens ennemis de
l'Empire Grec , excités par le Magicien
Luperce , qui leur promettoit les plus
grands succès , que de celui du grand
Trébatius , de ses illustres enfans & de
leurs alliés. Lisard & Florisart étoient
partis de Constantinople pour rassembler
à Tarse & à Argentone tout ce qu'ils
avoient de troupes , dont ils vouloient
grossir l'armée Grecque ; mais le Sultan
de Niquée étoit du parti opposé , & ne

pardonnoit point à Rosabel d'avoir été
cause de l'enchantement de Liriane. Nous
avons dit qu'elle étoit dans une tour de
cryſtal par le pouvoir de Luperce, qui aſſu-
roit le bon Roi de Niquée qu'il n'y avoit
qu'un ennemi des Grecs qui pût la délivrer.
Pendant ce temps Rosabel s'étoit laiſſé
entraîner par une jeune Demoiſelle inconnue, qui lui avoit propoſé de tenter
une grande aventure; il s'étoit embarqué avec elle, & voguoit dans ſa compagnie, ſans ſavoir où il alloit. Nous verrons dans ce livre-ci & le ſuivant, quelles furent les ſuites de ces préparatifs &
de ces diſpoſitions. Mais il faut auparavant que nous faſſions connoître à nos
Lecteurs un perſonnage nouveau qui va
jouer dans le reſte de notre hiſtoire un
rôle brillant & intéreſſant. On ſe ſouvient
ſans doute du fameux Bramarante, fils
du terrible Géant Bradamant-Cam-
péon. On ſe rappelle que peu s'en fallut
que le pere & le fils ne fixaſſent la victoire du côté des Payens dans la premiere
guerre que les Scythes firent aux Grecs;
enfin le Chevalier du Soleil triompha de
l'un & Rosiclair de l'autre; la nouvelle
en fut portée dans le Japon, où elle cau-
ſa la plus grande conſternation. Cependant on reconnut unanimement pour Roi

le seul enfant qui reſtoit de la race de Campéon, il étoit fils de Bramarante, & on l'appelloit Bravorante. Cet enfant en grandiſſant fit concevoir l'eſpérance qu'il égaleroit ſes parens en force, en courage, en audace & en férocité; il apprit que Brufaldor, Roi de Mauritanie, s'étoit emparé des armes de ſon pere, & quoique ce fut pour s'en ſervir contre les Grecs, il ne laiſſa pas d'être irrité de ce qu'un autre que lui eût oſé les enlever : il réſolut donc d'aller redemander ces armes, & fit armer un vaiſſeau pour cette expédition. Avant que de faire ce premier exploit, il voulut être armé Chevalier; mais conſidérant que perſonne au Japon n'étoit aſſez illuſtre pour lui conférer l'ordre, & penſant qu'il ne trouveroit pas même de parrain digne de lui, il prit un parti ſi extraordinaire, que dans toute l'hiſtoire de la Chevalerie, on n'en peut pas citer un autre exemple; il s'arma Chevalier lui-même, ſe donna l'accolade avec ſa propre épée, ſe frappant avec la main droite ſur l'épaule gauche, & ſe diſant à lui-même, de par mes Dieux, je me fais Chevalier. Quant au baiſer de paix, il ne put le donner qu'à fa main droite, il fe ceignit l'épée Les courtifans Japonnois donnerent les plus grands éloges au parti fier & noble qu'il avoit pris, & après cette belle initiation qui reffembla à un véritable triomphe, il quitta fes Etats, ainfi qu'avoient fait fon pere & fon grand pere.

Comme il y a loin du Japon en Mauritanie, le vaiffeau de Bravorante couroit déjà les mers depuis quelque temps, lorfqu'il paffa près d'un autre dans lequel il remarqua deux Chevaliers de bonne mine, auxquels il voulut demander de quel pays, ou du moins de quel parti ils étoient. » Qui vive ? leur cria-t-il, » vive Grece lui répondit-on— « Oh oh ! vous êtes du parti des Grecs ! » dit alors le fier Bravorante, vous n'en » ferez pas long-temps, car je vais vous » exterminer en attendant que j'en faffe » autant de Trébatius & de fa famille ». En même-temps il fit accrocher fon navire à celui qui paffoit. « Damoifel » Géant, repliqua le Roi Lifard, l'on » voit bien que tu arrives de ton pays, » & que tu ne connois pas encore les » ennemis que tu vas attaquer. Tré- » batius & fes enfans ne peuvent te » craindre ; le dernier des Chevaliers

„ de leurs amis , eſt bon pour te com-
„ battre & te vaincre : je te défie. „ Le
combat commença d'un bord à l'autre ,
mais Liſard quoique très-brave , avoit du
déſavantage contre le jeune & vigoureux
Géant,& celui-ci lui aſſena enfin ſur la tête
un coup de ſon épée ſi violent,qu'il le ren-
verſa ſans connoiſſance. Le jeune Floriſart prit auſſi-tôt la place de ſon frere ,
& peut-être ſon ſort eût-il été encore
plus funeſte , ſi un heureux hazard ou la
prudence des Enchanteurs n'eût à l'inſtant
ſéparé les deux navires , qui , portés par
deux vents contraires , voguerent l'un
à droite , & l'autre à gauche, & ſe perdirent bientôt de vue. Le cadet de Tarſe
parvint aiſément à faire revenir ſon aîné de
ſon évanouiſſement. Liſard en ſe réveil-
lant ne vit plus d'ennemis , mais hélas ! ce
fut en vain que les deux Princes chercherent depuis ce moment leurs aimables
Ecuyers qui s'étoient embarqués avec
eux , & leur avoient tenu fidelle compagnie juſques à ce moment. Perſonne
ne fut en état de dire quand & comment
ils avoient diſparu ; tout ce qu'on
pût tirer des matelots , fut qu'ils avoient
été trop attentifs au combat , pour prendre garde à ce qui pouvoit ſe paſſer à l'au-

tre extrêmité du vaisseau ; mais que
d'ailleurs ils n'avoient entendu crier personne, ni vu qui que ce fût tomber dans
l'eau. Lisard étoit sincérement touché
d'avoir perdu son cher Roseli , &
Florisart l'étoit encore bien davantage ;
il regrettoit dans Arboléon , un confi-
dent & une maîtresse ; il croyoit qu'il ne
pouvoit recevoir des nouvelles de cette
charmante Princesse d'Ecosse , dont il
admiroit le portrait , que par l'obligeant
Ecuyer qui lui en parloit sans cesse. Ces
Princes & sur-tout le dernier se seroient
difficilement consolés , si Nabate ne leur
étoit apparu. « Seigneurs, leur dit-il , ce
» sont les sages qui ont disposé de vos
» Ecuyers, & c'est pour l'avantage de
» ces deux charmantes personnes , elles
» sont sous notre garde en attendant
» que vous les retrouviez : cependant ,
» Lisard , vous oublierez bientôt cette
» perte dans les bras de la belle Flore qui
» vous attend à Argentone : & vous , Flo-
» risart , continuez à vous occuper de vo-
» tre Princesse, à l'aimer , & à vous ren-
» dre digne d'elle ; c'est le moyen de la
» retrouver avec votre aimable Ecuyer. »
Effectivement les deux Princes arriverent
promptement & heureusement à Argen-

tone, où l'ainé après avoir donné à Flore
ses premiers & ses plus doux momens,
s'occupa sérieusement du soin de rassembler son armée, tandis que le cadet rê-
voit à la Princesse d'Ecosse, à Arboleon
& aux moyens de les retrouver.

Le sage Nabate les avoit transportées
auprès de Rome dans un château enchanté
qu'il éleva exprès pour elle dans une seule
nuit, & que tous les habitans de l'ancienne capitale du monde apperçurent
le lendemain avec le plus grand étonnement. On en avertit l'Empereur qui y
courut, & ayant admiré l'édifice, il lut
sur la principale tour une inscription qui
apprenoit que sa fille & sa niece y étoient
renfermées. Aussi-tôt il s'occupa sérieusement des moyens de détruire cet enchantement, & proposa d'abord à tous
les Chevaliers de sa Cour, de tenter cette
aventure; mais aucun n'ayant osé l'en-
rreprendre, il fit publier que si quelque
Chevalier étranger pouvoit y réussir, il
lui donneroit Roselie en mariage. Nabate croyant avoir ainsi bien assuré l'enchantement des deux cousines, alla
renforcer celui qui défendoit la tour de
crystal dans laquelle étoit renfermée Liriane; il ajouta trois colonnes de feu au
reste

reſte des flammes qui ſortoient de la porte
dès qu'on vouloit la forcer ; il plaça ces
trois colonnes en avant , & les rendit
ſi ardentes , que non-ſeulement elles brûloient ceux qui les touchoient , mais auſſi
ceux qui approchoient de leur atmoſphere.
Nous avons vu le mauvais ſuccès qu'avoit
eu Bombe d'Achaïe , quand il avoit voulu tenter l'aventure , avant le redouble-
ment de cet enchantement ; comme il
étoit devenu encore plus difficile , la ten-
tative ne réuſſit pas mieux au fier Bravorante. Ce jeune Géant s'étant ſéparé
de Liſart , ainſi que nous l'avons dit , &
continuant ſa route vers la Mauritanie ,
paſſa auprès de la tour de cryſtal ; il ordonna à ſon vaiſſeau d'aborder dans l'iſle ,
lut l'inſcription placée ſur le rivage , pour
annoncer l'enchantement de la Princeſſe
de Niquée , & s'imagina que la gloire
de le détruire lui étoit réſervée : il s'a-
vance donc avec intrépidité entre les colonnes de feu , mais il eſt vigoureuſe-
ment repouſſé par les flammes , & ſent
qu'il ſeroit conſumé s'il s'obſtinoit à les
traverſer. Après avoir paſſé toute une
journée en eſſais inutiles , il prit enfin le
parti d'y renoncer , & de continuer ſa
route ; mais avant que de partir il fit

Tome II.   E

ferment de revenir dans cette isle , après
avoir vaincu Brufaldor, de tenter de nouveau tous les moyens de finir l'aventure,
ou d'empêcher du moins que qui que ce
fût ne la mît à fin à son préjudice ; car
telle étoit la vanité de ce Roi du Japon ,
qu'il ne vouloit pas qu'un autre vînt à
bout de ce qu'il ne pouvoit pas faire.

Etant enfin arrivé sur les côtes de Mauritanie , Bravorante s'avançoit à grands
pas vers la capitale de ce Royaume , lorfqu'il entendit les plaintes touchantes
d'un Chevalier , qui , couché au pied d'un
arbre , paroissoit regretter l'absence d'un
objet qui lui étoit cher : en s'approchant
de lui il ne put le tirer de sa rêverie , jufqu'à ce qu'enfin il lui adressa la parole
en lui demandant affez courtoisement
quel étoit le sujet de ses peines , & l'affurant qu'il le plaignoit beaucoup , quoiqu'il ne pût juger par lui-même de ce
que souffroit un amant , n'ayant pas
encore aimé. Ce compliment ne devoit
pas attirer au Prince du Japon une réponse
désagréable , c'est cependant ce qui arriva.
« Chevalier , lui répondit le Guerrier
» impatienté, tant pis pour vous si vous
» n'êtes pas amoureux ; laissez soupirer
» en paix ceux qui le font , & ne vous

„ mêlez que de ce qui vous intéreſſe „.
Bravorante n'étoit pas endurant, il trouve
que ce n'étoit pas le tout d'être malheureux en amour, qu'il falloit encore être
poli, & le ſecond compliment fut une
propoſition de combat. Le Chevalier
étoit trop loyal pour ne la pas accepter ;
ils ſe battirent ſur-le-champ ; le Chevalier inconnu déploya dans cette occaſion
la plus grande adreſſe, & montra le plus
grand courage. Le Prince Japonois fit
auſſi preuve de force & de valeur, enfin
il porta un ſi terrible coup ſur le heaume
de ſon adverſaire qu'il le fit ſauter, &
vit à découvert le viſage de cet ennemi,
qui étoit la charmante Floraliſe. Cette
Princeſſe de Scythie, ſe croyant obligée
de ſuivre le parti de ſon grand-pere l'Empereur Alicandre, s'étoit approchée des
pays habités par les Payens ; mais c'é-
toit avec le plus grand regret qu'elle ſe
trouvoit engagée dans une guerre contre
les Grecs, & qu'elle s'éloignoit de Poliphébé, dont l'image étoit toujours gravée dans ſa mémoire & dans ſon cœur.

Bravorante n'a pas plutôt reconnu le
ſexe & les attraits de ce charmant ennemi,
qu'il ſe ſent pénétré de ces ſentimens,
qu'un moment auparavant il diſoit n'a-

voir jamais reſſentis ; il ſe jette à ſes
genoux & lui préſente ſon épée : cet
audacieux Géant (ſemblable au lion de
la fable , qui ſe laiſſa couper les ongles
& arracher les dents) ſe ſoumet entiérement & ſubitement aux charmes de la
beauté & aux chaînes de l'amour ; il lui
déclare quelle eſt ſa naiſſance & ſon pouvoir. Floraliſe apprenant qu'il étoit un
des plus puiſſans vaſſaux de l'Empereur
ſon aïeul , le traita avec bonté , quoiqu'elle ne lui laiſsât aucun doute qu'un
autre ne fût le maître de ſon cœur , &
par conſéquent aucune eſpérance de ſuccès ; elle conſentit de ſe rendre avec lui
dans la capitale de Mauritanie , ſous l'apparence d'un ſimple Chevalier ſon compagnon d'armes. Bravorante étoit trop
amoureux pour être inſolent , auſſi eût-
il tous les reſpects & toutes les attentions imaginables pour la belle Guerriere.
Dès qu'ils furent arrivés aux portes de
la capitale de Mauritanie , il fit ſommer
Brufaldor de lui rendre les armes de ſon
pere , ou de combattre contre lui. La
demande fut faite dans des termes aſſez
hauts & aſſez déſobligeans , pour que le
Roi de Mauritanie ne pût héſiter à choiſir
le parti du combat. Nous avons vu d'ail-

leurs que Brufaldor n'étoit pas aisé à intimider, & qu'il étoit très en état de se défendre ; on fut bientôt convenu du jour où ce combat devoit se livrer. Le Roi de Mauritanie se rendit seul au lieu désigné ; Floralise resta témoin du combat qui commença avec la plus grande vivacité ; il fut long & opiniâtre, la Princesse qui s'y connoissoit, admira assez long-temps la force des coups que se portoient les deux Géants ; mais enfin jugeant qu'entre deux aussi vaillans champions, le duel pourroit finir par devenir meurtrier, elle crut devoir y mettre fin ; pour cet effet elle ôta son casque, parut à visage découvert & les cheveux épars, & étant reconnue pour dame, elle usa du droit que les personnes de son sexe ont sur les Chevaliers nobles & galants de les forcer à s'arrêter quand elles leur ordonnoient, & d'écouter les propositions d'accommodement qu'elles veulent leur faire. L'amoureux Bravorante, & même le fier Brufaldor s'y soumirent. Floralise fit entendre au dernier que l'héritier & le fils de Bramarante, reclamant les armes de son pere, elles ne pouvoient lui être refusées. Le Roi de Mauritanie se retrancha sur la façon hautaine dont elles lui avoient été demandées ; mais la belle Princesse de Scythie ayant engagé son nouvel amant à user de politesse, les deux Rois furent bientôt d'accord, & celui de Mauritanie conduisit celui du Japon dans sa capitale, où il lui remit les armes de son pere ; ils s'y reposerent quelques jours. Cependant Bravorante ayant fait serment de mettre à fin l'aventure de la tour de crystal, étoit obligé de se rembarquer pour y retourner ; il auroit bien désiré que la belle Amazone dont il étoit épris, daignât l'accompagner dans ce voyage ; mais celle-ci uniquement occupée de Poliphébé, ne vouloit chercher que ce jeune Prince Grec, toute résolue qu'elle étoit à combattre pour le parti contraire. Il fallut donc que le fils de Bramarante s'embarquât seul de son côté, Floralise partit d'un autre, chacun montant un navire que Brufaldor leur fournit. Le premier ne courut pas long-tems les mers sans revoir la tour de crystal, & sans aborder dans l'isle ; quant à la Princesse, nous verrons dans un moment ce qui lui arriva depuis cette séparation.

Les défenseurs de l'Empire de Trébatius s'assembloient de toutes parts, son fils Alphébé Empereur de Trébisonde,

& la valeureuse Claridiane son épouse,
étoient arrivés avec leurs troupes au port
S. George, rendez-vous de l'armée Grecque. Oristide Roi de Troye & de la Phry-
gie, y avoit conduit les siennes & les
commandoit en personne avec la vaillante
Sarmacie. Torismond Prince d'Espagne,
Corseille son fils, & Clarinde son neveu,
fils de Claberinde de France, étoient à la
tête d'un corps considérable de troupes
Françoises, Espagnoles & Portugaises ;
Bramidor Roi de Siracuse, & Tefferé de
Sardaigne son neveu, étoient déja arrivés
à ce fameux rendez-vous, & on y attendoit d'un moment à l'autre le bon Roi
Sacridor d'Antioche & son fils Oristolde,
Florion de Babylone, & Lisart de Tarse.
Les Princesses qui n'étoient point guerrieres & qui n'avoient accompagné leurs
époux jusques en Grece, que pour être
informées plutôt des grands événemens
qui étoient à la veille d'arriver, étoient
comblées d'honneurs & de caresses dans
Constantinople, par l'Impératrice Briane.
Rosiclair commandoit en second les
troupes Grecques, sous l'Empereur son
pere, & il ne manquoit à la satisfaction générale que de revoir Rosabel & Claridian. Le premier étoit toujours occu-

E iv

pé , mais inutilement , de la recherche
de la Princeſſe de Niquée , & le dernier s'étoit banni lui-même , déſeſpéré
des rigueurs de la belle Reine Archifilore. Celle - ci ſe repentoit déja de
ces mêmes rigueurs, au point que les
lieux où elle n'eſpéroit plus revoir Claridian , & où elle l'avoit autrefois accablé de mépris , lui parurent inſupporta-
bles. Elle réſolut de quitter Conſtantinople & de n'y revenir qu'en y ramenant ſon
amant déſabuſé de la fauſſe opinion où
il étoit d'être haï. Elle avoit déja repris
ſes armes pour ſe mettre à la tête des
troupes de ſon Royaume qui avoient
joint l'armée Grecque ; elle en laiſſa le
commandement à ſon amie Roſemonde,
& partit en équipage de ſimple Chevalier , déguiſement auquel elle étoit accoutumée , & ſous lequel elle avoit déja
fait tant d'exploits. Etant arrivée ſur les
côtes de la mer d'Aſie, elle trouva un navire qui étoit, lui dit-on, prêt à faire voile
pour l'iſle de Trinacrie : elle pouvoit
y rencontrer Claridian ; ainſi elle s'embarqua pour ce Royaume. Après quelques jours de navigation , le vent étant
tombé tout-à-coup , elle ſe trouva arrêtée près d'un autre vaiſſeau dans lequel

elle reconnut une jeune perfonne, armée comme elle en Chevalier, mais dont la tête étoit à découvert, & laiffoit voir tous les traits d'une belle & aimable Dame ; elle entra courtoifement en converfation avec cette belle inconnue, & apprit bientôt d'elle - même qu'elle étoit Floralife. Les explications & les confidences étant devenues plus intimes, la Princeffe de Scythie lui apprit qu'elle étoit fille de Meridian & de Floralinde, & petite-fille d'Alicandre, mais qu'elle n'étoit point encore parfaitement reconnue de fes parents, diverfes circonftances l'ayant empêché de fe préfenter à eux lors du tournoi de Conftantinople, auquel elle avoit affifté ; elle ne lui cacha pas même fon amour pour Poliphébé, en lui avouant qu'elle ne l'avoit jamais vu qu'en peinture. La Reine de Lire répondit à ces aveux naïfs par d'autres auffi francs ; elle fit à fa nouvelle amie l'hiftoire de fa vie & celle de fon amour pour Claridian qu'elle cherchoit peut-être affez inutilement, après l'avoir mal-à-propos rebuté. Floralife ne put s'empêcher de la blâmer, & Archifilore convint de fes torts. La fille de Floralinde apprenant que la deftination du vaiffeau

E v

de la guerriere Reine, étoit auffi pour
la Trinacrie, elle y paffa, efpérant toujours que comme cette ifle étoit la patrie de Poliphébé, elle pourroit l'y rencontrer. Le vent étant redevenu favorable, elles aborderent heureufement dans
le Royaume de Garofilée. En débarquant,
les deux Guerrieres ne fe trouverent qu'un
feul cheval pour elles deux ; Archifilore
l'offrit à fon amie, mais celle-ci n'eut
garde de l'accepter. Après quelques complimens, elles convinrent d'aller toutes
deux à pied, tenant le cheval par la
bride ; elles s'acheminoient ainfi, lorfque trois Guerriers pafferent auprès d'elles. C'étoit trois jeunes Seigneurs de la
Cour de Trinacrie, accoutumés à fe
moquer fans trop de ménagement de
ce qui leur paroiffoit ridicule. Ils firent
quelques plaifanteries fur l'allure des
Chevaliers piétons. Comme elles furent
répétées, elles déplurent bientôt à Floralife, qui fautant auffitôt fur le cheval,
& mettant la lance en arrêt, » Combat-
» tons, dit-elle à celui qui étoit le plus
» avancé, & qui paroiffoit le plus fort,
» c'eft ainfi que je réponds aux impertinens
» propos «. Le Trinacrien un peu étonné
de cette brufque replique, fut pourtant

obligé de se mettre en défense , & fut
bientôt blessé d'un coup mortel au défaut de la cuirasse. Ses compagnons se
mirent en devoir de le venger ; mais Archisilore sautant sur le cheval du défunt
dont elle s'empara , & se rangeant du
côté de son amie , leur fit éprouver un
sort aussi triste que celui de leur compagnon. Après cet exploit , les deux
Amazones magnifiquement montées,
s'approcherent de la capitale. Floralise éprouvoit la douce satisfaction de
se trouver dans des lieux qui devoient
être un jour soumis à son amant , lorsqu'elle apperçut une troupe à la tête
de laquelle étoient deux Géants , qui en-
levoient la Reine Garofilée & sa fille
Rosalvire. Aussitôt les deux Guerrieres
amies fondent comme la foudre sur les
ravisseurs , tuent & disperfent une partie de l'escorte , & épouvantent d'abord
les Géants ; mais ceux-ci s'étant bientôt apperçus qu'ils n'avoient affaire qu'à
deux Chevaliers , se défendent fortement
avec le reste de leur escorte, qu'ils avoient
ralliée , & nos Amazones commençoient
à leur tour à être fort embarrassées, lorsqu'elles furent heureufement secourues
par deux Chevaliers étrangers qui leur

donnerent la facilité de tuer les deux
Géants, & de délivrer les Princeffes ; elles
furent reconduites en triomphe par leurs
libérateurs dans leur capitale. Après avoir
témoigné leur reconnoiffance aux quatre
Chevaliers, elles les prefferent de fe faire
connoître. Les deux Guerrieres ayant ôté
leurs cafques, furent bientôt reconnues
par les deux autres Chevaliers, qui le furent également par elles avec la plus grande fatisfaction ; l'un étoit Clarifel d'Affyrie, compagnon d'armes de Floralife, &
amoureux d'elle dès fon enfance ; l'autre, Lindorian de Niquée, frere de Liriane, & amant de la belle Rofalvire de
Trinacrie. Celle-ci fut auffi enchantée
de revoir le Prince de Niquée, que celui
d'Affyrie le fut de retrouver Floralife ;
mais Rofalvire diffimula une partie de
fa fatisfaction, qui augmenta encore lorfque la Reine Garofilée affura Lindorian
que puifqu'il étoit le libérateur de fa fille,
il méritoit d'obtenir fa main, qui depuis
long-temps lui étoit promife, bien entendu qu'il combattroit contre les Grecs,
(car la rancune de la Reine de Trinacrie contre Trébatius n'avoit point ceffé).
Le jeune Prince le promit d'autant plus
volontiers, que fon pere étoit un des plus

ardens ennemis de l'Empereur Grec. Garofilée n'avoit aucune raifon de queftion-
ner les trois autres fur le parti auquel
ils étoient attachés, mais elle les traita
également avec la plus grande diftinc-
tion.Clarifel ne pouvoit fe laffer de dire à
Floralife combien il étoit enchanté de la
revoir, & cette Princeffe y répondoit avec
tant de douceur & de bonté, que le jeune éleve de Sélage conçut les efpérances
les plus flatteufes ; jamais la charmante
Amazone ne l'avoit fi bien traité : elle
commençoit peut-être à fe laffer de courir après un Héros qu'elle n'avoit jamais
vu que dans un tableau magique ; mais
Archifilore ne laiffa pas long-temps à
fon amie le loifir d'écouter Clarifel :
dès le lendemain elle alla la trouver :
» Prétendez-vous refter long-temps ici,
» lui dit-elle, quoique vous foyez af-
» furée que le Prince de Trinacrie n'y
» eft pas, & qu'on n'en a même au-
» cune nouvelle ? Pour moi, je veux
» continuer à chercher mon cher Cla-
» ridian, & votre amour eft bien foible
» & bien peu actif, fi vous n'imitez
» pas mon exemple «. La Princeffe Scy-
the rougit de ce reproche ; elles convinrent de s'embarquer dès le jour fuivant,

& exécuterent ce projet. Au bout de quelques jours de navigation un vaisseau passa
près de celui de nos Princesses , & celle
de Scythie apperçoit dans ce bâtiment son
frere Célinde , elle lui crie aussitôt d'approcher , on obéit , & Floralise se fon-
dant sur l'amour fraternel , prie sa compagne d'excuser l'empressement qu'elle
a d'embrasser son frere , elle saute dans
l'autre navire ; mais à l'instant , un coup
de vent aussi subit que violent , entraîne
le frere & la sœur d'un côté , tandis
qu'il force la Reine de Lire à prendre
une autre route. C'étoit le Magicien Luperce qui contraignoit ainsi Célinde &
Floralise de se rendre à l'armée des
Payens, dont le premier rendez-vous étoit
au pied de la tour de crystal , dans laquelle
étoit enchantée Liriane.

Notre Romancier nous ramene à Rofabel , qui se laissoit conduire par une
Demoifelle étrangere au secours d'une
belle Reine ; c'étoit celle de la Gentori-
de, qu'Astrufe, Roi des isles Adriatiques,
avoit enlevée, & qu'il vouloit contraindre à l'époufer. La seule grace que cette
Princesse pût obtenir par ses larmes , fut
un délai de quelques mois , pendant lesquels il lui étoit permis de chercher un

Chevalier qui pût combattre Aftrufe &
le vaincre ; le tyran promettoit que dans
ce cas, il laifferoit à la Reine la liberté
de fe choifir un époux. Sirinde (c'étoit
le nom de la Reine) avoit penfé que ce
n'étoit qu'à Conftantinople qu'elle pouvoit trouver un défenfeur capable de combattre fon ravifleur , & c'étoit dans cette
fuppofition qu'elle avoit envoyé fa Demoifelle jufqu'en Grece , d'où elle ramenoit Rofabel. Telle étoit du moins
l'hiftoire que la Demoifelle avoit faite
au fils de Rofclair ; mais quand celui-
ci fut arrivé dans l'ifle où Aftrufe faifoit fa réfidence , il fut étonné de trouver que celui qui lui avoit été dépeint
comme un ravifleur & un tyran impi-
toyable , étoit le Prince le plus doux ,
le plus aimable, & de la meilleure compagnie ; il eft vrai qu'il étoit Géant ,
mais il n'avoit point la férocité de ceux
de fa taille. L'amour feul l'avoit forcé à
fe rendre coupable de l'efpece de violence
dont il avoit ufé envers Sirinde. Cette
Princefle , avec beaucoup de charmes ,
de graces , de talens , & même d'efprit,
étoit ce qu'on appelle vulgairement un
peu bégueule. Le Roi des ifles Adriatiques lui avoit fait faire en vain les pro-

pofitions les plus avantageufes ; il lui
avoit écrit les lettres les plus touchantes, lui avoit envoyé les Ambaffadeurs
les plus éloquents : enfin il étoit venu
en perfonne fe jetter à fes pieds , & la
fupplier de lui accorder fa main & fon
cœur. Quoique la jeune Reine n'eût
aucune autre inclination, elle avoit trouvé joli de laiffer foupirer en vain , d'hu-
milier , & de mortifier un Roi de fept
pieds fix pouces , elle qui n'en avoit que
cinq , y compris la hauteur de fes ta-
lons & de fa coëffure. Enfin Aftrufe
avoit compris qu'il falloit ufer des grands
moyens pour en venir à bout ; il l'avoit
enlevée , mais il la traitoit dans fon Palais avec des attentions fi tendres & fi
refpectueufes , qu'il étoit impoffible à
la Reine de s'en fâcher , quelqu'envie
qu'elle en eut. Il lui avoit permis d'envoyer chercher des Chevaliers jufques
dans la Grece. Ce fut dans ces circonftances qu'arriva Rofabel ; plus il paroiffoit brave , & capable de combattre avec
fuccès le raviffeur de la belle Sirinde ,
plus celle-ci parut embarraffée. Les foins,
les refpects , & les attentions de fon raviffeur, l'avoient déja touchée ; elle fe
repentoit d'avoir cherché à le faire pé-

rir, & eût été bien fâchée de le perdre.
Cependant la fierté naturelle aux perfonnes de fon fexe & de fon rang la faifoit
perfifter dans fa conduite & dans fes propos. Elle reçut Rofabel avec l'air de la fatisfaction qu'elle eût éprouvé fi elle eût
été vraiment tyrannifée. Elle lui fit des
complimens, & après l'avoir invité
à fe repofer une couple de jours, elle
lui fit promettre d'entrer enfuite en lice.
Le Géant de fon côté, prit le jour & la
commodité de fon adverfaire pour fe
battre ; & ayant appris de lui-même
qu'il étoit petit-fils de l'Empereur Trébatius, il le combla d'honneurs, fi bien
que le jeune Prince de Grece ne fçavoit
qui lui témoignoit le plus d'eftime &
de reconnoiffance, ou celle qu'il venoit
défendre, ou celui qu'il devoit attaquer.

Le jour du combat arriva cependant,
les deux Héros s'armerent & fe rendirent
fur le champ de bataille, après s'être
embraffés & promis que, quel que
fût le fort des armes, le vaincu feroit
toujours l'ami du vainqueur. Sirinde au
défefpoir des malheurs que pouvoit occa-
fionner fa fauffe délicateffe, fut obligée
de les fuivre jufques au lieu de leur ren-

dez-vous, qui étoit une petite plaine auprès d'un bois ; mais dès qu'elle les eût vu se porter les premiers coups, ne pouvant soutenir cet affreux spectacle, elle s'enfonça dans le taillis. Pendant une heure nos héros se disputerent la victoire avec une valeur, une adresse, & même un acharnement épouvantable ; mais enfin au bout de ce tems, ils furent arrêtés par les cris que jettoit la Reine, & quelques femmes de sa suite qui ne l'avoient pas encore perdu de vue. Un nouveau Géant d'une naissance & d'un rang inférieur à Astruse, mais d'une force au moins égale & encore plus ardent & moins délicat sur la maniere dont on pouvoit enlever des Princesses, s'étoit emparé de celle-ci, & l'entraînoit dans son château. A cette funeste nouvelle, les deux combattans remettant la suite de leur duel à une autre occasion, coururent après le ravisseur, traverserent le bois, & ne le rejoignirent qu'assez loin dans la plaine. Ils fondirent sur lui, avec toute la fureur dont ils devoient être animés; mais le brave insolent se servit d'une arme défensive dont ils ne pouvoient manquer d'être effrayés. Il tenoit entre ses bras la belle Reine Sirinde, la leur présen-

toit comme un bouclier, l'oppofant à
tous les coups que vouloient lui porter
fes adverfaires. L'on juge bien qu'ils craignoient l'un & l'autre de franchir un pareil obftacle. L'amoureux Roi Géant
fut fi frappé du danger que l'on faifoit
courir à fa Dame, que fes fens fe troublerent, fes forces l'abandonnerent, &
qu'il tomba fur l'herbe, évanoui & fans
connoiffance. Rofabel conferva mieux fon
fang-froid ; mais il étoit affurément très-
embarraffé, lorfqu'un Chevalier inconnu
paffa auprès d'eux par le plus heureux des
accidents, il fut témoin de quelques coups
que Rofabel tentoit de porter au monftre,
mais avec les plus grandes précautions ;
& fentant bien que ce n'étoit pas vio-
ler les droits de la Chevalerie, que de
faire ceffer un combat auffi inégal, de
quelque maniere que ce fut, il paffe
par derriere le Géant, d'un coup de fon
épée il lui tranche la tête, & reprend
de fes bras la belle Reine, qu'il remet
dans ceux de Rofabel. Celui-ci la porte
auffi-tôt fur l'herbe auprès du bon Géant
Aftrufe, qui, par les foins de fes gens
commençoit à revenir de fon évanouiffement. Le Roi des ifles Adriatiques en
rouvrant les yeux à la lumiere, vit auprès

de lui l'objet de fa tendreffe, & le trouva
fenfible à toutes les marques d'amour qu'il
venoit de lui donner : elle le pria de lui
aider à témoigner fa reconnoiffance au
Prince Rofabel, & au Chevalier qui
avoit achevé fa délivrance. On voulut
connoître celui-ci, & on le pria avec inftance & courtoifie de dire fon nom. C'é-
toit le brave Poliphébé fils de Trébatius,
& par conféquent oncle de Rofabel
quoique auffi jeune que lui ; ils retournerent enfemble dans le Palais du Roi des
ifles Adriatiques, où tout fe prépara bientôt pour les noces d'Aftrufe & de Sirinde.
L'oncle & le neveu y affifterent, & y
trouverent le Roi & la Reine fi dignes de
leur amitié, qu'ils fe feroient fixés pour
long-temps dans cette Cour, fi les ordres
des fages ne les euffent appellés ailleurs ;
mais ils furent forcés d'y obéir, quoiqu'ils portaffent même une condition fâ-
cheufe, c'étoit celle de prendre deux rou-
tes différentes. Aftrufe, en leur difant
adieu, leur promit que dans quelque
temps il iroit joindre fes forces à celles de l'Empereur de Grece. Rofabel
s'embarqua fur un vaiffeau, qui après
une affez longue navigation effuya une

tempête horrible , & se brisa sur les côtes de Siléfie *. De tout ce qui compo-
soit l'équipage de son navire, le Prince
se sauva seul ; après avoir jetté ses armes à la mer , & nâgé assez long-temps,
il mit enfin pied à terre sur une plage
sablonneuse , & s'avança jusqu'auprès
de quelques arbres , au pied desquels il
s'endormit accablé de lassitude. C'étoit
avant le jour ; quelques heures après ,
la Princesse Souveraine de ce pays , qui
se nommoit Euphronise , arriva en se
promenant dans ce lieu , qui n'étoit pas
éloigné de la ville de Gotberg sa capitale.

Les Princesses de Siléfie de ce temps-
là , étoient aussi belles que celles de la
Grece & de l'Asie ; mais elles n'avoient
pas les mêmes principes en fait de galanterie ; cette délicatesse scrupuleuse qui
faisoit languir pendant si long-temps
les Chevaliers Grecs amoureux , n'étoit
point à leur usage , & si la belle Reine
Archisilore fût née dans ces climats ,
Claridian ne se fût pas cru si long-temps

_____

* Cette Province étoit sans doute alors plus
vaste qu'elle n'est aujourd'hui , & s'étendoit
jusques à la mer.

le plus infortuné des amants. La Princesse donc accompagnée de sa suivante
Célie , ayant apperçu notre Héros endormi , fut frappée de sa bonne mine.
Il étoit aisé de voir au désordre de son
habillement qu'il étoit échappé du naufrage occasionné par la tempête que la
Princesse avoit entendue pendant toute
la nuit précédente , qu'elle avoit passée
dans une jolie maison de campagne ,
située près du lieu où elle se promenoit. Malgré le désordre du jeune étranger , elle remarqua son air noble & sa
taille élégante. ,, Qu'il est charmant, s'é-
,, cria-t-elle , en mettant la main sur l'é-
paule de sa confidente : ,, qu'il est char-
,, mant , ma chere Célie ! Cette excla-
mation fut prononcée si haut , qu'elle
réveilla le Prince Grec, il ouvrit les yeux,
& la Princesse n'en fut que plus enchantée. Cependant l'amour subit qu'elle
concevoit se cacha d'abord sous l'apparence de la pitié. Elle demanda à l'inconnu , par quel accident il se trouvoit
jetté sur ce rivage. Il répondit en peu de
mots , qu'il étoit le seul échappé du naufrage qui avoit fait périr un navire dont il
étoit le maître. Il n'en fallut pas davantage à la Princesse pour l'engager à le

faire conduire dans sa maison de plaisance, où elle ordonna qu'on eût de lui tout le soin possible. Célie s'en chargea, & s'en occupa pendant le reste de la journée, & jusqu'au lendemain, comme d'un dépôt précieux qui lui avoit été confié par sa Princesse. Euphronise retourna par décence à Gotberg; mais le lendemain, toujours sous prétexte de promenade, elle reprit le chemin de son petit Palais, où elle trouva Rosabel rétabli, reposé, & à qui l'obligeante Célie avoit eu soin de fournir des habits convenables à sa naissance, car elle avoit découvert que c'étoit un Prince. Elle courut en avertir sa maîtresse : » Madame, lui dit-elle, » c'est un Prince, & un » illustre Chevalier, j'en suis sûre, ainsi » vous ne courez aucun risque de le traiter » ter avec distinction «. La belle Souveraine de Silésie fut très-satisfaite de cette découverte; elle fit l'honneur à Rosabel de l'admettre à sa table, & se promenant ensuite avec lui dans ses jardins,elle exigea qu'il lui déclarât quelle étoit sa patrie & le nom de ses parens. Notre Héros ne crut pas devoir dissimuler, & convint qu'il étoit fils de Rosiclair, & petit-fils de l'Empereur de Grece,

& du Roi de la Grande-Bretagne. Un pareil éclaircissement autorisoit de plus en plus Euphronise à lui témoigner de la considération en public, & augmentoit l'amour qu'elle ressentoit pour lui au fond de son cœur. Ces premieres questions en entraînerent d'autres, dont les réponses ne satisfirent pas autant la Princesse. On demanda à notre Chevalier s'il avoit déja été amoureux, & cette question lui fut faite d'un air & d'un ton propres à lui ravir son cœur, s'il en eût encore été le maître ; mais il répondit franchement qu'il étoit le plus passionné & le plus malheureux des amants. En même temps il fit une description si brillante des charmes de Liriane, & une si touchante du chagrin qu'il avoit eu lorsque les Enchanteurs la lui avoient enlevée, sans qu'il sçût où elle avoit été transportée, qu'il tira les larmes des yeux de la confidente ; quant à la Princesse, elle en fut encore plus piquée que touchée. Mais cachant une partie de ses sentimens : » Prince, dit-elle à Rosa-
» bel, je plains votre infortune, mais
» peut-être vous met-elle dans le cas de
» nous rendre un important service ; vous
» pouvez tenter une aventure, dont vos
» forces

» forces & votre courage feul ne vien-
» droient fûrement pas à bout, mais
» dont votre amour & vos malheurs peu-
» vent affurer le fuccès. Il y a à quel-
» que diftance de Gotberg une grotte
» dans laquelle font enchantés une Prin-
» ceffe & deux Chevaliers, qui ne
» peuvent être délivrés que par le plus
» malheureux amant & le plus brave
» Chevalier que l'on ait vû en Siléfie,
» & par la plus belle des Dames qui y
» font à préfent. A vous voir & à vous
» entendre, je crois que vous pouvez
» remplir les conditions exigées pour le
» Chevalier ; quant à moi, je ne fçais,
» dit la Princeffe en minaudant, fi je peux
» me flatter de remplir le perfonnage de
» la belle Dame. » Affurément, reprit le
» Chevalier galant, quoique non amou-
» reux, rien n'eft plus beau que vous
» dans ce pays, & fans doute dans beau-
» coup d'autres ; & s'il n'y avoit pas
» une Liriane au monde..... Cela fuffit,
» dit la Princeffe, nous tenterons l'a-
» venture enfemble ; demain je vous en-
» verrai un cheval & des armes, vous
» viendrez à Gotberg, & dès le jour
» fuivant nous nous rendrons à la grotte
» enchantée. Si vous réuffiffez, vous me

» procurerez du moins une belle couron-
» ne de diamants , car tel est le prix
» destiné à la Dame qui verra finir cet
» enchantement ; quant à celui que doit
» recevoir le Chevalier qui mettra a fin
» cette aventure, en vérité je ne sçais pas
» quel il est , & je ne peux le deviner.
» Un amant malheureux ne peut être
» flatté que de l'espoir de revoir sa belle ;
» & je ne sçais si l'Enchanteur de la grotte
» est le maître de vous accorder cette sa-
» tisfaction. Tout ce que je peux vous dire ,
» c'est que la Princesse enfermée dans cette
» caverne depuis plus de cent ans , s'ap-
» pelle Bélise , qu'elle étoit poursuivie
» par deux Chevaliers aimables , & dont
» un seul étoit aimé d'elle , qu'elle ne
» voulut jamais déclarer quel étoit cet
» heureux amant. Un Sage pour la pu-
» nir , ou du moins lui faire sentir ses
» torts , a formé les liens de l'enchante-
» ment que vous seul pouvez rompre.
» Quand Bélise se réveillera, elle se dé-
» cidera sans doute , & elle viendra em-
» bellir ma Cour avec l'amant dont elle
» couronnera la flamme. Vous recevrez
» ses remercîmens , & mes Sujets ap-
» prendront par votre exemple , qu'il est
» quelquefois utile qu'il y ait des amants

» malheureux ; nous fommes fi peu ac-
» coutumés dans ce pays-ci à les défef-
» pérer , que depuis un fiecle aucun de
» mes Sujets ne s'eft trouvé dans ce cas ,
» & que quelques étrangers feuls ont tenté
» cette aventure «.

L'infortuné Rofabel fe prépara donc à fe fervir de fon malheur pour mettre à fin l'aventure de la grotte. Le lende-main on lui préfenta un magnifique che-val de bataille & des armes, dont le fond étoit blanc , femé de rofes du plus vif in-carnat. Il entra en cet équipage dans la ca-pitale, où fa bonne grace fut généralement admirée. La Reine déclara que ce char-mant & illuftre Chevalier étranger ve-noit tenter l'aventure de la grotte , & qu'elle confentoit à l'accompagner. Ils partirent , fuivis d'un nombreux & bril-lant cortége ; mais quand ils furent près du lieu enchanté , Rofabel s'avança feul , & la Reine même ne le fuivit qu'à quel-que diftance. Le fils de Roficlair dompta d'abord les monftres , les Géants, & enfin vainquit les deux Chevaliers, qui fe réunirent pour le combattre. L'un des deux fut percé de fa lance , & tomba mort ; l'autre , qui ne fut que défarçonné & renverfé par terre, demanda grace ,

F ij

& fe confeffa vaincu. Alors un coup de tonnerre annonça la fin de l'enchantement. La caverne difparut , & là Princeffe Bélife s'avança , tenant en main la couronne de pierreries , deftinée à la Dame qui devoit accompagner le Chevalier. Le vainqueur pria Euphromfe de s'approcher , & la Princeffe de Siléfie reçut ce préfent avec l'applaudiffement général de fes Sujets. La Princeffe Bélife déclara que celui des deux Chevaliers auquel elle avoit toujours accordé fon cœur & deftiné fa main ,étoit celui qui avoit réfifté à la lance de Rofabel, & n'avoit été que culbuté. Les deux amants furent conduits en triomphe dans la ville de Gotberg , par la Reine de Siléfie & le Prince Grec. Des fêtes fuperbes furent la fuite & la conclufion de cette aventure. Pendant leur durée la Reine ne parut occupée que de Rofabel. Elle fit tous fes efforts pour lui faire entendre avec décence qu'il devoit , après avoir tiré parti (pour fa gloire) de fon état d'amant malheureux de Liriane , goûter les douceurs de celui d'amant heureux & favorifé d'une belle Souveraine. Mais le Prince Grec étoit trop fidellement attaché à fa Dame , & la regrettoit trop

férieufément pour répondre à des avances dont il eût été flatté dans toute autre circonftance. La Princeffe de Siléfie
ne vouloit point fe parer de la couronne
qu'elle avoit gagnée, & elle difoit fouvent au fils de Rofíclair, qu'elle devoit
faire auffi peu de cas de cet hommage
rendu à fa beauté, qu'il en faifoit des
fentimens tendres qu'infpiroit fa valeur.
Elle s'en plaignoit fans ceffe à fa confidente Célie. ,, Madame, lui dit un jour
,, celle-ci, effayez de vous parer de ce
,, bijou précieux, peut-être a-t-il quel-
,, que vertu fecrette; je le préfume, car
,, enfin, un Enchanteur tel que celui
,, de la grotte, ne fe feroit pas borné
,, à vous faire un préfent de diamans,
,, tel que vous pourriez le recevoir d'un
,, commerçant des Indes ''. Euphronife
y confentit, & elle étoit encore à fa
toilette, lorfque Célie envoya avertir
Rofabel, que la Princeffe avoit une
affaire importante à lui communiquer.
Il arriva au moment où la toilette étant
achevée, la Demoifelle d'atours admiroit l'éclat de la nouvelle parure; c'é-
toit un ruban compofé de diamans brillants, & de pierres fines de diverfes
couleurs, qui imitoient les fleurs de toute.

efpece, traverfant les beaux cheveux
de la Princeffe ; il lui donnoit un air
conquérant, qui faifoit un effet très-
avantageux ; mais elle ne s'attendoit pas
elle-même au coup de théâtre qu'il pro-
duifit. Le petit-fils de Trébatius ne l'eut
pas plutôt apperçue, que fe jettant aux
genoux d'Euphronife, & baifant fes belles
mains : » quoi divine Liriane, c'eft vous,
» s'écria-t-il avec tranfport, le Ciel vous
» rend donc à mes vœux ? votre enchan-
» tement eft rompu, & je peux.... «.
Euphronife, troublée & furprife de ce
compliment, le releva, & même l'embraffa, fans ofer proférer une parole ;
mais la confidente, qui n'avoit pas perdu
la tête : » oui, Seigneur, dit-elle, n'en
» doutez pas, votre Liriane vous eft heu-
» reufement rendue. Les exploits que
» vous venez d'exécuter dans la grotte,
» ne méritoient-ils pas bien une telle
» récompenfe ? Mais il faut prendre
» des précautions pour ne vous voir
» qu'en fecret. Les fages Enchanteurs qui
» vous favorifent, ne veulent pas que
» Liriane paroiffe en public, de peur
» que leurs ennemis n'en foient in-
» formés «.

La Princeffe de Siléfie admira la pré-

fence d'efprit de fa Demoifelle ; bien
réfolue d'en profiter, elle joua le perfonnage de Liriane avec un fi grand air
de vérité, que Rofabel fut convaincu
qu'il avoit retrouvé l'Infante de Niquée.
On lui fit valoir la complaifance qu'a-
voit Euphronife de la cacher dans fon
Palais, & même dans fon appartement
où le fils de Rofîclair venoit la voir
myftérieufement à des heures particulieres, tandis que le refte du jour & en public il faifoit fa cour à la Souveraine
du pays, qui reparoiffoit fous fa figure
naturelle dès qu'elle avoit quitté le dia-
dème enchanté. Pendant plus d'un mois
cette illufion fit le bonheur du jeune
Héros, & celui de la galante Euphronife. Mais enfin elle ceffa un jour ; à
la fin d'un des plus intéreffants tête-à-
tête, l'époux de Liriane s'apperçut qu'elle
ne recevoit jamais fes vifites & fes careffes fans avoir la tête ornée de ce riche bandeau, qui paroiffoit plutôt fait
pour briller dans une fête publique, que
pour éclairer des rendez-vous auffi myf-
térieux que voluptueux » Chere anfan-
» te, lui dit-il, que faites-vous de ces
» vains ornemens, vos charmes n'en ont
» pas befoin pour m'enflammer « ? En

difant ces mots, il dénoua le fatal ruban,
& le jetta fur une table voifine ; mais
quelle fut fa furprife ! il ne vit plus
Liriane , c'étoit Euphronife qui fe trouvoit entre fes bras. La furprife & la con-
fufion de ces deux perfonnes furent
extrèmes , & elles auroient pu pro-
duire quelques fcènes très - défagréables , fi l'adroite & obligeante Célie
n'avoit entrepris de tout concilier, & de
raccommoder le Prince & la Princeffe ;
elle fit entendre au premier, qu'il devoit regarder comme les plus beaux momens de fa vie , ceux pendant lefquels
il avoit cru poffléder fa chere Liriane :
elle lui fit fentir qu'il avoit goûté d'a-
vance le plaifir d'avoir été réuni avec
elle, en convenant qu'il ne devoit avoir
rien deplus preffé que de rejoindre fa
véritable amante.

Retournant enfuite à fa Princeffe, elle
lui repréfenta que l'illufion étant ceffée,
elle ne pouvoit plus fe flatter de fixer
un Prince qui avoit le cœur rempli de la
plus violente paffion. Euphronife en convint en foupirant ; on concerta le départ
de Rofabel de façon qu'il n'étonnât perfonne en Si'éfie : on équipa un bâtiment fur lequel il continua de courir les

mers en cherchant fa Princeſſe. Celle
qu'il abandonnoit, jetta de déſeſpoir au
fond des ondes le fatal diadême, qui ne
pouvoit plus lui ſervir à charmer Roſabel, mais elle ſe conſerva elle-même
pour donner, au bout de quelques mois,
le jour à deux charmants enfants, dont
l'un fut nommé Léobel, & l'autre,
Clarabel. Ils étoient encore en nour-
rice, lorſque deux lions s'en emparerent :
ils avoient déja fait du chemin, en
les entraînant vers leur caverne, lorſqu'un brave & vieux Gentilhomme,
habile & déterminé chaſſeur, nommé
Sergie, les rencontra, & voulut pour-
ſuivre les animaux, qui s'enfuirent après
avoir poſé doucement à terre les deux
enfants. Le bon Chevalier les ramaſſa,
& les emporta chez lui, où il prit ſoin
de leur éducation : nous verrons dans
la ſuite à quelles aventures, & pour quels
exploits ils étoient réſervés.

Reprenons le fil des aventures de Claridian ; nous l'avons vu après ſon départ
de la Croatie, courant les mers ſuivant
l'impulſion & la volonté des Sages ; un
vent forcé l'obligea d'aborder en Crête,
cette iſle fameuſe ſur laquelle régnoit
autrefois Jupiter, & qui eſt ſi connue

par fon labyrinthe, les vertus de fon Roi
Minos, les exploits de Théfée, les amours
de Pafiphaé & la naiffance du Minotaure.
Claridian ayant mis pied à terre, & parcouru le pays pendant quelques jours,
entendit parler des merveilles de la fontaine aux trois fources : elle étoit fituée
au milieu d'une petite forêt de myrtes
& d'arbuftes odoriférants ; les environs,
le chemin même qui y conduifoit étoient
agréables, mais il falloit furmonter bien
des obftacles pour y arriver ; des monftres & des Géants en défendoient les
approches, mais le Héros qui pourroit
les vaincre étoit affuré de procurer la liberté à un damoifel auquel étoit réfervé
la gloire de mettre à fin une autre aventure
la plus merveilleufe & la plus intéreffante de toutes celles dont nous avons eu
occafion de parler. Un pareil avis étoit
fait pour encourager Claridian à s'approcher de la fontaine aux trois fources ; il
demanda donc à y être conduit, & arriva
à l'entrée de la forêt de myrtes. Il y pénétra d'abord fans beaucoup d'obftacles ;
mais à l'inftant qu'il apperçut la fontaine,
un Dragon le plus effroyable qu'il eût
jamais vu, parut prêt à s'élancer fur lui ;
l'énormité de fa gueule & la groffeur de

fon corps, montroient qu'il étoit capable d'avaler le Chevalier tout entier. Celui-ci ayant eu le bonheur de gagner le flanc du monſtre, lui porta un ſi furieux coup de ſa bonne épée, qu'il le perça juſques au cœur, & lui ôta la vie. Les ſifflemens & les bonds qu'il fit en expirant, euſſent encore été capables d'effrayer tout autre que Claridian ; mais le Héros après lui avoir donné quelques derniers coups pour l'achever, s'approcha de la fontaine, & admiroit la ſingularité de l'architecture dont elle étoit ornée, lorſque ſes yeux furent frappés par une inſcription gravée ſur une colonne & dont voici la ſubſtance. « Si quelque » Chevalier eſt aſſez vaillant & aſſez » heureux pour pénétrer juſques ici, » qu'il y laiſſe ſon cheval & du moins » une piece de ſon armure, & qu'il en- » tre s'il oſe, ſeul & à pied dans le châ- » teau ſitué quelques pas derriere cette » fontaine ». Claridian ſe ſoumit de bonne grace à la condition impoſée, il laiſſe ſon cheval & ſon Ecuyer près de la colonne, y attache même ſon écu, s'avance vers la porte du château & y frappe avec le pommeau de ſon épée ; elle lui

eſt auſſitôt ouverte , & le premier objet
qu'il apperçoit dans la cour du Palais eſt
l'incomparable Archiſilore , ou du moins
ſa reſſemblance , d'autant plus parfaite
que la fierté & le dédain éclatoient dans
ſes yeux & ſur ſon viſage. Ce ſpectre
hautain accable notre Chevalier des propos les plus outrageans ; celui-ci ſe prof-
terne devant l'image de ſa Dame , qui
ne répond que par les plaiſanteries les
plus offenſantes : cette ſcene comico-
magique n'étoit faite que pour troubler
le Chevalier amoureux , & le rendre plus
aiſé à vaincre. Dans l'inſtant même , deux
Chevaliers armés de toutes pieces vien-
nent fondre ſur lui , & la fauſſe Archiſilore diſparoit. Claridian combat avec
fureur ces deux adverſaires, bien moins
capables de l'intimider que le fantôme
qui venoit de s'évanouir, il leur porte
& en reçoit les coups les plus furieux ;
enfin il vient à bout de les renverſer l'un
& l'autre ſans ſentiment. Irrité contre
ces injuſtes Guerriers qui avoient violé
les loix de la Chevalerie en l'attaquant
tous les deux à la fois , il ſaute ſur eux ,
& de ſa redoutable épée il eſt prêt à leur
couper la tête , lorſqu'un jeune homme

revêtu d'une robe traînante bleue-célefte,
femée d'étoiles d'or , le conjure de leur
accorder la vie. Claridian eft frappé en
reconnoiffant dans les traits de cet adolefcent ceux de fon ayeul le grand Trébatius , il défere à fa priere , & fait grace
à fes agreffeurs , il les releve lui-même
en leur donnant la main ;   ces ingrats
ne profitent du pardon qui leur eft accordé que pour recommencer leur combat , qui devient plus dangereux pour
Claridian , car il fembloit qu'ils euffent
repris de nouvelles forces ; cependant le
fils de Claridiane vient encore à bout de
les abattre , & pour cette fois leur donne
la mort ; mais excédé de fatigues il a befoin de fe repofer pour reprendre haleine.
Le Damoifel fe rapproche de lui , le féli-
cite fur fa victoire , & l'affure qu'il eft
bien éloigné d'avoir part au crime des
Chevaliers pour qui il a été forcé de lui
demander grace. La douceur de fa voix ,
& l'air de famille que Claridian lui trouvoit , l'engagent à s'intéreffer à lui , il
ôte fon armet , embraffe tendrement le
Damoifel , & le prie de lui apprendre
fon nom. Il lui répond que des ordres
fupérieurs lui défendent de le dire , jufqu'à ce qu'il foit armé Chevalier , & le

supplie avec inftance de l'élever à cette
dignité. « Jeune homme, replique Cla-
» ridian, vous n'en êtes pas digne, puif-
» que vous obéiffez à des ordres fupé-
» rieurs, à moins que ce ne foit à ceux
» d'une Dame à qui vous ayiez donné
» votre cœur.... Je n'ai point encore
» fait un pareil choix.... Eh bien je
» ne peux vous armer, car le Chevalier
» doit être libre & maître de fe livrer à
» tous actes d'honneur & de vertu, lorf-
» qu'il les croit utiles ou néceffaires. Je
» préfume que vous êtes lié & peut-être
» enchanté ; mais puifque vous voulez
» fignaler votre courage, fortons de ce
» Palais, féjour de la contrainte & du
» preftige, fuivez-moi ». En même-
temps il entraîna le jeune homme hors
du château, & jufques auprès de la fontaine des trois fources. Dès qu'ils y furent, un nuage épais fe répandit fur le
château, le tonnerre gronda, la foudre
tomba fur l'édifice, & il difparut. Claridian & fon nouvel ami s'approcherent
de la colonne où étoit attaché fon écu ;
mais quelle fut la furprife du Chevalier
quand il vit que le Damoifel fe faifit
de cette piece de fon armure & prit la
fuite. Notre Chevalier l'eut bientôt perdu

de vue, il prit le parti de remonter sur
son cheval, & suivi de son Ecuyer Polisandre, entra dans la forêt pour pourfui-
vre le jeune homme; il avoit déja fait
allez de chemin sans pouvoir l'atteindre,
lorsqu'il entendit le bruit des coups terribles que se donnoient deux Guerriers; il
y courut aussi-tôt, & ne pouvoit croire que
ce fut le Damoisel qui se battît ainsi, puisqu'il n'avoit d'autres armes qu'un écu; mais
quand il fut tout près du lieu du combat, il
se trouva arrêté par une force invisible qu'il
lui fut impossible de surmonter; il prit donc
le parti d'attendre en cet endroit, jusqu'à ce
que le bruit des armes ayant cessé, il s'apperçut enfin qu'il lui étoit permis d'avancer; il profite aussi-tôt de cette liberté,
apperçoit un rocher percé comme pour
donner entrée dans une caverne, & le Damoisel, qui, armé d'une épée & d'une
hache, achevoit de se revêtir de belles
armes que l'on pouvoit aisément juger
qu'il venoit de conquérir. « Ah! mon fils,
» que vous est-il arrivé, dit Claridian ?
» Seigneur, lui répond le jeune homme,
» ces armes sont à moi, ce sont celles
» du Héros Thésée que je viens de tuer. »
Un si bel exploit méritoit bien que celui
qui en avoit la gloire, expliquât com-

ment il en étoit venu à bout : voici les
circonſtances de cet exploit, d'après le
recit naïf du jeune vainqueur ; il approcha de la caverne en courant & empor-
tant le bouclier de Claridian (qu'un
mouvement dont il n'étoit pas le maître
l'avoit engagé à enlever,) lorſqu'un
Guerrier d'une taille élevée, d'une mine
fiere & d'un air audacieux ſe préſenta à
lui). «Jeune homme, lui dit-il en Grec,
« de quel droit venez-vous troubler la
» paix des demi-dieux & des héros de
» l'antiquité, renfermés dans ce laby-
» rinthe? ſavez - vous que je ſuis Thé-
» ſée, ami d'Hercule, & que j'ai fait
» trembler Cerbere & les Dieux des
» enfers. Seigneur, lui répondit le Da-
» moiſel, je ne ſais encore ni la fable
» ni l'hiſtoire ; mais je ſens que je ne
» tremble pas, & que je ſuis plus diſ-
» poſé à vous combattre qu'à vous crain-
» dre ». Auſſi-tôt ils commencerent un
combat bien déſavantageux pour le jeune
homme qui n'avoit pour toute arme dé-
fenſive & offenſive qu'un écu, mais ayant
gagné le flanc du Héros, il lui enleva
ſon épée tandis qu'il levoit pour le frapper une terrible hache d'armes. Un moment après il le bleſſa dans l'inſtant qu'il

vouloit lui porter un nouveau coup ; la
douleur ayant forcé Théfée à lâcher la
hache , le jeune homme s'en empara &
fe trouva mieux en armes offenfives que
l'ami d'Hercule ; alors le combat devint
égal , & finit enfin à l'avantage du Damoifel , qui ayant terraflé ce fantôme ,
(car ce n'étoit que l'ombre de Théfée
qui difparut auflitôt) , fe trouva poflef-
feur de ces belles armes , & s'empreffa
de s'en revêtir. Claridian entendit ce récit avec admiration , & embraffant le
jeune homme : « vous êtes à préfent di-
» gne d'être Chevalier , lui dit-il , je vais
» vous armer , mais auparavant apprenez
» moi votre nom & ce que vous favez de
» votre naiffance: l'on m'a dit, répondit le
» Damoifel , que je me nomme Clara-
» mante , que mon pere s'appelle Tré-
» batius , & ma mere Briane. Ah mon
» cher fils, ou plutôt mon cher oncle , s'é-
» cria le fils du Chevalier du Soleil,que je
» fuis heureux de vous retrouver , & de
» voir que vous foutiendrez dignement la
» gloire de la famille Impériale de Grece »!
Claridian arma auflitôt fon oncle Chevalier , avec les cérémonies accoutumées,
& ils recommençoient à fe féliciter mutuellement fur l'heureux coup du fort

qui les raſſembloit, lorſqu'ils apperçurent une inſcription en lettres d'or ſur
une colonne de marbre noir, placée
à l'entrée de la caverne ; elle contenoit
ces mots : » Si quelqu'un a eu le bonheur
» de vaincre Théſée, qu'il entre dans
» cette caverne, & pénetre dans le
» fameux labyrinthe ; s'il peut encore
» dompter le fameux Minotaure, il aura
» la gloire de délivrer le ſage Dédale,
» enfermé depuis deux mille ans dans
» ces galeries ſouterraines, conſtruites
» & ornées par ſon art & par ſes ſoins «.
Le nouveau Chevalier ſentit bien que
cet ordre le regardoit ſeul, il ſe jetta
avec audace & intrépidité dans la caverne. Claridian retenu au dehors, entendit encore pendant longtemps le bruit
d'un combat furieux ; les cornes du
monſtre frappoient ſur les armes de Claramante, & l'épée de celui-ci ſur les
écailles du monſtre avec un fracas épouvantable. Enfin le ſilence ſuccédant au
tapage, apprit à Claridian que le combat étoit fini, & il ne douta plus du ſuccès quand il vit revenir Claramante, tenant par la main le ſage Dédale. Cet Enchanteur de l'ancienne Grece étoit vêtu
d'un tunique de fin lin, teinte en pourpre;

une barbe blanche comme la neige defcendoit fur fon eftomac ; de longs cheveux de
la même couleur flottoient fur fes épaules ; fa tête étoit ornée d'une couronne
de laurier, confacrée à Apollon, Dieu
des arts, & il tenoit en main une longue
baguette blanche, dont les deux bouts
étoient d'or. Il invita Claridian à venir
avec fon jeune libérateur vifiter les cu-
riofités remarquables du labyrinthe, avant
qu'il quittât ces lieux. L'oncle & le neveu y confentirent, étant bien plus fuf-
ceptibles de cette cuiofité, que de nulle
efpece de crainte. Ils fuivirent donc Dédale dans les détours de ces galeries fou-
terraines : elles étoient éclairées par de
groffes efcarboucles qui faifoient l'effet
de ce que nous appellons aujourd'hui des
réverberes. Avant que de fe mettre en
chemin, Déda'e les régala de nectar,
d'ambroifie, & d'excellent miel du mont
Hymette dont il y avoit deux mille ans
qu'il avoit fait un approvifionnement qui
n'étoit pas encore épuifé. Leurs forces
étant parfaitement rétablies avec ce fecours, ils employerent deux mois à parcourir le labyrinthe en entier. Chaque galerie étoit ornée de magnifiques peintures
dont les fujets étoient auffi intéreffans,

que le deſſein & le coloris étoient par-
faits. Celles qu'ils virent pendant le premier mois repréſentoient tout ce qui s'étoit
paſſé dans le monde depuis le tems de
Dédale, juſqu'au moment où ils ſe trouvoient. Celles qu'ils virent enſuite leur
apprirent tout ce qui devoit arriver depuis
la mort de Trébatius, juſques aux ſiecles
les plus reculés. Examiner tous ces tableaux, c'étoit faire un cours d'hiſtoire,
non-ſeulement paſſée, mais même future.
Claramante y prit des leçons excellentes ſur la conduite que doit tenir un jeune
Héros dans les occaſions les plus déli-
cates. Il admira entr'autres les exploits
de ſon pere Trébatius, de ſes trois freres, & enfin de leur poſtérité. Claridian ne put voir ſans des tranſports de
joie, qu'il épouſeroit enfin Archiſilore,
& que d'elle & de lui naîtroit une longue
ſuite de Héros, qui occuperoient avec
gloire les premiers trônes du monde.
Enfin Dédale & les Princes, auxquels
il ſervoit de guide, ſortirent du labyrinthe par la même porte par laquelle
ils y étoient entrés, & ſe retrouverent
auprès de la fontaine des trois ſources.
Ce fut-là que l'Architecte du Roi Minos
embraſſa Claramante & Claridian, &

après les avoir encore remerciés du fervice eſſentiel qu'ils lui avoient rendu,
leur déclara qu'il alloit partir pour ſe rendre dans l'Iſle Atlantide , retraite &
aſyle des Héros & des Sages de l'antiquité , à qui leurs talens & leurs vertus avoient mérité l'immortalité. En
même temps Dédale alla chercher ſes
aîles , qui , depuis pluſieurs ſiecles
étoient reſtées cachées dans ce lieu ,
derriere un buiſſon de myrtes. Il les
attacha à ſes épaules , & ſe rappellant
le malheur de ſon fils Icare , il montra
en ſoupirant, qu'il les faiſoit tenir par
un lien ferme & ſolide ; enfin , il s'é-
leva dans les airs , & ſes derniers adieux
furent ſuivis de pluſieurs coups de tonnerre , dont les uns annoncerent que tous
les ornements intérieurs du labyrinthe
étoient détruits , & que toutes les peintures en étoient effacées ; les autres tomberent ſur la fontaine , & en détruiſi-
rent les décorations. Les deux Princes
Grecs témoins de tant de merveilles , tra-
verſerent la forêt de myrthes, qui avoient
toujours été verds & fleuris depuis deux
mille ans ; ces arbuſtes commmencerent
dès ce moment à ſe deſſécher. Ils ſe
retrouverent enfin ſur le bord de la mer,

& s'embarquerent. Claridian ordonna au Pilote de reprendre le chemin de la Grece, il vouloit y préfenter Claramante à fes illuftres parents ; mais le jeune Chevalier qui venoit d'être inftruit des ufages de fa famille , ne voulut, à l'exemple de fes freres & de fes neveux , fe faire connoître d'eux que les armes à la main , & après s'être fignalé par quelques grands exploits faits fous leurs yeux.

Nous verrons bientôt que fa reconnoiffance ne fut pas moins brillante que celle de fes freres , & même que ce Héros-ci mit à fin des aventures plus intéreffantes & plus extraordinaires que celles qui avoient illuftré tous les autres ; car il femble que la gloire de la famille de Trébatius devoit aller toujours en augmentant jufqu'à une époque funefte , dont ma heureufement nous approchons , & qui fans la détruire , la fit tomber dans une efpece de léthargie.

Nous avons dit que les deux grandes armées des Grecs & des Payens s'affembloient, que le rendez-vous de la premiere étoit au port Saint Georges fur le Bofphore de Thrace , près de Conftantinople ; & celui de l'autre près de l'ifle

dans laquelle étoit située la tour de cryſtal qui renfermoit Liriane. Apparemment qu'aux environs de cette iſle il y
avoit une rade avantageuſe, & capable
de contenir une grande flotte. D'ailleurs
l'armée navale des Payens étoit aſſurée
de la protection de ces Enchanteurs qui
maîtriſoient les vents. Les Grecs de leur
côté en avoient d'autres dont le pouvoir
n'étoit pas inférieur à celui de Luperce
& de Sélage. Ainſi cette guerre devoit
être auſſi magique que militaire & navale. Nous ne répéterons point ici, comme
notre Auteur Eſpagnol, les noms de tous
les Princes, Chevaliers, guerriers & Amazones que nous avons déjà dit s'être réunis
au port ſaint Georges avec leurs troupes.
Des vaiſſeaux raſſemblés de toutes parts
étoient prêts à les tranſporter, & l'on
n'attendoit plus que celles de Tarſe,
commandées par Liſard, celles de Croatie conduites par Polidolphe, & celles
des iſles Adriatiques commiſes à Aſtruſe.
Trébatius apprit enfin qu'elles étoient
arrivées au détroit des Dardaneiles, &
auſſi-tôt il jugea à propos de les aller
joindre & de voguer avec toutes ſes forces ainſi réunies vers la tour de cryſtal,
afin de prévenir les Payens à leur pre-

mier rendez-vous, ou du moins de les y attaquer avant qu'ils y fussent tous rassemblés. Il plaça le bon Géant Astrufe à l'avant-garde & la flotte entiere eut ordre de le suivre, parce qu'il passoit pour grand navigateur & excellent marin. L'armée navale des Grecs arriva heureusement dans la rade de l'isle, & se rangea en ordre de bataille vis-à-vis de celle des Payens, qui sans être encore complette étoit déja formidable. L'Empereur Alicandre ne s'y étoit pas rendu, son grand âge l'en empêchoit, mais il favorisoit le parti des Payens, parce qu'après s'être réconcilié sincérement avec Trébatius, il croyoit avoir de nouveau à s'en plaindre depuis que son aimable fille Lindabride étoit enchantée dans Constantinople par un sage ami des Grecs qui avoit voulu favoriser l'union du Chevalier du Soleil avec Caridiane. Le Roi de Niquée étoit à la tête de l'entreprise, & avoit d'autant plus de droit au commandement, que la premiere opération de l'armée devoit être d'empêcher que sa fille ne fût délivrée par les parents & les amis de Rosabel. Le pere de Liriane avoit sous ses ordres les Sultans d'Egypte & de Gergovie, les fameux
Brufaldor

Brufaldor , Bravorante , Bombe d'A-
chaïe , Celinde & Floralife de Scythie ,
Argante de Phénicie , Torinian de
Perfe , & Clarifel d'Affyrie. Les deux
armées navales étoient , comme nous
l'avons dit , en préfence ; celle des Grecs
ayant fon aîle droite appuyée à l'ifle , &
celle des Payens y ayant fon aîle gauche. Nous avons également dit que trois
arcades de feu défendoient les approches
de la tour de cryftal , & nous avons
vu que Bombe , Bravorante & Brufaldor avoient tous trois échoués dans l'entreprife de les traverfer. Ne voulant pas
que les Grecs euffent la gloire de furmonter un obftacle qu'ils n'avoient pas
pu vaincre ; ces trois Chevaliers , du
parti des Payens , fe placerent en avant
des arcades , & déclarerent qu'ils com-
battroient contre tous les Chevaliers
Grecs qui voudroient en approcher. De
convention faite , il étoit permis tous
les jours à trois Chevaliers du parti des
Grecs d'aborder dans l'ifle , & d'attaquer
les défenfeurs de l'enchantement ; mais
pendant long-temps , aucun d'eux ne
put y réuffir. Rofabel & Archifilore ,
que nous avons laiffés embarqués , après
avoir éprouvé de grandes & fingulieres

Tome II. G

aventures , avoient héureufement joint
l'armée de Trébatius. Dès le lendemain
ils fe préfenterent ; mais après avoir combattu toute une journée avec acharnement , ils ne purent vaincre les tenants
de cette efpece de pas d'armes. Oriftide
& fa chere Sarmacie ne furent pas plus
heureux.Polidolphe, Lifard, Florifart,To-
rifmond, Claberinde, Clarinde, Sacridor,
Elene des Daces , Rofielair même , enfin
jufqu'au Chevalier du Soleil , le véritable Héros de notre hiftoire, & fon illuftre époufe Claridiane , tous échouerent,
& la confternation commençoit à devenir générale dans l'armée. Trébatius
feul ne paroiffoit point effrayé ; il fe difpofoit à aller combattre en perfonne, lorfqu'une fimple barque s'avança avec impétuofité entre les deux armées , aborda
dans l'ifle, & y débarqua deux Chevaliers,
qui ayant auffitôt fait fortir leurs che-
vaux , les monterent , & s'avancerent
fiérement vers les trois redoutables Chevaliers défenfeurs de la tour. Cette arrivée fubite & imprévue attira l'attention
des deux armées , & excita dans l'une
& dans l'autre des fentimens bien différents. On frémit dans celle des Payens,
d'autant plus que le Magicien Luperce

déclara qu'il craignoit lui-même que ces nouveaux Guerriers ne fuſſent ceux auxquels le deſtin avoit réſervé la gloire de détruire l'enchantement. Le courage des Grecs au contraire fut relevé ; le ſage Lirgandé, qui étoit dans leur armée, annonça que ces deux Héros alloient triompher , & qu'ils étoient de la race de Trébatius. Archiſilore ſe flatta que l'un des deux étoit ſon cher Claridian, elle ne ſe trompoit pas , & l'on juge bien que l'autre étoit Claramante. Celui-ci attaqua le premier Brufaldor, & vint enfin à bout de le renverſer ſans ſentiment. Le jeune fils de Trébatius paſſe enſuite à Bravorante, qui n'avoit point encore combattu, n'ayant point eu d'adverſaire. Nouveau combat épouventable , & nouveau ſuccès. Celui de Claridian contre Bombe n'eût peut-être pas fini auſſi heureuſement pour les Grecs , ſi Claramante ne fut venu au ſecours de ſon neveu ; enfin Bombe ſuccomba, & ſa chûte fut le ſignal de la deſtruction totale de l'enchantement. A l'inſtant , les arcades de feu s'éteignirent , la tour parut à découvert ; Liriane ſe montra à la fenêtre, & appella à haute voix ſon libérateur ; Claramante s'approcha , elle

lui jetta une échelle de corde , au moyen
de laquelle il parvint jufqu'à elle , la prit
dans fes bras & la tranfporta fur le rivage. La tour de cryftal s'abîma & difparut ; les Grecs accoururent de toutes
parts pour féliciter les vainqueurs , & ils
aborderent avec facilité dans l'ifle , tandis que les Payens faifoient des efforts
inutiles pour y mettre le pied. L'entrée
leur en étoit interdite pour ce moment ;
mais il fut permis aux trois vaincus ,
Bombe , Brufaldor & Bravorante, quand
ils furent revenus de leur évanouiffement,
de fe rembarquer pour rejoindre le Roi
de Niquée. Rofabel avoit été le plus
empreffé des Grecs à débarquer dans
l'ifle , & à faire compliment aux vainqueurs. Claridian le fit connoître à fon
oncle Claramante , & celui-ci lui remit
avec empreffement l'adorable Liriane ,
que le fils de Rofclair ramena promptement auprès de fon pere, & de fon aïeul
le grand Trébatius. Claramante & Claridian fe préparoient à aller rejoindre le
Chef de l'augufte famille Impériale ; &
pour cet effet , ils étoient rentrés dans
la barque enchantée qui les avoit amenés jufques dans l'ifle ; mais tel étoit
l'ordre du deftin & des Sages , qu'ils ne

devoient embraffer leurs parents qu'a-
près que Claramante auroit fait encore
des exploits qui ne pouvoient être égalés
par aucuns de ceux de fa famille. Il avoit
déja rompu deux enchantemens des plus
forts, il devoit encore en rompre au moins
un autre, avant que d'être parfaitement
reconnu. Un vent impétueux les entraîna
également loin des deux armées Grecque
& Payenne ; Trébatius voulut faire courir après eux , mais les fages Nabate &
Lirgandé s'y oppoferent ; ils confeille-
rent à l'Empereur de ramener fon armée
en Grece , & de fe trouver fatisfait d'a-
voir défenchanté Liriane , & rendu cette
belle Princeffe à Rofabel. ,, Ne féparez
,, cependant pas votre armée, ajouterent
,, les Sages, les Payens reviendront bien-
,, tôt en forces vous attaquer vivement ;
,, foyez prêt à vous défendre, & comptez
,, que le fecours de notre art & notre
,, zele vous aideront à furmonter les
,, plus grands obftacles''.Conféquemment
à cet avis, Trébatius fit propofer une
efpece de treve à l'armée payenne : elle
fut acceptée , & il retourna à Conftantinople , regrettant beaucoup l'éloignement des libérateurs de Liriane ; mais
perfonne n'en étoit plus vivement affligé

qu'Archifilore qui n'avoit vu Claridian qu'un moment , & n'avoit pu lui dire à quel point fes fentimens pour lui étoient changés , & combien ils lui étoient devenus favorables.

Briane, Olive & le peuple de Conftantinople reçurent l'armée victorieufe avec tous les applaudiffemens qui lui étoient dus. Ses heureux fuccès , & l'union de Rofabel & de Liriane furent célébrés par les fêtes les plus brillantes. Nabate & Lirgandé confeilloient cependant toujours de fe tenir prêt à repouffer les attaques des ennemis ; mais comme on ne devoit pas y être fitôt expofé, ils firent reffouvenir Trébatius qu'il y avoit dans la ville de Conftantinople même, & fous fes yeux un enchantement auffi beau à rompre que celui de Liriane : c'étoit celui de Lindabride également renfermée dans une tour de cryftal ; depuis plus de trois luftres elle y étoit pour ainfi dire oubliée. Les étrangers qui venoient à Conftantinople alloient voir d'un peu loin cette tour enchantée comme une des merveilles de la ville , mais perfonne ne penfoit à en rompre l'enchantement. Trébatius trouva jufte de s'en occuper , d'autant plus qu'il entrevit que

la délivrance de Lindabride pourroit fournir un moyen de réconciliation entre
lui & l'Empereur Alicandre, dont le nom
décoroit la liste de ses ennemis. Le Chevalier du Soleil seul fut inquiet & embarrassé de ce que l'on s'occupoit de la
délivrance de Lindabride; il se souvenoit
d'avoir tendrement aimé cette belle Princesse de Scythie, & de l'avoir abandonnée pour Claridiane; & craignant
les reproches de l'une ou de l'autre de
ces Dames, il prit le parti de s'écarter,
& de s'éloigner pour quelque temps de
la Grece, jusqu'à ce que cette aventure
fut terminée.

Retournons à Claridian & à Claramante : entraînés loin des deux armées
Grecque & Payenne, ils furent poussés
vers les côtes d'Italie, & aborderent au
port d'Ostie à peu de distance de Rome.
Ils s'avancerent vers cette ancienne capitale du monde, & en admiroient déjà
de loin la magnificence, lorsqu'ils furent frappés de la singularité d'un bâtiment qu'ils remarquerent à la droite du
grand chemin. Il étoit revêtu des marbres les plus précieux, & entouré de
murs de même matiere très-élevés : on

y pouvoit entrer par cinq portes d'i-
voire, à chacune desquelles étoit attaché un cor. Devant la porte principale, on remarquoit une colonne sur
laquelle étoit gravée une inscription dont
voici la substance. « Aucun Chevalier,
» fût-il aussi brave que Mars, & aussi
» fort qu'Hercule, ne pourra pénétrer
» seul dans ce Palais; mais s'il se trouve
» accompagné de quatre des plus illus-
» tres Chevaliers du monde, ces cinq
» Héros pourront enfin détruire l'enchan-
» tement de la belle Roselie, Princesse
» de Rome. Bon, dit Claramante après
» avoir lû, voici une troisieme occasion
» qui se présente de montrer le talent &
» le bonheur que j'ai de rompre les en-
» chantemens les plus difficiles ». En
même-tems, il s'approcha du château,
voulut prendre un des cors attachés aux
portes, & en sonner; mais il ne put jamais
ni détacher le cor, ni donner le signal
du combat. Il frappa en vain à toutes
les portes, personne ne lui répondit.
Enfin, après avoir tenu conseil avec son
ami Claridian, ils résolurent d'aller ensemble dans l'Italie, chercher trois autres Chevaliers pour compléter le nombre

prefcrit. Ils partirent donc après avoir
paffé feulement trois jours à Rome dans
le plus grand incognito, & ne furent
pas long-temps fans trouver ce qu'ils
cherchoient ; ils virent deux Chevaliers
qui fe battoient avec une force & un
courage égal, & un troifieme qui n'étoit
que fpectateur du combat. La noble contenance de ces trois Chevaliers, fit juger à Claridian & à Claramante que
c'étoient eux qui pouvoient les aider à
rompre l'enchantement de Rofelie. Ils
faluent le Chevalier fpectateur, & lui
difent en peu de mots qu'ils efpérent de
mettre à fin la plus belle aventure du
monde, mais qu'il faut pour cet effet
que trois autres Chevaliers des plus braves & des plus illuftres fe joignent à
eux. Célinde (c'étoit le Chevalier qui les
écoutoit), conçoit auffitôt que lui & les
deux Chevaliers qu'il voyoit combattre,
ne doivent pas manquer une fi belle occafion ; il fe jette entre les deux champions,
& les engage à s'arrêter, & à l'écouter.
Ils y confentent enfin, & il vient même
à bout de leur perfuader de terminer leur
différend, & d'aller de concert tenter
l'aventure du château enchanté. Ces deux
braves combattans étoit Bravorante &

G v

le Chevalier du Soleil : s'étant rencontrés
& reconnus, le fils de Bramarante avoit
voulu essayer ses forces contre celui de
Trébatius par pure vaine gloire & sans
animosité. Il avoit eu l'honneur qu'il
avoit ambitionné, & s'étoit bien défendu;
ainsi son objet étoit rempli, ils se firent
mutuellement les politesses convenables
entre de si grands Princes : malgré la
différence des partis, le Roi du Japon,
assura l'Empereur de Trébisonde, qu'il
aimoit encore mieux combattre à ses côtés que contre lui. Enfin la partie fut
liée comme ceux qui l'avoient proposée
les premiers le désiroient. Claridian se fit
connoître de l'Empereur son pere, qui
fut charmé de le retrouver; pour Claramante, il voulut encore rester inconnu,
& pria son ami de ne point révéler le
secret de sa naissance à son illustre frere.
Enfin, ils prennent tous cinq ensemble
le chemin du château enchanté, ils son-
nent du cor attaché à chaque porte,
mais elles ne s'ouvrent que l'une après
l'autre. Célinde entre le premier, &
combat des monstres & des Géants dont
sa valeur le rend assez aisément vainqueur ; il pénetre dans une cour intérieure
& croit y voir la belle Rosalvire de Tré-

bifonde , qui, l'abordant avec affez de
douceur , le prie de lui remettre le cor
d'ivoire qu'il avoit attaché à fon cou ,
après s'en être fervi pour fe faire ouvrir
la porte du château : le Chevalier trompé
par une illufion fi flatteufe , donne fon
cor, auffitôt il eft enchanté , & ne fonge
plus qu'à combattre contre ceux qui voudroient pénétrer jufques dans la cour où
il fe trouvoit. Un moment après Brave-
rante fuccede à Célinde , combat les
monftres avec le même fuccès , mais eft
également féduit par une fauffe image
de fa maîtreffe , & foumis à un enchantement femblable. La reffemblance
d'Archifilore joue le même tour à Claridian ; mais il fallut ufer d'une autre
rufe pour dompter Claramante qui n'a-
voit point encore de Dame. On lui fit
voir une fauffe Liriane qui lui dit qu'elle
étoit de nouveau enchantée ; mais qu'il
la délivreroit pour la derniere fois s'il
vouloit livrer fon cor d'ivoire : c'eft
ce qu'il fit & il éprouva le même fort.
L'illuftre Chevalier du Soleil reftoit feul,
& tandis que l'enchantereffe fubalterne
trompoit les quatre Chevaliers qui s'é-
toient affociés à lui dans cette expédition, il étoit arrivé dans la fatale cour

après avoir vaincu les monſtres qu'on avoit rendu pour lui plus terribles. Il n'y avoit pas moyen de le ſéduire, parce qu'il avoit au doigt un anneau qui le préſervoit de toute illuſion; le malin enchanteur ne put que lui oppoſer ce qu'il avoit de plus cher. C'étoit Claridian, qui troublé, & hors de lui-même, ſe mit à combattre ſon pere. — L'Empereur de Trébiſonde reconnut ſon fils & trembloit de lui faire mal : cependant ils ſe portoient des coups terribles ; mais enfin notre Héros s'appercevant que ce cher adverſaire étoit enchanté & ſe doutant que l'enchantement dépendoit du terrein ſur lequel il combattoit, prit le parti de le ſaiſir entre ſes bras & de l'emporter hors de la cour fatale, à la porte de laquelle il le jetta ſur l'herbe. Le fils de l'Amazone y demeura évanoui & ſans connoiſſance ; ſon vainqueur bien ſûr qu'il n'étoit ni mort ni bleſſé, rentra dans la cour pour combattre les trois autres qui lui oppoſerent la même réſiſtance, & qu'il vainquit par les mêmes moyens. Les défenſeurs des arcades étant ainſi écartés, rien ne l'empêcha de ſe rendre à la ſalle du château dans laquelle il apperçut les deux Princeſſes enchantées. Roſelie s'avança vers lui de l'air le plus

gracieux, quoiqu'un peu troublé : « ma-
» gnanime Empereur, lui dit-elle, eft-il
» vrai que vous daigniez vous occuper
» de notre délivrance ? Ah ! je n'ofe le
» croire ; mais pour m'en affurer, dai-
» gnez me remettre l'anneau que vous
» portez à votre doigt. » Le grand Alphébé fe douta encore que les perfides
enchanteurs effayoient de lui jouer un
dernier tour en cherchant à lui ravir cet
anneau qui diffipoit toutes les illufions.
« Non charmante Princeffe, lui répon-
» dit-il, ce n'eft point ainfi que je veux
» vous affurer de votre délivrance, ve-
» nez plutôt que je vous arrache à ce fé-
» jour de preftiges & de trahifon ». En
même tems il la faifit d'un bras vigoureux, prit la Princeffe d'Ecoffe de l'autre
bras, & les entraîna l'une & l'autre
hors du château & même de la cour.
Alors elles tomberent, comme les quatre Chevaliers, dans une efpece d'évanouiffement, mais qui fut bientôt
diffipé : l'enchantement fut rompu,
quelques coups de tonnerre annoncerent
la deftruction du château, qui fe diffipa
en fumée. Les quatre Chevaliers, & les
deux Princeffes revenus à eux-mêmes,
remercierent leur libérateur.

Le bruit du tonnerre apprit aux Romains la fin d'un enchantement qui causoit le plus mortel déplaisir à leur Empereur. On avertit ce Monarque, il accourut, & le Chevalier du Soleil, après avoir bien recommandé à ses quatre amis de ne le pas faire connoître, (ce qu'ils lui promirent sur leur honneur) remit les deux Princesses à leur pere & oncle ; mais prit aussitôt congé de l'Empereur Romain, & se rembarqua pour Constantinople, comptant y trouver l'aventure du défenchantement de Lindabride terminée ; elle ne l'étoit pourtant pas encore, comme nous le verrons dans un moment. Les quatre autres Chevaliers accompagnerent l'Empereur de Rome & les Princesses jusques dans leur capitale ; mais Claridian & Claramante n'y resterent pas long-temps, ils repartirent pour Constantinople, où ils avoient promis au Chevalier du Soleil de le suivre de près. Bravorante voulut aussi rejoindre l'armée des Payens ; Célinde resta le dernier à Rome, il étoit devenu passionnément amoureux de Roselie, qui l'écoutoit assez favorablement pour qu'il pût espérer de lui faire oublier le Prince des Daces. Effectivement il ne restoit presque plus à la Princesse de Rome d'autres sentimens pour Elene qu'une forte rancune de ce qu'il l'avoit abandonnée. Elle porta son pere à se déclarer contre les Grecs, dont le Chef étoit oncle de celui qu'elle traitoit d'ingrat & de perfide. L'Empereur Romain promit à sa fille tout ce qu'elle voulut exiger de lui ; nous verrons dans la suite qu'il tint sa parole ; Célinde ayant assuré qu'il suivroit le même parti, continua d'être bien traité à la Cour de Rome, & d'être écouté de sa Princesse. La vive & aimable Arbolinde étoit fâchée de ce que le jeune Florisart n'avoit eu aucune part à leur délivrance, mais elle ne désespéroit pas de le retrouver un jour, & de lui faire reconnoître son gentil Ecuyer.

Claridian & Claramante arriverent en Grece, & débarquerent à quelque distance de Constantinople ; mais avant d'arriver dans cette grande ville, le Prince de Trébisonde fut engagé à suivre une aventure particuliere, qui le retarda ; il s'y laissa entraîner d'autant plus volontiers, qu'il ne croyoit pas trouver Archifilore moins cruelle qu'il ne l'avoit laissée à Constantinople ; il ignoroit même qu'elle s'étoit trouvée dans l'armée Grec-

que devant l'ifle de la tour de cryftal ,
& qu'elle eût été témoin de la part qu'il
avoit eu au défenchantement de Liriane.
Claramante arriva donc feul à Conftantinople dans le temps où l'on étoit le
plus occupé du défenchantement de Lindabride. Quelques braves & illuftres Chevaliers avoient déja échoué dans cette
entreprife , & peu l'avoient tenté, parce
que les Sages avoient déclaré qu'il falloit avoir le cœur abfolument dégagé
de tout amour pour y réuffir. Cependant le jeune Corfeille , fils de Torifmond & d'une Princeffe de France ,
& l'aimable Géant Tefféré de Sardaigne,
qui fe piquoient de n'avoir point encore
aimé , avoient été repouffés aux approches du château magique , lorfque l'on
vit arriver un jeune Guerrier de la taille
la plus noble & la plus élégante , qui
traverfa la ville de Conftantinople , en
faluant avec grace toutes les Dames , &
l'Empereur même, qui étoit aux fenêtres
de fon palais. On s'apperçut qu'il prenoit
le chemin de la colline fur laquelle étoit
fitué le château enchanté ; on s'empreffa
de le fuivre , & cela fut d'autant plus
aifé , qu'il ne marchoit qu'au petit trot.
Arrivé au pied de plufieurs marches qui

conduisoient jusqu'à la porte de la tour,
il planta sa lance en terre, y attacha
son cheval, & monta leftement tous les
dégrés, ce que n'avoient pu faire ceux
qui avoient tenté l'aventure avant lui.
Les uns avoient été repoussés & culbutés
à la seconde ou troisieme marche ; les
plus heureux avoient franchi la sixieme,
mais aucun n'étoit parvenu jusqu'à la
douzieme & derniere. L'inconnu y arriva, & frappant à la porte qui étoit
d'ivoire, avec le pommeau de son épée,
elle s'ouvrit, il pénétra dans l'enceinte du château ; la Cour & une
partie du peuple de Conftantinople furent témoins des exploits qu'il y fit ; car
comme nous l'avons dit il y a déjà long-
temps, les murailles de ce merveilleux
château étoient tranfparentes. Quatre
énormes Géants veulent d'abord le repouffer ; mais la merveilleufe hache de
Théfée dans les mains du brave & heureux Claramante (car c'étoit lui-même)
coupa bientôt maffues, armures, &
Géants ; il alloit paffer de la cour dans
le bâtiment, lorfque les enchanteurs eurent recours à la rufe, voyant bien que la
force feroit inutile. Deux Chevaliers fortirent du palais intérieur, ils étoient dé-

sarmés , & revêtus de simples tuniques & de manteaux de satin incarnat garnis & doublés d'hermine. Ils avoient seulement à leur côté de brillantes épées, un écu sur lequel on voyoit peintes de jolies armoiries , & des devises galantes & ingénieuses ; de simples casques dorés & ornés d'un panache de plumes blanches couvroient leurs têtes , & leurs éperons dorés ne tenoient qu'à des bottines. Dans cet équipage ils adresserent la parole au jeune Chevalier. Seigneur, lui dirent-ils, nous sommes chargés de défendre l'entrée de l'appartement qu'occupe la Princesse Lindabride , & par conséquent forcés de combattre contre vous ; mais nous n'avons point d'autres armes que celles que vous nous voyez, & vous êtes sûrement trop généreux , & trop exact observateur des loix de la Chevalerie, pour vouloir nous combattre armé de toutes pieces , tandis que nous ne le sommes pas. Quand même nous nous réunirions tous deux contre vous, nous aurions trop de défavantage , nous ne vous combattrons que l'un après l'autre ; mais nous croyons pouvoir vous prier de vous débarrasser de votre armure, afin que nous nous mesurions à armes égales. Claramante crut devoir se prêter à ce

que défiroient fes adverfaires, & prenant
en eux une confiance, qu'affurément ils
ne méritoient pas, il fe mit à détacher lui-
même piece à piece toute fon armure, &
pour pouvoir fe dépouiller plus aifément,
il pofa à terre fon écu, fa bonne épée, & la
terrible hache de Théfée. Mais à peine fut-
il tout-à-fait défarmé, que les deux fup-
pofés Chevaliers s'emparant de fes armes
offenfives les tournerent contre lui, tandis
qu'il étoit fans défenfe. Ce fut alors que
la Cour & le peuple de Conftantinople,
tremblerent pour celui qui un moment
auparavant paroiffoit affuré d'être le libérateur de Lindabride. On le vit feul &
fans armes d'aucune efpece, contre deux
fcélérats prêts à lui ôter la vie. On frémit, on s'écria. Trébatius fans fe douter
que c'étoit pour le plus jeune de fes fils
légitimes qu'il s'intéreffoit, faifoit les
vœux les plus ardens, & les plus fince-
res, pour que le jeune & malheureux
Chevalier pût fe tirer d'un fi grand péril.
On voyoit fon vifage à travers le cryftal
des murailles, fes traits étoient charmans, & l'on étoit d'autant plus touché
de la fituation horrible où il fe trouvoit, que loin d'être changé & troublé
par la crainte d'une mort prochaine &

prefque inévitable , il ne paroiffoit animé que du défir de fe venger , & de l'efpoir d'obtenir la victoire contre toute
apparence de probabilité.

Quelque fàcheux qu'il nous paroiffe à
nous-mêmes de laiffer nos lecteurs dans
la même agitation où fe trouvoit la Cour
de Conftantinople fur le fort de Claramante , nous y fommes forcés par le
Romancier Efpagnol dont nous ne fommes que les traducteurs ; nous ne croyons
pas avoir la liberté d'empiéter fur ce qui
fait la matiere du livre fuivant, ainfi nous
finiffons ici le feptieme.

Fin du feptieme Livre.

HISTOIRE
DU CHEVALIER
DU SOLEIL.

LIVRE HUITIEME.

Nous avons laiſſé nos Lecteurs dans une trop grande inquiétude ſur le ſort du jeune Claramante, qui combattoit ſeul contre deux ſcélérats qui lui avoient enlevé ſes armes, & s'en ſervoient contre lui, pour ne pas les en tirer promptement. Nous n'imiterons point ſervilement notre Auteur Eſpagnol, qui, avant que de nous inſtruire des ſuites de ce combat, s'écarte, & s'amuſe à nous parler de quelques autres de ſes Héros.

Il ne reſtoit plus d'autres armes à Claramante qu'un poignard attaché à la ceinture de ſa tunique ; il le tire, &

tandis que l'un des deux traîtres levoit la longue épée & l'autre la hache de Thélée , pour le pourfendre , il
se glisse avec promptitude entre eux deux,
fend le ventre à l'un & perce le cœur à l'autre. Les spectateurs qui virent du dehors
l'adresse & l'habileté avec laquelle il s'é-
toit tiré de ce pas dangereux , ne purent
s'empêcher d'applaudir avec tant de force,
que le jeune homme combattant eût pu
entendre de l'intérieur du château leurs
battemens de mains, s'il n'eût été occupé de bien d'autres objets. Ayant repris
sa bonne épée & sa hache , & voulant
pénétrer dans un sallon d'émeraude trans-
parente , orné de saphyrs & de topazes,
un sauvage tout couvert de poil , & d'une
force extrême , parut pour lui en defendre
l'entrée. Le Prince lutta long-temps contre ce sauvage ; mais enfin le renversa ,
& se précipita sur lui pour lui couper
la tête : il mit la main sur une colonne,
en même temps un bruit de guerre
épouvantable se fit entendre ; des nuages environnerent le Prince, & même le
bâtiment à l'entrée duquel il combattoit.
On voyoit seulement voltiger à travers , des fantômes armés & portant

des flambeaux ; un chœur de musique
terrible répétoit ces effrayantes paroles :

Combattons , & perçons ce Guerrier impru-
    dent,
Il ose prétendre à la gloire
De rompre notre enchantement ;
Il est brave , mais seul ; comment
Pourroit-il sur nous tous obtenir la victoire?

L'inquiétude sur le sort de Claramante
étoit extrême , sur-tout parmi le peuple de Constantinople , car les Chevaliers & les belles Amazones de cette
Cour étoient familiarisés avec les enchantemens. Mais bientôt les uns & les
autres furent rassurés ; une musique agréable & triomphale succéda aux accords
terribles qui avoient jetté par-tout l'a-
larme : on entendit chanter ce chœur à
plusieurs parties :

Triomphez , jeune Claramante ,
Soyez la fleur de nos preux Chevaliers ;
Mars doit vous couronner de ses plus beaux
    lauriers ,
Et l'Amour vous offrir la plus parfaite
    amante.

En même-temps les nuages fe diffi-
perent , & le château parut plus éclatant
.& plus tranfparent qu'il n'avoit jamais été.
On vit le vainqueur s'avancer vers deux
trônes d'or , fur lefquels étoient affifes
Lindabride, & la bonne Enchantereffe Julie, Reine du Catay. De petits Amours ,
des jeux & des ris voltigeoient au haut
de la falle & deffus la tête de ces deux
Princeffes : ils s'avancerent jufques fur
celle de Claramante, & la couvrirent de
fleurs ; en même temps une mufique
aërienne chantoit ces paroles :

> Soumettez-vous , vainqueur aimable,
> Et perdez votre liberté ;
> Le Héros le plus redoutable
> Ne peut rougir d'être dompté
> Par les vertus & la beauté.

Le jeune fils de Trébatius n'eut pas
de peine à fuivre ce confeil dès qu'il
eut vu Lindabride. Plus de vingt années d'enchantement ne l'avoient pas
fait vieillir d'un feul jour ; elle étoit
encore auffi belle , auffi fraîche , auffi
douce , auffi modefte , & paroiffoit
auffi jeune que lorfque le Chevalier du
Soleil

Soleil rompoit des lances pour elle dans
l'hyppodrome de Conſtantinople. Claramante fut troublé à ſa vue , il jetta
ſes armes aux pieds de Lindabride, &
s'y précipitant lui-même : » Que je ſuis
» heureux , Madame , lui dit-il , de ce que
» ces armes ont ſervi à votre délivrance ;
» diſpoſez de celui qui les a employées
» pour vous. Un regard favorable eſt le
» plus grand prix que je puiſſe retirer
» de ma victoire «. La fille d'Alicandre
émue elle-même , & trouvant à ſon
libérateur une grande reſſemblance avec
le Chevalier du Soleil , ne répondoit
que par des regards doux , tendres , &
ſatisfaiſants ; mais la Reine Magicienne
du Catay , qui lui avoit tenu fidèlle
compagnie , pendant toute ſa captivité,
l'aida à ſe tirer d'embarras , en ſe
chargeant de tous les frais de la converſa-
tion. Elle fit d'abord aſſeoir le jeune
Chevalier entre la Princeſſe & elle, &
le queſtionna ſur ſa naiſſance , & ſur
les exploits qu'il avoit faits juſqu'alors,
quoiqu'elle en fût très-bien inſtruite par
ſon art ; mais elle vouloit que Linda-
dabride les apprît de ſa bouche. Le jeune
Héros convint de tout avec la ſimplicité
& la vérité la plus noble. Alors Julie

Tome II.   **H**

prenant la parole : » Noble Dame de
» Scythie , lui dit-elle , vous voyez le
» Héros deftiné à régner avec vous fur
» l'Empire de votre pere Alicandre ;
» c'eft lui qu'ont défigné les Oracles de
» vos Dieux , il doit acquitter la dette
» de l'injufte & ingrat Chevalier du So-
» leil fon frere «. Claramante entendant
ainfi traiter fon aîné, fut d'abord tenté
de fe fâcher, & regarda Julie d'un air cour-
roucé ; mais celle-ci voulant le calmer :
» Vous ferez la paix de votre frere ,
» lui dit elle , Lindabride n'aura plus à
» fe plaindre de perfonne quand vous
» partagerez fon trône : venez vous faire
» reconnoître de vos illuftres parents ,
» & affurer la paix des deux plus grands
» Empires du monde ». En même temps
elle fe leva , & ayant engagé la Princeffe défenchantée à donner la main à
fon libérateur , elle fortit avec eux du
château magique, qui difparut dès qu'ils
s'en furent éloignés : elle les conduifit
auprès de l'illuftre Trébatius , & de la
refpectable Briane. La reconnoiffance
entre ces auguftes parents & le dernier
de leurs enfants, fut auffi tendre & auffi
touchante que celles que nous avons déja
décrites dans les premiers Livres de cette

Hiftoire. Rofclair , fon fils Rofabel &
Elene de Dace , embrafferent avec des
tranfports de joie un frere, neveu &
coufin , fi digne d'être de leur fang. Le
Chevalier du Soleil ne lui fit pas un accueil moins favorable ; s'il rougiffoit
encore en voyant Lindabride , ce n'étoit
plus l'amour qui le troubloit ainfi, mais
ce preux & loyal Chevalier avoit honte
de voir la feule Dame avec laquelle il
avoit eu quelque tort dans fa vie. La
Reine Julie , par fon adreffe , diffipa tous
ces nuages. Elle déclara au nom de Lindabride , qui n'eut garde de la démentir ,
que la Princeffe de Scythie pardonnoit à
l'aîné fon ancienne infidélité , & qu'elle
confentoit de répondre à la tendreffe du
cadet, qui en étoit auffi digne , & qui
lui feroit plus fidele. Méridian étoit heureufement à Conftantinople , & fe préparoit à combattre pour les Grecs , au
parti defquels il étoit toujours attaché ,
même contre les Scythes dont fon pere
étoit Empereur. Il revit fa fœur défenchantée avec autant de fatisf ction que
Trébatius & Briane reconnurent leur
fils. Il apprit d'elle-même qu'elle aimoit Claramante, & faifit cette occafion
de procurer la paix entre les deux Empires

de Grece & de Scythie : il écrivit par les voies les plus promptes & les plus sûres à Alicandre, & l'informa du défenchantement de sa sœur, & de l'amour qu'avoit conçu pour elle le jeune fils de Trébatius. Il lui fit comprendre que les dispositions de ces deux amans rendoient facile l'accomplissement de l'ancien Oracle, qui avoit annoncé qu'un Prince Grec devoit être l'héritier des Dieux & de l'Empire de Scythie ; il réitéra l'assurance qu'il avoit tant de fois donnée, que quant à lui, il y renonçoit, étant content de posséder Floralinde & la Macédoine.

Le vieux Empereur Alicandre reçut cette nouvelle avec joie, & consentit également & au mariage de sa fille avec le fils de Trébatius, qui fut célébré avec pompe à Constantinople, & à la paix à laquelle il promit d'engager tous ses vassaux & alliés. C'est ce dont il ne vint pas sitôt à bout ; mais du moins eut-il avant que de mourir la satisfaction de la voir conclue, & d'embrasser sa fille & son gendre suivant la promesse des Sages ; c'est ce que nous verrons à la fin de ce livre-ci. Cependant Claramante & sa charmante épouse resterent en Grece, jusqu'à ce

que l'empire de leurs peres n'eut plus
d'ennemis. Le Chevalier du Soleil, dès
qu'il vit le bonheur de son frere & de
Lindabride assuré par leur mariage, ne
craignant plus les reproches de la Princesse de Scythie, & ne s'en faisant plus
à lui-même à cet égard, vécut avec
eux dans la plus douce union, & Claridiane tint la même conduite.

Revenons à présent à ce qui se passoit
à Rome, dont nous avons déja dit que
l'Empereur avoit été engagé par sa fille
Roselie, à faire la guerre aux Grecs en
haine de l'indifférence que lui avoit té-
moignée le Prince Elene de Dace, neveu
de l'Empereur Trébatius. Elle traitoit
cette indifférence de perfidie; du reste
la rancune étoit le seul sentiment qu'elle
conservât pour Elene. Célinde frere de
Floralise faisoit la cour à la Princesse,
& en étoit assez bien traité; mais ce n'é-
toit guere que par coquetterie qu'elle
écoutoit ses propos galants.

L'Empereur de Rome après avoir envoyé des Ambassadeurs & des militaires
habiles au Sultan de Niquée, pour con-
certer avec lui les coups qu'ils devoient
porter l'un & l'autre à l'Empire Grec,
assembla tous les Princes ses vassaux, ses

H iij

amis & ſes alliés, pour en former une
a mée formidable, qu'il prétendoit tranſporter en Grece. Il étoit déja aſſuré d'Ar-
rigan, Prince d'Allemagne, qui avoit
depuis long-temps des prétentions ſur la
main & le cœur de Roſelie, & qui ne
ſe rebutoit point de ſes mépris. Ce Prince
étoit par lui-même un froid amant &
un foible Guerrier, mais il pouvoit rendre de grands ſervices à l'Empereur de
Rome, parce que les fiers Germains ſes
Sujets étoient en grand nombre, forts
& redoutables. Un autre formidable al-
lié des Romains étoit Branduze, Prince
de Gabinie, héritier de ceux qui avoient
été amoureux des Princeſſes de Rome &
d'Ecoſſe, & défaits par Elene de Dace.
C'étoit bien un autre homme qu'eux, il
étoit géant, & avoit une grande réputation
à la guerre; un troiſieme perſonnage de
la même taille & au moins de la même
force & du même parti s'appelloit Coriandre. Le Monarque de Rome jugea
à propos de l'envoyer porter ſa déclaration de guerre à l'Empereur Grec, défier
& menacer tout l'empire d'Orient, en
attendant qu'il vint à la tête de ſon armée pour le détruire. Il comptoit, en le
chargeant de cette Ambaſſade, préſenter

un échantillon effrayant des Guerriers qui serviroient sa cause. Au moment que Coriandre se disposoit à partir, il lui survint deux compagnons qui étoient bien aussi capables que lui de remplir les intentions des ennemis de la Grece : ils avoient été envoyés à Rome par le Sultan de Niquée, c'étoit le terrible Bravorante, & le fameux Bombe d'Achaïe. L'on sait quel étoit le Roi du Japon, & quant à Bombe il avoit été assez connu par ses exploits dans Constantinople même. Ce n'étoit assurément pas là des Ambassadeurs pacifiques : la ssi ns voguer vers la Grece ces effroyables plénipotentiaires, & avant que de parler de leur arrivée & de leur audience, occupons-nous de Poliphébé & de Claridian.

Nous avons vu que le premier avoit été engagé par une Demoiselle à voler au secours d'une Princesse qu'on lui annonçoit comme belle & infortunée ; c'étoit Célibelle Princesse de Samogitie, qui couroit risque d'être brûlée vive, si elle ne trouvoit un Chevalier qui combattît en sa faveur & la sauvât de l'accusation la plus injuste. Deux Princes de Podolie étoient devenus éperduement amoureux d'elle ; ils s'étoient battus pour ses beaux

H iv

yeux, & s'étant enferrés l'un & l'autre, s'étoient donnés mutuellement la mort. Leur frere Furiandre, Géant redoutable, étoit perfuadé, ou faifoit femblant de croire que la Princeffe étoit coupable de cette perte, & l'avoit condamnée au dernier fupplice, fi dans fix mois elle ne trouvoit un défenfeur. La Princeffe n'avoit efpérance d'obtenir ce fecours qu'en Grece, & c'eft pour cet effet qu'elle y avoit envoyé fa Demoifelle, qui n'avoit pu mieux s'adreffer qu'au jeune & valeureux Poliphébé. Dès qu'il fut arrivé en Samogitie, il fe déclara Chevalier de la Princeffe, & s'offrit à combattre Furiandre lui-même; celui-ci étoit déjà devenu amoureux de fa Prifonniere; mais il vouloit fe ménager l'avantage de lui fauver la vie, à condition qu'elle lui donneroit la main. Le Prince de Trinacrie ne lui parut pas d'abord un ennemi redoutable, & il ne craignit pas de fe mefurer avec lui. Le jour fut pris, & le combat tourna autrement que ne s'y attendoit le Géant perfécuteur de Célibelle : il fut vaincu & bleffé, & il ne tenoit qu'à Poliphébé de lui donner la mort, puifque le combat étoit à outrance; mais le généreux Chevalier lui accorda la vie à

condition qu'il s'avoueroit vaincu , re-
connoîtroit l'innocence de la Princeffe ,
& lui demanderoit pardon. Le Géant fe
foumit à ces conditions , qu'il remplit de
très-bonne foi ; car l'amour qu'il avoit
conçu pour Célibelle, lui rendoit moins
défagréable la foumiffion qu'on exigeoit
de lui.

Il fut plus fenfible à la hauteur & à
la dureté avec laquelle fa Princeffe le reçut, il en verfa des larmes fi abondantes ,
qu'il fit pitié même à fon vainqueur, qui
intercéda pour lui auprès de Célibelle ;
il étoit fincérement amoureux , & paroiffoit affez aimable dans un pays où l'on
étoit familiarifé avec des Géants. Enfin
Poliphébé non content d'avoir fauvé la
vie & l'honneur à la belle Samogitienne ,
lui procura encore pour époux un grand
Prince qui la rendit heureufe. Ce Héros
les ayant quittés , & voulant retourner
en Grece , prit fon chemin par la Siléfie.
Il y rencontra Euphronife qui ne pouvoit oublier l'aimable Rofabel , & fe promenoit triftement dans les mêmes lieux
où elle l'avoit apperçu la premiere fois
dormant au pied d'un arbre : elle le regrettoit fans ceffe ; mais elle ne pouvoit
lui pardonner de n'avoir pu l'aimer, que

quand elle avoit changé de figure; sa
confidente Célie étoit auprès d'elle, &
fut la premiere à remarquer le Prince de
Trinacrie. Il étoit à cheval & armé; mais
il avoit la tête découverte, & suivi d'un
Ecuyer qui portoit son heaume & sa lance.
Sa taille étoit élégante, les traits de son
visage charmants, & il paroissoit pres-
qu'aussi jeune que Rosabel. Célie lui
trouva avec ce dernier un air de famille
qui l'intéressa. « Madame, dit-elle à sa
» Princesse, ou je suis bien trompée, ou
» voici encore un Chevalier Grec, il
» paroît charmant, permettez moi de
» lier conversation avec lui, & de l'in-
» terroger; il nous donnera des nouvelles
» de ses compatriotes, & que fait-on,
» peut-être viendra-t-il à bout de vous
» le faire oublier ». L'adroite confidente
ayant obtenu la permission qu'elle demandoit, s'approcha du Chevalier, qui,
par respect pour son sexe mit aussitôt
pied-à-terre, & l'écouta avec la plus
grande courtoisie. Elle lui demanda s'il
n'étoit pas Grec, en accompagnant cette
question de quelques politesses sur ce
qui pouvoit persuader qu'il l'étoit. Le
Chevalier répondit que du moins ses
parens étoient nés dans cet Empire. Cé-

lie sans pousser ses questions plus loin,
lui annonça qu'elle avoit l'honneur d'ê-
tre attachée à la belle Princesse de Silésie, & lui conseilla de lui faire sa cour.
Le Chevalier n'eut garde de s'y refuser, &
la Princesse s'étant retirée dans sa maison
de plaisance, où elle releva par une toilette brillante, quoiqu'assez courte, l'éclat
de ses charmes, sa Demoiselle d'honneur lui présenta le jeune Prince, qui
par la décence, les graces de son maintien & de ses propos, parut digne à Euphronise d'être traité avec la distinction
due aux personnes du premier rang, &
d'être admis à sa table. Après le dîner la
conversation ne pouvoit manquer de tomber sur Rosabel ; Euphronise le traitoit
de perfide, & regardant assez tendrement le Chevalier nouvellement arrivé
dans ses Etats : ,, Non, lui dit-elle, je
,, ne me fierai plus aux Guerriers tels que
,, vous, & sur-tout à vos compatriotes ;
,, si vous sçaviez avec quelle bonté j'ai
,, traité l'ingrat, cependant je n'ai pu
,, m'en faire aimer que lorsque les Ma-
,, giciens m'ont offerte à lui sous les
,, traits d'une certaine Princesse, qu'il
,, dit être enchantée ; dès qu'il m'a re-
,, connue, il m'a abandonnée.,, Madame,

» dit Poliphébé , je ne prétends point
» excuſer ni juſtifier tout-à-fait mon
» compatriote ; mais permettez-moi de
» vous dire , que ſes torts ne me pa-
» roiſſent pas auſſi grands que vous les
» annoncez ; s'il avoit engagé ſa foi à
» une autre Dame , il étoit juſte qu'il
» lui reſtât fidele , & qu'il retournât vers
» elle auſſitôt qu'il lui aura été poſſible.
» Il eſt vrai que vos charmes ſont tels
» qu'ils pouvoient autoriſer de ſa part
» une infidélité ; mais il eſt encore plus
» louable de n'avoir cédé qu'à l'appa-
» rence de la beauté qu'il adore «.

» Vous avez aſſurément , répliqua la
» Princeſſe , une morale très-auſtere , &
» votre galanterie eſt très-délicate ; vous
» ne me perſuaderez pourtant pas que je
» ne ſois pas aſſez jolie pour...... Hé, oui ,
» Madame , continua le Prince , vous
» l'êtes aſſez pour diſtraire le cœur du
» plus parfait de nos Héros amoureux ;
» mais ni vous , ni aucune autre ne doi-
» vent éteindre une flamme déja allu-
» mée. ... » Amant fidele , dit alors
» la confidente Célie , vous parlez trop
» bien d'amour pour n'être pas du nom-
» bre de ceux dont le cœur eſt déja ſou-
» mis. Votre Dame n'eſt-elle pas auſſi

» enchantée?...Non, gente Demoiselle,
» répliqua le Prince de Trinacrie, mon
» cœur eft encore libre, & je me met-
» trai en fervage particulier le plus tard
» qu'il me fera poffible, en attendant je
» fuis ferviteur de toutes les Dames ;
» mon bras & ma lance font toujours à
» leurs ordres, je diftingue les plus belles,
» & elles obtiennent aifément de ma
» part les plus grandes marques d'em-
» preffement. L'adorable & charmante
» Euphronife eft dans ce cas ; je fens
» qu'elle n'auroit pas befoin d'emprun-
» ter une autre figure que la fienne pour
» me forcer à lui rendre les plus tendres
» hommages ; mais c'eft à condition
» qu'elle me permettroit de la quitter
» lorfque la gloire & le défir de revoir
» mes parents m'appelleroient ailleurs,
» & qu'elle ne me regarderoit pas pour
» cela comme un indigne & un parjure ;
» elle verroit bien du moins que je ne
» fuis ni lâche, ni ingrat, ni de mau-
» vaife foi «. Euphronife ne jugea pas
à propos de répliquer à ce difcours pour
ce moment-là ; mais fuivant toute apparence, elle y réfléchit, & en raifonna
en particulier avec Célie. Le lendemain
Poliphébé fut préfenté à la Cour de Siléfie

comme un voyageur illuftre , & y paffa
quelque temps à répéter fouvent à Euphronife qu'elle n'avoit pas befoin d'em-
prunter la figure de Liriane pour fe
faire aimer. Au bout d'environ un mois,
le fils de Trébatius fut bien étonné d'ê-
tre réveillé par les cris des gens de la
Princeffe , qui lui apprirent qu'elle venoit d'être enlevée. Poliphébé fut auffi
furpris de cette audace que peu embarraffé de la punir. C'étoit un fimple Gentilhomme Siléfien , mais Chevalier brave
& aimable, nommé Lifabonne , qui
avoit fait ce coup hardi. Il étoit éperduement amoureux de la Princeffe ; mais
ainfi que la plupart de fes fujets , il la
croyoit indifférente & dédaigneufe, parce
qu'elle ne paroiffoit en public qu'avec
l'air hautain , & ne parloit jamais alors
qu'avec le ton de majefté, convenable à
une grande Souveraine. D'ailleurs , il
avoit ofé fe déclarer , croyant que fa
jeuneffe , fes graces & fa valeur pouvoient lui tenir lieu de titres ; mais il avoit
été rebuté durement , & avoit même
eu défenfe de paroître à la Cour. Défefpéré fur-tout de ce dernier ordre ,
l'amour l'avoit porté à la révolte. Poliphébé le pourfuivit, l'atteignit , l'obligea

à fe battre , & le vainquit , après un
affez long combat, dans lequel le Chevalier Siléfien montra cependant beaucoup de force , d'adreffe & de fermeté.
Le vainqu ur lui fit grace de la vie , &
fe contenta de l'aveu qu'il fit d avoir été
vaincu , & de la prom.ffe de fe préfenter en état de prifonnier aux pieds de fa
Princeffe en fe mettant à fa difcrétion.
Le Prince de Trinacrie demanda même fa grace ; il fit paffer par la confidente le confeil de traiter avec bonté
le jeune Lifabonne , & enfin de l'époufer. Les bonnes raifons qu'il dit à Célie
pour l'engager à perfuader Euphronife,
produifirent tout l'effet qu'on pouvoit en
attendre. La bonne mine, les graces du
Chevalier , & fon amour acheverent de
déterminer la Princeffe ; enfin le mariage
fut réfolu. Le jour qu'il fe célébroit, on
reçut des lettres du Roi d'Allemagne,
qui preffoit la Princeffe de lui envoyer
le contingent de troupes qu'elle étoit
tenue de lui fournir , comme relevante
de lui. Ce fut par ces lettres que Poliphébé apprit que les Romains & les Al-
lemands alloient combattre contre les
Grecs ; il fe crut auffitôt obligé de voler
où l'appelloit fon zele pour le parti des

grand Trébatius fon pere. Il pria la Princeffe de Siléfie de lui procurer un vaiffeau : Euphronife, qui n'avoit plus ni raifons, ni prétextes pour le retenir, confentit à fa demande , & il s'embarqua.

Le mauvais temps le força de s'arrêter
fur une côte inconnue, la curiofité l'engagea à s'enfoncer dans le pays. Un château fuperbe s'offre à fa vue , l'architecture en eft finguliere , & attire pendant
quelque temps fon attention. Il veut y
entrer , & s'apperçoit qu'il n'y a aucune
porte ; il en fait le tour pour découvrir
s'il n'y a pas cependant quelque moyen
d'y pénétrer. Enfin il voit un cor d'ivoire
attaché à un poteau, fur lequel on lifoit
une infcription ; c'étoit la même que la
vaillante Archifilore avoit lue autrefois,
ayant rencontré le même château enchanté , mais fans en pouvoir rompre
abfolument l'enchantement. Nos Lecteurs doivent fe rappeller cette aventure
que nous avons décrite dans le quatrieme
Livre de cette Hiftoire. L'infcription
portoit » que le château feroit ouvert à
» quiconque fonneroit du cor d'ivoire, &
» que fi quelque Chevalier étoit affez
» hardi & affez vaillant pour y pénétrer
» & vaincre les gardiens de l'arbre d'or,

,, il rendroit un fervice effentiel à la plus
,, belle Princeffe du monde ,,.

Poliphébé n'héfita pas à fonner du cor,
& auffitôt une porte qu'il n'avoit pas apperçue jufqu'alors, s'ouvrit. Il s'y jetta
avec impétuofité, & en ayant écarté une
foule de monftres & de Géants, il pénétra jufques dans une cour au fond de
laquelle il vit l'arbre d'or dont il étoit
parlé dans l'infcription. Il y courut auffitôt, mais il fut arrêté par un Chevalier qui avoit la tête découverte, &
ne portoit pour tout écu qu'un manteau
de fatin cramoifi, entortillé autour de
fon bras, qu'il préfentoit aux coups
de lances & d'épées. Ce Guerrier propofa au fils de Trébatius de combattre à
armes égales. Celui-ci n'eut garde de le
refufer, il délaça fon heaume, le jetta
loin de lui, ainfi que fon écu; mais il
n'avoit point de manteau qui pût lui
en tenir lieu; à l'inftant il vit paroître
à une fenêtre une perfonne de la p'us
grande beauté. Cette Dame cria au Chevalier Grec, ,, Chevalier, qui combat-
,, tez pour ma liberté, puifque vous n'a-
,, vez point de manteau, prenez le
,, mien ,,. En même-temps elle lui jetta
un mantelet à l'Egyptienne de fatin verd

brodé d'or, qui en se détachant, laissa voir la plus belle gorge, & la plus belle taille du monde. Le Prince de Trinacrie fut d'abord si occupé de ses charmes, qu'il ne pensoit pas à ramasser le manteau; la Dame fut obligée de lui en donner l'ord e une seconde fois, & il l'exécuta. « Allez donc, lui dit elle, » combattez, & si vous êtes assez heu- » reux pour vaincre, attachez-vous à » rompre une branche de l'arbre d'or ». En disant ces derniers mots, elle disparut : cependant le combat commença entre les deux Chevaliers à manteaux; il fut terrible, mais à la fin le champion du château enchanté fut vaincu. Poliphébé s'approcha de l'arbre d'or, & en rompit brusquement une branche. L'arbre ou plutôt celui qui étoit enfermé dans son écorce, se mit à jetter des cris lamentables, & voulut parler; mais le Guerrier, sans s'amuser à l'entendre, traversa un vestibule & une galerie ornée des plus riches & des plus beaux tableaux; il négligea aussi de les regarder, n'étant occupé que du soin de chercher la Demoiselle qu'il avoit apperçue à la fenêtre de la premiere cour. Bientôt il voit arriver à lui une Dame assez âgée, d'un main-

tien noble & grave , & superbement
vêtue · elle lui demande d'abord d'un air
assez sérieux, s'il est possesseur du rameau
d'or. Poliphébé le lui présente , & la
Dame reprenant aussitôt le visage le plus
riant. » Fils de Trébatius & de Garosi-
» lée, lui dit elle , c'est à vous qu'étoit
» réservé l'avantage de rompre l'enchan-
» tement de mon frere & de ma niece;
» les Sages vous destinent pour être son
» époux , je vais vous présenter à elle ,
» & je suis assurée que votre cœur, li-
» bre jusqu'à ce moment , va cesser de
» l'être. » A ces mots, elle le conduisit
dans un cabinet où il reconnut avec la plus
grande satisfaction la Demoiselle qui lui
avoit jetté son manteau pour combattre
le Chevalier de l'arbre d'or. L'Enchanteresse l'ayant fait alors asseoir entre sa
niece & elle , lui expliqua quelle étoit
l'origine, & quelle devoit être la suite
de l'enchantement qu'il venoit de détruire. Nous allons rendre compte de
cette histoire en peu de mots. Alpétragie Roi d'Egypte , ayant conçu pour sa
fille Luzelle, la plus belle Princesse du
monde, des sentimens incestueux , fut
condamné par les Sages à être renfermé

dans l'arbre d'or, placé dans la cour du château de la Magicienne Mélisse sa sœur.
On confia en même-temps à cette sage
Enchanteresse le soin de sa niece, & il
fut décidé que le Roi d'Egypte ne reprendroit sa forme naturelle, qu'après qu'un
Héros par son audace & sa prudence seroit venu à bout de rompre l'enchantement. Les Sages ajouterent que ce Héros
étoit destiné à épouser la belle Luzelle,
& qu'il devoit l'emmener en Grece, où
elle partageroit sa gloire & feroit son
bonheur. Il étoit réglé qu'aussitôt après
son départ, Alpétragie reprendroit sa
forme naturelle, & qu'il vivroit tranquillement avec sa sœur.

Poliphébé se livra à la joie que devoit
lui causer un oracle aussi favorable, &
après avoir fait à l'Enchanteresse tous les
remerciemens qu'il crut lui devoir, il se
jetta aux pieds de Luzelle, & la supplia
de lui permettre d'espérer qu'au bout de
quelque-temps d'épreuves, il obtiendroit
son cœur & sa main. La Princesse d'E-
gypte ne répondit que par un trouble &
un silence également obligeant ; & la
bonne & sage tante ne différa pas de
les faire embarquer l'un & l'autre pour
hâter la délivrance de son frere.

Ces nouveaux amans voguoient depuis
quelques jours heureusement vers la Grece, lorsqu'ils apperçurent un vaisseau
corsaire qui attaquoit vivement un autre
bâtiment, qu'à sa forme & à son pavillon
Poliphébé reconnut pour un navire Trinacrien. Aussitôt il s'empressa de secourir
ses compatriotes quels qu'ils fussent, &
ayant réussi à mettre en fuite le Pyrate, il
entra dans le vaisseau délivré, où avec
autant de satisfaction que d'étonnement,
il trouva sa sœur Rosalvire de Trinacrie :
il la fit passer sur son bord, & la présenta
à la belle Luzelle qui lui fit le plus tendre accueil : les deux bâtimens marche-
rent de conserve pendant quelques jours.
Durant ce temps, la fille de Trébatius
& de Garofilée, eut tout le loisir d'ins-
truire son frere des raisons pour lesquelles elle avoit quitté son pays & sa
mere. Désespérée des sentimens de haine que la Reine de Trinacrie conservoit
contre l'Empereur Trébatius leur pere,
& de se voir toujours proposée pour récompense à quiconque en deviendroit le
meurtrier, elle s'étoit déterminée à fuir
sa patrie, & à aller implorer la protection de Trébatius. Poliphébé consola sa
sœur, & l'assura qu'il partageoit ses

fentiments & fes chagrins, il lui propofa
d'écrire conjointement une lettre à leur
mere, & d'y employer les termes les
plus foumis & les plus tendres, en la
conjurant d'abjurer en leur faveur la haine qu'elle confervoit contre le plus augufte des Héros de la Grece. Rofalvire fe
rendit à cet avis, la lettre fut écrite & on la
confia au maître du vaiffeau Trinacrien,
qui mit auffitôt à la voile. Nos amans &
la belle Rofalvire ordonnerent qu'on
continuât à faire route pour Conftantinople, & ils aborderent bientôt fur
la côte la plus prochaine de la forêt
des Aliziers. Là, ils fe retirerent dans
un hameau champêtre pour y attendre
la réponfe à l'importante lettre qu'ils venoient d'écrire, & en même-temps l'occafion où Poliphébé pourroit fignaler fa
valeur, avant que de fe préfenter avec
fa fœur à leur pere Trébatius. Nous les
laifferons quelque-tems dans leur retraire,
pour nous occuper de quelques autres de
nos héros ; mais en attendant nous di-
rons, pour tranquillifer nos Lecteurs fur
le compte de Poliphébé & de fa fœur,
qu'ils reçurent les réponfes les plus fatis-
faifantes de la part de leur mere la Reine
de Trinacrie ; que dépofant fa haine con-

tre son ancien amant, elle envoya même à
son secours des troupes à la tête desquelles
Poliphébe se montra digne d'être le frere
du Chevalier du Soleil & de Rosiclair.

Nous avons dit dans le livre précédent,
que Claridian s'étoit engagé dans une
expédition à laquelle il se livra volontiers.
Se trompant toujours sur les sentimens de
la belle Archifilore, il s'imaginoit qu'elle
lui défendo t sa présence, & que s'il osoit
se présenter devant elle, il essuieroit les
traitemens les plus durs. L'aventure qu'on
lui avoit proposé de tenter eût été difficile
pour tout autre que pour lui, mais elle
lui coûta peu; il s'agissoit de faire obtenir
à un Prince de la Pouille une Princesse
dont il étoit aimé, mais que son pere de s-
tino t à un autre. Il défia au combat sous
un prétexte le Roi de Calabre, rival du
Prince qu'il protégeoit; il le vainquit,
l'obligea de renoncer à la Princesse, &
la fit épouser à son ami. Tandis qu'il
assistoit à ces noces, il apprit que les
ennemis de l'Empire Grec se préparoient à l'envahir, & il se prépara aussitôt à retourner en Grece pour secourir
son auguste pere. Les Souverains de la
Pouille, de la Calabre & de Luques s'engagerent à lui donner du secours, & à

le fuivre bientôt avec leurs troupes ; les
Princeffes voulurent l'accompagner ; je
dis les Princeffes , car chemin faifant ,
Claridian en avoit encore délivré une
autre, qui s'étoit attachée à lui par reconnoiffance, & lui promettoit un renfort de troupes , à la tête defquelles
Claridian devoit fe mettre auffi. Tous
ces Princes & ces Princeffes arriverent
heureufement près de Conftantinople ,
& attendirent leurs troupes , comme Poliphébé faifoit les fiennes. Pendant ce
temps, l'amant d'Archifilore faifoit des
courfes aux environs de Conftantinople
pour s'informer de ce qui s'y paffoit ,
mais c'étoit toujours en fe cachant avec
grand foin ; il avoit rembruni fes armes,
& fe faifoit appeller le Chevalier de la
cruauté, dans la fauffe , mais ferme opinion que fa Dame étoit pour lui la plus
cruelle du monde. Cependant il étoit
bien embarraffé de refter long-temps
fans être découvert , lorfqu'un Enchanteur , qui après tout , ne lui rendit d'autres fervices que de prolonger fon tourment , lui fournit les moyens de fe cacher encore davantage. Un jour qu'il erroit dans la forêt des Aliziers , il entendit
un cliquetis d'armes , & voulut courir
au

au bruit ; mais un vieillard vénérable
se jettant à la bride de son cheval, l'arrêta : ,, Chevalier, lui dit-il, ce qui se
,, passe ici près doit vous être indifférent ;
,, mais je peux vous rendre un service
,, plus intéressant ; je sçais que vous êtes
,, embarrassé de la maniere dont vous
,, pouvez paroître à Constantinople sans
,, être connu de la Dame qui vous a
,, défendu sa présence ; en voici le moyen :
,, prenez cette bague, quand vous la por-
,, terez à votre main droite, vous conti-
,, nuerez de paroître sous votre figure na-
,, turelle ; quand vous la transporterez à
,, la main gauche, on vous prendra pour
,, un Chevalier Ethiopien, bien fait,
,, & brave, mais du plus beau noir du
,, monde ,,. A ces mots, le vieillard difparut, & à son départ, le Prince le reconnut pour le sage Galtenor, qui avoit
eu soin de son enfance. Polisandre, Ecuyer
de Claridian, reçut aussi une ceinture qui
avoit la vertu de changer la couleur de
son visage quand il le vouloit. Muni de
ce Talisman, le petit-fils de Trébatius se
proposant bien d'en faire usage, retourna
au lieu où il avoit laissé ses Princes & ses
Princesses. Le secours qu'ils attendoient
d'Italie étoit arrivé. Claridian engagea

Tome II.   I

les Chevaliers & les Dames à conduire
ces troupes à l'Empereur son grand-pere,
& à les lui offrir de sa part, mais sans dire
qu'il étoit si près de sa capitale. Ce secours fut reçu avec reconnoissance, & les
Princesses Italiennes furent accueillies &
fêtées de la maniere la plus gracieuse par
les Impératrices & les Dames Grecques.
On fit cantonner les troupes pour s'en
servir dans l'occasion. Claridian leur
avoit promis de se trouver à leur tête
dès qu'il seroit question de combattre ;
en attendant, il continua de se prome-
ner dans la ville & aux environs avec
toute la commodité du plus parfait *incognito*.

Revenons enfin à ce qui se passa à
Constantinople après la délivrance de
Lindabride ; on s'y livroit encore au plaisir, on y donnoit des fêtes & des bals,
pour célébrer les noces de la Princesse
de Scythie avec Claridian, lorsque les
terribles Ambassadeurs de l'Empereur de
Rome y arriverent. S'étant annoncés
comme tels, on les laissa pénétrer jusques dans la grande salle du Palais, au
moment que l'on y donnoit un bal ;
Rosabel & Liriane y dansoient ensemble, & laissoient voir dans leurs regards
quelle étoit la satisfaction de leurs cœurs.

Bombe d'Achaïe, par la fureur des siens,
montroit combien ce premier objet lui
déplaisoit, mais il se tut un moment
pour laisser parler Coriandre, Chef de
l'ambassade. Celui-ci, après avoir fiérement salué Trébatius, lui declara la guerre
au nom de l'Empereur de Rome & de
ses alliés ; il accompagna cette déclaration des bravades les plus terribles, auxquelles la considération due à son caractere, & la dignité convenable à un
Empereur d'Orient, firent que Trébatius répondit en peu de mots, que lui
& ses Chevaliers ne craignoient personne, & que ceux qui les avoient attaqué,
s'en étoient toujours repentis. Bravorante étoit le second personnage de l'ambassade, il ajouta de nouvelles menaces
à celles du premier, & dit qu'il avoit d'ailleurs à venger la mort de son grand-pere
& de son pere. On lui répondit que ceux
qui leur avoient donné la mort étoient
dans l'assemblée & prêts à le combattre
sur-le-champ même, s'il le vouloit (c'é-
toient le Chevalier du Soleil & Rosiclair.) Bombe d'Achaïe parla à son tour,
& ayant apperçu Elene des Daces, qui,
étant assis entre Archisilore & Rosemonde, serroit tendrement les mains

de celle-ci, il s'avifa de traiter le neveu de Trébatius, & par occafion tous les autres Héros Grecs, de Chevaliers lâches & efféminés, qui, oubliant l'exercice des armes, ne penfoient plus qu'à faire leur cour aux Dames ; il reprocha en même temps à celles-ci, que par leurs careffes, elles faifoient oublier à leurs amants les devoirs de leur état. Un cri général s'éleva contre cette injufte accufation, & celui qui ofoit la faire fût tombé fur-le-champ fous les coups de ceux & de celles qu'il infultoit, fi on n'eût pas autant refpecté à Conftantinople les loix de la Chevalerie, & le droit des gens. Ce furent les Dames qui fe chargerent de la réplique, & on trouvoit parmi elles l'illuftre Claridiane, Archifilore, Sarmacie & Rofemonde. Ces quatre Princeffes fe levant auffitôt, & s'approchant de l'imprudent Ambaffadeur, ” Seigneur, lui dirent-” elles, apprenez que les Dames Grecques ” font feules fuffifantes pour vaincre tous ” les Chevaliers de votre parti, & que ” nous quatre vous défions fans crainte, ” vous, vos deux collégues, & le plus ” brave & le plus fort des Chevaliers de ” votre fuite “. Les Ambaffadeurs qui ne reconnoiffoient point les Amazones,

parce qu'elles étoient vêtues des habits
de leur sexe, répondirent, qu'ils ne
combattoient point contre des Dames,
mais contre des Chevaliers. La réplique
fut qu'ils trouveroient les unes encore
plus redoutables que les autres. Cependant le sage & respectable Trébatius fit cesser cette dispute ; & après
avoir ordonné qu'on eût soin de ces
Ambassadeurs, malgré l'audace de leurs
propos, il fut convenu que le lendemain ils repartiroient pour retourner à
leurs vaisseaux, ce qu'ils firent. Les
Princesses Guerrieres ayant pris entr'elles
la résolution de les suivre, pour les faire
repentir de leurs bravades, se revêtirent
d'armes inconnues, & les joignirent avant
leur embarquement. Rosemonde la premiere s'adressa à Coriandre, & lui re-
prochant l'insulte qu'il avoit fait aux Dames de Constantinople, lui proposa la
joûte ; il l'accepta, croyant avoir affaire
à un Chevalier, & fut renversé. Un
Géant de sa suite s'étant présenté aussitôt, tomba mort, percé par la lance de
l'Amazone. La victorieuse & ses trois
compagnes ayant aussitôt ôté leurs ar-
mets, & s'étant fait connoître pour ce
qu'elles étoient, les Ambassadeurs ne

I iij

rougirent pas de s'avouer vaincus par les
Dames. Elles recevoient leurs excufes
avec courtoifie, & il y avoit lieu de
croire qu'ils alloient s'embarquer paifiblement, lorfque Claridian & Claramante furvinrent. Ils s'étoient rencontrés dans la forêt ; Claramante s'étant
apperçu le premier du départ des Dames, les avoit fuivies, & avoit fait
avertir leurs époux, qui fe difpofoient à en
faire autant. Claridian ne put fe cacher
à fon ami, il ôta fa bague, & fe fit reconnoître à lui, mais il le pria de lui laiffer garder *l'incognito* à la Cour de Conftantinople. Claramante lui en ayant donné
fa parole, il remit fa bague, & l'oncle
& le neveu coururent fur les pas des Dames, ils ne les joignirent que lorfque le
combat étoit fini ; mais leur préfence le
fit bientôt recommencer. Bombe ayant
reconnu à fa devife le Chevalier qui avoit
rompu l'enchantement de Liriane (c'é-
toit Claramante) ne put s'empêcher de
fondre fur lui, & l'attaque entre ces deux
Héros fut auffi vivement faite que re-
pouffée. Bravorante voyant la querelle
engagée de nouveau, défia Claridian,
& Archifilore ayant remis fon heaume, & s'étant de nouveau confondue

avec les Chevaliers, attaqua un Géant
de la fuite de Coriandre ; comme il
étoit formidable, la Reine de Lire
courut le plus grand risque, car d'un
coup terrible, son adversaire lui fit
sauter son armet. Le visage de la Guerriere étant à découvert, son amant la
reconnut ; aussi-tôt il quitte pour un
moment Bravorante, tue le Géant, &
ramaſſant l'armet de ſa Dame, il le lui
rend, en lui diſant : ,, retirez-vous
,, belle Princeſſe, & n'expoſez plus
,, des jours précieux à la Grece, &
,, encore plus chers à l'infortuné Clari-
,, dian, victime de vos rigueurs ,,. Archiſilore crut reconnoître une voix,
qui au fond du cœur lui étoit chere. ,, Brave Chevalier, lui répondit-
,, elle, vous méritez de ma part la plus
,, vive reconnoiſſance ; puiſſiez-vous ap-
,, prendre quelque jour que les ſentimens
,, de votre Dame vous ſont auſſi favo-
,, rables ,,. A ces mots, elle ſe retira
ſans laiſſer à Claridian le temps de pouſ-
ſer plus loin l'éclairciſſement ; le Chevalier retourna à Bravorante, & ils
continuerent encore pendant quelques
moments à ſe porter de rudes coups.
Tout-à-coup, Claridian s'apperçoit que

Claridiane venoit d'éprouver le même
accident qui étoit arrivé à Archifilore,
il n'héfita point à rendre à fa mere le
même fervice qu'à fa Dame ; il fe précipite fur le Géant qu'elle combattoit,
le tue , & s'adreffant à l'Impératrice :
» Ah ! Madame, lui dit-il , que je fuis
» heureux d'avoir prévenu un accident
» qui eût fait mourir de douleur votre
» illuftre époux, & le tendre Claridian
» votre fils «. Puis il revint une feconde
fois pour reprendre fon combat avec Bravorante. Mais celui-ci ayant été témoin
de la manœuvre qu'il avoit faite à deux
reprifes différentes : » Chevalier, lui dit-
» il , par mes Dieux , c'en eft trop que
» de vouloir combattre à la fois un ad-
» verfaire tel que moi , & de fauver la
» vie à deux belles Dames ; j'admire
» également votre valeur & votre galan-
» terie , & je veux faire ma paix avec
» vous, du moins pour aujourd'hui. Je
» vous propofe même de m'aider à fépa-
» rer mon compagnon & le vôtre, qui
» fe battent depuis plufieurs heures à
» quatre pas d'ici. « Claridian y ayant
confenti , ils s'approcherent de Bombe
& de Claramante, & les ayant prié de
s'arrêter : » Ami , dit le Roi du Japon

» au Prince d'Achaïe, nous nous fom-
» mes affez battus pour des Ambaffa-
» deurs; je vous avertis même que quel-
» ques-uns de nous ont combattu con-
» tre des Dames ; peut-être avez-vous
» à vous reprocher de les avoir indifpo-
» fées contre nous ; ne pouffons pas
» plus loin cette querelle, rentrons dans
» nos vaiffeaux, & retournons rendre
» compte à nos Chefs du fuccès de no-
» tre ambaffade. Nous avons affez bien
» foutenu l'honneur de notre parti, pour
» qu'on doive être content de nous «.
Bombe fe rendit à de fi bonnes raifons,
& les Ambaffadeurs Payens fe rappro-
cherent du bord de la mer, & fe rembar-
querent avec toute leur fuite au moment
où les plus illuftres Chevaliers Grecs ar-
rivoient dé Conftantinople, inquiets de
la démarche des quatre Princeffes. Claramante leur rendit compte de ce qui s'é-
toit paffé; mais en ne parlant de Claridian
que comme d'un Chevalier inconnu. Archifilore & Claridiane convinrent des
obligations qu'elles lui avoient ; & la
premiere, fans dire qu'elle l'avoit reconnu à fa voix, paroiffoit difpofée à
lui témoigner la reconnoiffance qui lui
étoit due, mais on ne le trouva plus ;

I v

il avoit fui loin de fa Dame , qu'il s'obftinoit toujours à croire rigoureufe.

Les Ambaffadeurs Payens rembarqués
& prêts à faire voile pour Rome ,
crierent aux Chevaliers & aux Dames
Grecques qui étoient encore fur le rivage :
« Illuftres Chevaliers , & vous nobles
» Dames de Grece, adieu : nous revien-
» drons bientôt vous faire une feconde
» vifite en bonne & nombreufe com-
» pagnie. Nous ne vous craignons pas ,
» répondit Archifilore qui prit la parole ,
» nous & nos Chevaliers nous vous atten-
» drons de pied ferme. » Une voix partie
du vaiffeau qui s'éloignoit , répliqua « fi
» nous avons le bonheur de vous faire
» prifonniere , craignez que quelqu'un
» d'entre nous ne veuille ufer à la rigueur
» de tous les droits de la victoire......
» Nous ne vous craignons , ni comme
» infolents , ni comme braves, leur ré-
» pondit-on , & auffi-tôt on les perdit
» de vue ».

Les Chevaliers & les Dames étant
de retour à Conftantinople , on y vit
arriver quelque - temps après le même
Chevalier qui avoit rendu de fi grands
fervices à Archifilore & à Claridiane. On
le reconnut à fes armes , mais quand il
parut à vifage découvert , on fut bien

étonné de voir que c'étoit un Ethiopien.
(c'étoit pourtant Claridian lui-même,
mais son visage étoit changé par l'effet
de sa bague magique). Archisilore crut
s'être trompée, & en fut affligée. Cependant elle & Claridiane, le traiterent
avec la plus grande distinction, & la
Reine de Lire le trouva si aimable, malgré la forme hideuse de son visage, que
peu s'en fallût qu'il ne lui fit oublier le
véritable Claridian : comme on avoit eu
des preuves de sa bravoure, Trébatius
& Alphébé lui destinerent le commandement d'un corps de troupes dans l'armée que l'on exerçoit tous les jours,
pour l'opposer avec succès aux forces
réunies des Romains & des Payens qui
devoient venir inonder la Grece. Elles ne
tarderent pas effectivement à arriver ; au
bout de six semaines ou de deux mois, ils
débarquerent, & le grand Trébatius &
ses enfans ne jugerent pas à propos de
mettre aucun obstacle à leur approche,
aimant mieux les combattre & les vaincre
quand leur armée auroit mis pied à terre.

Nous n'imiterons point notre Auteur
Espagnol, en faisant la revue exacte & dé-
taillée de l'armée Payenne & Romaine ;
nous nous contenterons de dire que les

v j

forces de l'Empereur de Rome & du Sultan de Niquée, étoient jointes fous ces deux grands fouverains en perfonne; que Bombe d'Achaïe, Brufaldor, Bravorante & Coriandre commandoient fous eux, & que l'on comptoit plus de quatre mille Géants dans cette armée; que Célinde de Scythie & fa fœur Floralife s'y trouvoient, ignorant que Méridian leur pere étoit dans l'armée oppofée, & que leur grand-pere Alicandre s'étoit réconcilié avec les Grecs depuis le défenchantement de fa fille Lindabride. La belle Rofelie & Arbolinde avoient fuivi leur pere & leur oncle dans cette expédition. Euphronife de Silefie accompagnoit même le nouvel époux que lui avoit donné Poliphébé.

L'illuftre Trébatius par une manœuvre de guerre très-bien entendue, après avoir laiflé faire à fes ennemis leur débarquement, chargea Aftrufe fon Général de mer, de tomber fur la flotte: il réuffit à en détruire la plus grande partie, de forte que les Romains & les Payens n'ayant pour ainfi dire plus de moyens de retraite, fe trouverent forcés de combattre, avant que d'avoir eu le temps d'affurer leur fubfiftance dans un

pays ennemi , & qui leur étoit peu
connu. A peine une partie de leur camp
étoit elle affife , qu'ils furent attaqués
par le vieux & refpectable Trébatius en
perfonne , fuivi de fa redoutable Chevalerie : Alphébé, Rofíclair, Claramante,
Rofabel , Claridian (toujours inconnu),
Elene , Claridiane , Archifilore , Rofemonde , Sarmacie , & fon cher Oriftide ,
s'élancent au milieu du camp ennemi ,
& y font un terrible ravage. Une partie
de l'armée Payenne veut fe retirer du
côté de fes vaiffeaux , & trouve que le
défordre eft auffi grand fur mer que
fur terre. Ils reviennent fur leurs pas ,
& la nuit étant furvenue , Trébatius
& fes enfans , contents d'avoir fi bien
réuffi dans cette premiere attaque , &
d'avoir fait perdre à leurs ennemis bien
du monde , fe retirent dans leur camp
entre Conftantinople & la forêt des
Aliziers qu'ils laifferent fur leur gauche :
il périt beaucoup de Géants & d'Officiers
Payens dans cette attaque ; mais le feul
de tous ceux que nous avons nommé ,
& qui fut tué, fut Lifabonne Prince de
Siléfie.

Tandis que Trébatius & fes enfans ,

triomphoient au centre de l'armée ennemie, les affaires des Grecs n'étoient pas
en auffi bon état à l'aile gauche. Clarifel
d'Affyrie qui étoit du parti des Payens,
y avoit fait des merveilles ; mais
Poliphébé (encore inconnu) qui fe
trouvoit à la tête des troupes de la
Pouille & de la Calabre , ne cherchant
que des occafions de fe fignaler , avant
que de fe faire connoître , rétablit fi bien
les affaires, que le jeune Affyrien fut
repouffé. Cependant comme les Chrétiens avoient perdu du monde, leur chef
envoya le lendemain demander du fecours
au camp de Trébatius. L'aimable Rofabel
fe chargea d'y voler avec quelques troupes, & y arriva effectivement au moment
où Clarifel d'Affyrie envoyoit défier le
plus brave du corps des troupes chrétien-
nes. L'on juge bien que Poliphébé étoit
prêt à fe préfenter ; mais Rofabel demanda la préférence, ou à partager l'honneur avec lui. On propofa à Clarifel de
prendre un fecond , il choifit Argante de
Phénicie, avec qui il avoit été élevé chez
le Magicien Sélage. Le combat commença à l'heure convenue & dura long-
temps entre ces quatre Héros , fi bien
qu'ils furent obligés de fe repofer au mi-

lieu du jour & de se retirer aux approches du soleil couchant sans aucun avantage marqué d'une part ni d'une autre. Rosabel & Poliphébé pendant la plus grande partie de leur combat, avoient observé que trois Guerriers étoient les spectateurs les plus attentifs, & paroissoient s'intéresser infiniment à l'événement; l'un d'eux étoit Chevalier, mais âgé, les deux autres très-jeunes, & encore Damoiseaux : on voyoit ces adolescens suivre tous les mouvemens des combattans, applaudir à l'adresse & à la force avec lesquelles ils se donnoient & évitoient les coups ; enfin tout annonçoit qu'ils brûloient du désir d'entrer dans une pareille carriere, & d'avoir de semblables exploits à faire. Nos deux Chevaliers Grecs furent curieux de les connoître, & les inviterent à venir se reposer avec eux. Cette offre fut reçue avec reconnoissance, & tous s'étant désarmés, les jeunes gens admirerent la beauté des traits du visage des Chevaliers qu'ils avoient vu combattre, comme ceux-ci admirerent les leurs; mais ce qui les étonna tous, ce fut l'air de ressemblance & de famille qu'ils avoient entr'eux. Le vieux Chevalier fut questionné sur l'état & la naissance des

Damoiſeaux, & ce qu'il en dit, ſans être d'abord bien clair & bien poſitif, fit cependant comprendre à Roſabel que ces deux charmants adoleſcens étoient Léobel & Clarabel, dont la Princeſſe Euphroniſe de Siléſie étoit accouchée quelque-temps après ſon départ de Gotberg. Le vieux Chevalier qui les avoit élevés, leur avoit dit qu'une guerre terrible alloit s'allumer en Grece; ils avoient été ſi curieux d'être d'abord les témoins(& auſſitôt qu'ils le pourroient acteurs) de cette guerre, qu'il n'avoit pu leur refuſer de les y conduire; comme ils n'avoient encore ni le grade, ni même la force néceſſaire pour combattre, ils n'avoient pris aucun parti, & ne pouvoient montrer que les plus heureuſes diſpoſitions pour l'état militaire. Roſabel, ſans expliquer préciſément à quel point ils lui étoient chers, les embraſſa tendrement & les encouragea par cet accueil à lui demander la grace de les armer Chevaliers. Il fit cet honneur à Léobel, & engagea Poliphébé à armer Clarabel.

Le lendemain le combat des quatre Chevaliers devoit recommencer; mais il ſe joignit des deux parts aux premiers combattans tant d'autres Chevaliers, Officiers, & même de troupes, que ce fût une véritable bataille : elle dura toute la journée avec le plus grand acharnement, & il se fit pendant ce temps une infinité de belles actions qui seroient trop longues à décrire. Les deux jeunes gens, Chevaliers de la veille, commencerent à s'y distinguer : il nous suffira de dire que tout l'avantage fut du côté des Grecs, qu'enfin leurs ennemis furent obligés de rentrer dans leur camp, & que le lendemain ils envoyerent proposer à Trébatius une treve de quinze jours, qui faisant concevoir au magnanime Empereur quelques espérances de paix, fut bientôt convenue. Pendant le cours de cette suspension d'armes, les Chevaliers de chaque parti firent une cour assidue aux Dames qui étoient dans l'un & l'autre camp. Roselie & sa cousine Arbolinde, étoient, comme nous l'avons dit, dans l'armée opposée aux Grecs. Bombe d'Achaïe avoit souvent l'honneur de les voir & de les suivre à la promenade sur le bord de la mer : en conversant ensemble, ils se plaignoient l'un à l'autre du mauvais succès de leurs amours. Roselie accusoit d'injustice le Prince des

Daces, & Bombe faisoit les mêmes reproches à Liriane. Insensiblement ces
deux amants malheureux prirent quelque goût l'un pour l'autre ; Roselie étoit
assez coquette, Bombe jeune & ardent :
bientôt ils chercherent à se consoler l'un
& l'autre ; cependant ils ne s'unirent point
par des liens éternels , comme nous le
verrons dans la suite de cette histoire.
Arbolinde beaucoup plus vive , mais au
fond moins coquette, resta fidelle à son
aimable Florisart , elle sçavoit qu'il étoit
dans l'armée Grecque avec son frere Lisard, & attendit l'occasion de le retrouver.

Poliphébé avoit logé , comme nous
l'avons dit , dans une habitation
champêtre , à peu près à égale distance de Constantinople & de la mer,
mais plus près de l'armée des Grecs
que de celle des Payens, la charmante
Luzelle d'Egypte , & Rosalvire de Trinacrie sa sœur ; il leur avoit laissé une
escorte pour les garder , & à la tête
des troupes de la Pouille & de la Calabre
étoit allé se signaler contre les Payens.
Dès que la treve fut arrêtée , il revint
vers ses Princesses, & elles le firent souvenir qu'il avoit promis de soutenir leur
beauté contre tous les Chevaliers qui ose-

roient en révoquer en doute la supériorité, & qu'il offroit de combattre pour leur
gloire entre les deux armées Chrétienne & Payenne. Il arrangea avec ces
Dames la maniere dont le cartel seroit
porté, & il fut décidé que ce seroit par une Demoiselle. Poliphébé
la chargea de deux lettres de lui,
une pour les belles Dames Grecques,
ou alliées des Grecs ; l'autre, pour
celles du camp Romain & Payen. Le
fils de Trébatius prit dans ces lettres le
nom de Chevalier de l'Aigle, ayant effectivement fait peindre sur son écu un
aigle s'élevant jusqu'au haut des cieux :
on voyoit sur chacune de ses aîles un
portrait de femme. L'on juge bien que
c'étoient ceux de Luzelle & de Rosalvire;
& le noble oiseau en regardant fixément
le soleil, sembloit dire ces mots qui
étoient écrits sur l'écu : » je les por-
» te au plus haut ». La Demoiselle
chargée de ce singulier message, passa
d'abord du côté des Grecs, & s'étant
fait indiquer le pavillon sous lequel se
trouvoit l'Impératrice Briane, & auprès
d'elle toutes les Princesses & Dames de
la Cour ; après avoir mis le genou en
terre devant les deux Impératrices, elle

leur préfenta la lettre qui leur étoit adref-
fée, & qui étoit conçue en ces termes :

Le Chevalier de l'Aigle aux incompa-
rables Impératrices , Reines , Prin-
ceſſes, Dames & Demoiſelles Grecques :
SALUT , & reſpectueux hommage.

» Nobles , excellentes , vertueuſes &
» belles Dames , le vœu que j'ai fait de
» foutenir la gloire de deux Princeſſes ado-
» rables & de rompre pour elles des lan-
» ces contre tous les Chevaliers de l'une
» ou de l'autre armée, ne m'empêche pas
» de payer à vos charmes & à vos vertus le
» tribut d'éloges & d'admiration qui leur
» eſt dû. Je vous demande la permiſſion
» de foutenir mon engagement ſans vous
» déplaire , & je ſuis même aſſuré que
» les Dames pour qui je vais combattre
» s'empreſſeront de partager avec vous
» les palmes & les lauriers que je vais
» remporter pour leur plaire ».

Cette lettre parut aux Dames Grecques , fur-tout à celles qui n'étoient plus
de la premiere jeuneſſe , aſſez galante
& aſſez honnête pour mériter une réponſe pleine de bonté. Briane & Claridiane la firent de vive voix à la De-

moifelle meffagere, l'affurerent de leur
protection pour elle & pour le Chevalier de l'Aigle, & lui dirent qu'elles feroient fort aife d'être temoins des combats de ce Guerrier amoureux, & de faire
enfuite connoiffance avec fes Dames, qui
ne pouvoient manquer d'être aimables,
puifqu'elles infpiroient de fi jolies cho-
fes. Quelques jeunes Princeffes murmure-
rent cependant de ce qu'on laiffoit encore
foutenir de pareilles thèfes à la Cour de
Grece. Quelques-unes oferent dire à l'o-
reille de leurs compagnes, que l'on voyoit
bien que les grandes Dames, qui le trouvoient bon, commençoient à être dé-
fintéreffées dans une pareille affaire; mais
le mécontentement n'éclata pas.

Le compliment que le Chevalier de
l'Aigle fit faire aux Dames du parti
contraire, ne fut pas auffi flatteur; la
lettre qu'il leur écrivit contenoit feulement qu'il étoit perfuadé qu'il y avoit
parmi elles des beautés très-diftinguées,
mais qu'il étoit engagé à foutenir la
prééminence de deux autres Dames;
qu'il les invitoit à être témoins des
proueffes qu'il comptoit faire en leur
honneur, & qu'elles pourroient en mê-

me temps juger de la maniere dont leurs Chevaliers les défendroient. La Demoiselle fut reçue & renvoyée avec peu d'accueil ; cependant la lice ayant été préparée dès le lendemain , les combats commencerent le jour suivant , & les Dames s'y rendirent des deux côtés. Celles de Conſtantinople étoient ſur de ſuperbes chars , & celles du parti oppoſé ſur des voitures moins magnifiques comme étant plus éloignées des reſſources. D'ailleurs ces dernieres entre leſquelles on remarquoit Roſelie, Arbolinde & Euphroniſe, n'avoient rien négligé pour ſe parer magnifiquement , & relever l'éclat de leurs charmes. Les deux Princeſſes pour qui le Chevalier de l'Aigle devoit combattre , c'eſt-à-dire Luzelle & Roſalvire, étoient couvertes d'un long voile (aſſez tranſparent cependant pour laiſſer voir l'élégance de leur taille , & la magnificence de leurs habillements) ; elle ſe placerent auprès de la barriere devant laquelle étoit leur Chevalier. Il n'avoit encore rompu aucune lance, lorſque les Impératrices Grecques envoyerent inviter les Dames Payennes à paſſer de leur côté pour leur plus grande commodité. Trois d'entr'elles y

confentirent, ce furent Rofelie, Arbolinde & Euphronife. La premiere n'y
gagna rien, Elene étoit trop attaché à
Rofemonde. La feconde fe retrouva avec
plaifir près de fon cher Florifart qui, de
fon côté reconnut avec tranfport fa belle
Princeffe d'Ecoffe ; car elle s'étoit vêtue
exactement comme fon portrait. Pour
Euphronife nous verrons dans un moment ce qui lui arriva.

Enfin le combat commença, & l'on
juge bien que ceux qui joûterent contre
Poliphébé, furent tous du parti oppofé
aux Grecs. Il en abattit d'abord un grand
nombre ; il ne lui reftoit plus à vaincre
que Brufaldor, Bravorante & Bombe,
qui s'étoient réfervés pour les derniers ;
lorfqu'un nouveau combattant arriva &
entra dans la carriere. La vifiere de fon
cafque étoit baiffée, & il portoit fur fon
écu la déeffe Fortune avec cette devife: *elle*
aime les audacieux. Pour ne pas laiffer languir plus long-temps nos lecteurs dans
l'attente de favoir quel étoit ce nouveau
champion, nous leur apprendrons que
c'étoit Lindorian de Niquée. Ayant reconnu Rofalvire de Trinacrie malgré le
voile qui la couvroit, voyant qu'elle
étoit une de celles pour qui le Chevalier

de l'Aigle combattoit , & ignorant que
c'étoit fon frere , il imagina que c'étoit
un rival , & devint furieux fe croyant
fupplanté ; il courut fur Poliphébé la
lance en arrêt , criant qu'il demandoit que le combat fût entr'eux deux
à outrance. J'y confens , répond le
Chevalier de l'Aigle , & ils fe battent ;
mais bientôt le Prince de Niquée eft renverfé à terre couvert de bleffures , & fans
connoiffance. Les Officiers des troupes
du Roi fon pere qui étoit préfent , voulurent fe jetterent fur le Chevalier de
l'Aigle , & venger l'héritier de leur maître; mais Bombe d'Achaïe les retint &
déclara que la journée étoit finie à l'avantage du Chevalier de l'Aigle , mais qu'on
verroit le lendemain s'il réfifteroit auffi
aifément à ceux à qui il auroit affaire. La
partie fut donc remife au jour fuivant,
les Dames & les Chevaliers fe retirerent
chacun de leur côté , & on raifonna à
perte de vue , pour fçavoir quel étoit le
véritable nom de ce vaillant champion.
On foupçonnoit , & Trébatius même
le croyoit, que c'étoit Claridian déguifé.
Rofabel & Claramante étoient les feuls
dans le camp qui fçuffent le fecret de cette
affaire , le dernier étant informé de ce
qu'étoit

qu'étoit devenu Claridian, & le premier
que celui qu'on cherchoit tant à connoître étoit Poliphébé.

Le lendemain les attaques des deux
Géants & de Bombe furent encore retar-
dées par celle d'un nouveau & brillant
Guerrier qui voulut mesurer ses forces
avec le Chevalier de l'Aigle. Il s'en ac-
quitta d'abord avec autant de graces que
de courage & d'adresse, mais enfin un
coup terrible ayant brisé son armet, &
sa tête ayant paru à découvert, on vit
que c'étoit une Dame, & que c'étoit
Floralise ; dès que Poliphébé eut reconnu
son sexe, il parut au désespoir des coups
qu'il avoit portés : il ramassa son armet,
& le lui présentant, « belle & valeu-
» reuse Dame, lui dit-il, pourquoi vous
» servez-vous de la lance & de l'épée,
» pour remporter la victoire dans un pa-
» reil combat ; vos yeux n'étoient-ils
» pas suffisans pour vous en acquérir la
» gloire »? Malgré ce beau compliment,
la Princesse de Scythie étoit assez dange-
reusement blessée. Son vainqueur la ramena poliment jusques dans sa tente au
milieu du camp ennemi, & lui rapporta
son écu, ne voulant pas qu'il fût mis
au rang des vaincus. Poliphébé ne ris-

quoit rien en faifant cette reconduite ;
les ennemis des Grecs étoient trop honnêtes pour qu'il pût craindre d'être in-
fulté dans leur camp, au contraire on
applaudit à fa galanterie. Il retourna dans
la lice, & n'y fut pas plutôt, ayant laiffé
Brufaldor, Bravorante & Bombe s'em-
preffer autour de la belle bleffée, que deux
autres Chevaliers fe préfenterent pour
le combattre. On voyoit bien à leur taille
que c'étoient des enfans, & qu'à peine
avoient-ils la force de fupporter leurs armures ; mais ils montroient une ardeur
incroyable, & tenoient les propos les
plus fiers, & qui annonçoient la ferme
réfolution de vaincre ou du moins de fe
bien battre. » Nous n'avons point encore
» de Dames, difoient-ils, mais nous
» en avons déjà tant vu dans l'un &
» l'autre camp, & nous les trouvons fi
» belles, que nous ne pouvons pas croire
» que les deux étrangeres dont on veut
» foutenir la gloire, puiffent les fur-
» paffer en attraits & en agréments,
» combattons pour la beauté contre la
» beauté même ». Leur propos fut très
applaudi, ainfi que la maniere auda-
cieufe & légere dont l'un d'entr'eux
s'avança la lance en arrêt contre le tenant.

Mais le fuccès ne pouvoit pas couronner leur imprudente réfolution ; ce premier affaillant ne put réfifter au coup de la lance du Chevalier de l'Aigle qui le renverfa fur l'herbe à quelques pas. Le fecond fut encore plus malheureux, voyant bien que la lance ne lui réuffiroit pas mieux qu'à fon compagnon, il fondit l'épée à la main fur fon terrible adverfaire ; mais d'un feul revers du glaive de celui-ci, il fut renverfé, & même bleffé. Les fpectateurs & les fpectatrices parurent tous s'intéreffer au fort des deux jeunes Chevaliers, & Poliphébé lui-même ; mais fur-tout Rofabel qui fe douta bien que c'étoient Cléobel & Clarabel : il ne fe trompoit pas, & en fut affuré lorfque l'on eut délacé leurs heaumes. Du refte, ils n'étoient connus d'aucun autre, mais on admiroit généralement leur aimable figure, & leur courage. Euphronife attirée par la curiofité comme les autres Dames, s'approcha d'eux, & quoiqu'elle ne les connût pas, la nature s'expliqua fi bien au fond de fon cœur, qu'elle verfa un torrent de larmes en les voyant. Ils furent tranfportés dans la tente de Rofabel, où les Dames des deux partis promirent que pendant le tems de la

treve , elles iroient les voir , ou enverroient du moins favoir de leurs nouvelles.

Cette feconde journée des combats
propofés par le Chevalier de l'Aigle ,
étant ainfi terminée , il étoit difpofé à
continuer encore pendant une troifieme ;
mais Brufaldor, Bombe & Bravorante ,
les feuls contre qui il eût pu fe mefurer,
déclarerent qu'ils confentoient que la
joûte finît ; que le tenant avoit affez
prouvé combien il étoit pénétré de la
bonté de fa caufe , & en état de la bien
foutenir ; ils demanderent pour toute
grace à être préfentés aux Dames pour
qui le Chevalier de l'Aigle avoit rompu
tant de lances. Cette demande leur ayant
été accordée , & les Juges du camp ayant
levé les voiles qui cachoient les traits
de Luzelle & de Rofalvire , elles exciterent l'admiration générale , & reçurent
les complimens des deux armées. La treve
n'étoit pas encore expirée , lorfque les
Sages firent favoir à Poliphébé qu'il étoit
temps qu'il fe fît connoître de fes parens,
& il exécuta leurs ordres. Ce fut en leur
préfentant les belles Dames pour lefquelles il avoit combattu. Poliphébé demanda
pour elles & pour lui une audience parti-

&uliere à l'Empereur. Il fe jetta à fes
pieds aufli bien que les deux Dames, &
Trébatius ayant voulu fe défendre de ces
refpects : « Laiffez-nous, Seigneur, lui
» dit fon fils, remplir les devoirs de
» trois enfans qui vous font & vous fe-
» ront toujours tendrement foumis; ma
» fœur Rofalvire que vous voyez , &
» moi fommes nés il n'y a pas vingt-
» ans de la Reine Garofilée dans l'ifle
» de Trinacrie; quant à la belle Princeffe
» d'Egypte que je vous préfente , fi vous
» approuvez , ainfi que les Sages , mon
» union avec elle , vous pourrez auffi
» la compter au nombre de vos enfants. »
Le refpectable Trébatius verfa en abon-
dance des larmes de tendreffe, & s'étant
bien fait expliquer toutes les circonftances de leur enfance , & ayant examiné
les marques qu'ils avoient apportées en
naiffant , il annonça lui-même à toute
fa Cour qu'il avoit retrouvé encore un
fils & une fille, & Conftantinople partagea fa joie. La fage Briane traita les
enfants de fon mari avec autant de bonté
que s'ils euffent été les fiens. Le Chevalier du Soleil, Rofïclair, Claramante &
Rofabel , regarderent Poliphébé comme
un frere digne d'eux , & Rofalvire com-

me une sœur charmante. Les Princesses
leurs épouses penserent de même pour
Rosalvire & pour Luzelle ; on se hâta
d'unir celle-ci à son amant : le secours
de troupes promis par Garofilée arriva,
& acheva de prouver la réconciliation
de cette ancienne amante de Trébatius
avec le Héros qu'elle avoit aimé.

Le vieux Empereur, dans les transports
de sa joie, s'écrioit: « Que je suis heureux
» de me trouver au milieu de ces chers
» fils ! Que puis-je craindre de mes en-
» nemis ? ma gloire & mon bonheur
» sont également assurés : mais hélas !
» un seul objet manque à ma satisfac-
» tion, c'est de revoir ici mon petit-fils
» Claridian ». En témoignant ce regret,
le bon Empereur avoit à sa droite la
Reine de Lire, & à sa gauche le prétendu
Chevalier Ethiopien. « Madame, dit-il,
» en adressant la parole à la Princesse,
» je ne puis condamner vos rigueurs ;
» l'amour ne se commande, ni ne se per-
» suade que par ceux qui sçavent l'inspi-
» rer ; mon petit-fils n'a pas eu le bon-
» heur de vous plaire, je le plains, mais
» vos ordres séveres l'ont banni de votre
» présence, & par conséquent de ma
» Cour, & je suis à plaindre moi-même.

» Puis se retournant de l'autre côté ;
» Seigneur, dit-il au Chevalier Ethio-
» pien, j'ai conçu pour vous la plus ten-
» dre affection. Je vous ai vu combattre
» en brave Guerrier, & faire votre cour
» aux Dames en Chevalier galant, mal-
» gré la différence des traits de votre vi-
» sage, & celle même de votre teint,
» vous me rappellez mon fils Claridian,
» & je vous prie de le remplacer auprès
» de moi ».

En ce moment Trébatius s'apperçut
qu'Archisilore verfoit des larmes : « Sei-
» gneur, lui dit-elle, je ne peux ré-
» pondre à la bonté avec laquelle vous
» venez de me parler de Claridian, que
» par l'aveu de ma foiblesse. Ce n'est pas
» mon amour pour lui que je me repro-
» che, je n'en rougis point, il en est di-
» gne ; mais je rougis de la vanité ridi-
» cule & déplacée qui m'a engagé à le
» maltraiter dans le temps même où mon
» cœur me parloit pour lui «. L'on peut
juger avec quels transports Claridian
écouta ce langage ; se jettant aussitôt aux
pieds de Trébatius : » Seigneur, lui
» dit-il, s'il ne faut pour assurer votre
» félicité que vous rendre Claridian,
» vous le voyez à vos genoux «. En même

K iv

temps il ôta la bague magique , & la jetta bien loin. » O mon respectable » ayeul , continua-t-il , la seule preuve » de vos bontés qu'il me reste à vous » demander, c'est d'engager la belle Ar- » chisilore à ne point démentir ce qu'elle » vient de dire «.

Le petit-fils de Trébatius obtint cette grace ; son illustre pere & son incomparable mere se joignirent à son ayeul, & Archisilore y étoit si bien disposée, que son mariage fut célébré presque aussitôt que celui de Luzelle & de Poliphébé.

Ces deux belles reconnoissances, & ces deux grands mariages n'empêcherent pas qu'on ne s'occupât des deux jeunes & aimables freres Léobel & Clarabel. Les Princesses des deux partis envoyoient tous les jours sçavoir de leurs nouvelles, & quelques-unes hasarderent même de leur rendre visite ; de ce nombre fut Euphronise. Elle s'étoit intéressée vivement pour eux dès qu'elle les avoit vu combattre, mais elle n'avoit encore alors aucun soupçon sur leur naissance; la vue du vieux Chevalier Sergil, qu'elle connoissoit, parce qu'il étoit Siléfien , lui fit naître quelques doutes , elle les éclaircit en les interrogeant, & reconnut enfin ses enfans. Elle étoit dans la tente de Rosabel, & elle vit bientôt celui-ci leur donner des soins paternels. Poliphébé survint, & partagea les empressements de son ami. Que d'idées ! que de souvenirs toutes ces circonstances reunies n'offrirent-elles pas à la sensible Euphronise ! Elles la troublerent au point qu'elle s'évanouit, & perdit connoissance en embrassant l'aîné de ses fils. On la rappella avec peine à la vie ; enfin elle y revint, mais elle fut obligée de rester plusieurs jours à prendre du repos dans la tente de son ancien amant & de ses enfants. Clarabel en eut tout le soin imaginable, Léobel s'en informoit sans cesse ; Rosabel ne la quitta pas, mais c'étoit sans préjudice de l'amour vif & sincere qu'il avoit toujours eu pour Liriane. La Reine de Siléfie s'en apperçut, & sentit qu'elle ne pouvoit exiger du fils de Rosiclair que les complaisances qu'un galant homme doit toujours avoir pour une femme qui a eu autrefois des bontés pour lui, mais à laquelle il n'a jamais livré son cœur. Il fallut bien qu'elle se contentât de ce sen-

K v

timent. Pendant le cours de sa maladie
la treve expira , & la paix la suivit de
près , comme nous le verrons dans un
moment ; elle ne fut pas plutôt faite
que la Princesse de Silésie retourna dans
ses Etats , & abjura la coquetterie pour
ne plus penser qu'à remplir les devoirs
d'une bonne & tendre mere. Peu de
temps après elle céda la plus grande partie
de sa Principauté à l'aîné de ses fils , l'aimable Léobel. Il époufa l'héritiere du
Prince des Obotrites & des Vandales, &
devint un des plus puissants Souverains
du Nord. Sa domination s'étendoit fur les
mers du Nord , & fur la Baltique. Clarabel , le fecond des enfants de Rofabel
& d'Euphronife, fut un Héros comme
fon frere. Ces deux Princes transmirent
les Etats qu'ils posséderent à une postérité dont les plus grands Rois de l'Europe Septentrionale fe font honneur de
defcendre.

Nous avons dit que l'Empereur Alicandre avoit appris la délivrance de fa
fille Lindabride , & qu'ayant confenti à
fon mariage avec Claramante , il s'étoit
déterminé non-feulement à faire la paix
avec l'Empire Grec , mais aussi à engager fes alliés & fes vaffaux à quitter
le parti qui lui étoit oppofé , & même

à lui envoyer du secours. Ce secours arriva au moment où la treve entre les deux armées expiroit ; il étoit commandé par Androne, Roi de Tartarie, & par son fils Dariftée. Nous avons vu qu'Androne, proche parent & succeſſeur de Zoïle, étoit ami de Roficlair & d'Elene des Daces ; il n'étoit chargé que de conduire les troupes Scythes & Tartares jusqu'en Grece, ensuite il devoit en remettre le commandement à Méridian qui étoit avec Floralinde dans le camp des Chrétiens. C'eſt ce qu'il exécuta publiquement, à la satisfaction infinie des Grecs, & de leurs alliés. Ce renfort & ceux de Trinacrie, de la Pouille & de la Calabre les rendoient bien supérieurs aux Payens & aux Romains ; auſſi Trébatius & son incomparable Chevalerie se propoſoient-ils de donner une bataille générale, dans laquelle il se feroit sûrement paſſé une infinité d'actions brillantes, lorſque deux vieillards vinrent demander à l'Empereur de Grece une audience particuliere, ils l'obtinrent ; c'étoient Lirgandé & Galtenor déguiſés. Ils se firent connoître du Monarque, mais le prierent de garder le secret jusqu'à ce que les conseils qu'ils

K vj

alloient lui donner euffent eu leur effet.
Nous allons bientôt voir quels étoient ces
confeils, & comment ils furent heureufement fuivis. Tandisque l'armée fe rangeoit
en bataille, avec toutes les difpofitions ap-
parentes pour un combat général , & que
les ennemis obfervoient attentivement
leurs manœuvres , & fe préparoient à fe
défendre vigoureufement, Aftrufe, Général de la flotte , ayant pris avec lui tous
les vaiffeaux qui avoient tranfporté les
troupes Tartares , & celles de Trinacrie & de la Calabre jufques dans la Grece,
& ayant fait une ample provifion de feux
Grégeois , tomba à l'imprévu fur le refte
de la flotte Payenne & Romaine , &
acheva de la détruire abfolument, avant
que l'Empereur Romain & le Soudan
de Niquée , qui portoient leur attention fur ce qui fe paffoit du côté de l'armée Grecque par terre , puffent en être
avertis. Cependant ces Princes , à qui
le retour dans leurs Etats par mer deve-
noit impoffible , ayant appris cette fâ-
cheufe nouvelle, n'en furent que plus difpofés à combattre. Mais au lieu d'une attaque vigoureufe , ils reçurent une ambaffade de paix, dont l'appareil même
étoit impofant. Huit Hérauts , revêtus de

cafaques chargées du nom & des devifes de l'Empereur Grec, de ceux de Trébifonde, de Scythie, & des Rois &
Reines leurs alliés, précédoient les deux
Sages, qui étoient revêtus de robes de
lin, bordées de pourpre ; de vénérables
barbes blanches tomboient fur leur fein,
ils avoient fur leurs cheveux blancs
des couronnes d'olivier, & portoient
en main des caducées d'or ; leur fuite
étoit compofée de quelques Cavaliers,
bien faits & proprement vêtus, mais fans
armes ; ils demanderent audience pour
le lendemain à l'Empereur de Rome &
au Sultan de Niquée, qui la leur donnerent avec toute la pompe imaginable,
& au milieu de tous leurs Princes &
Généraux ; les Princeffes, & les Dames
même y affifterent. Pendant la nuit, ils
avoient eu foin de faire parvenir à Célinde
& à Floralife, à Brufaldor & à Bravorante,
des lettres par lefquelles l'Empereur
Alicandre les avertiffoit qu'il étoit devenu l'ami des Grecs, & les invitoit à
répondre aux difpofitions favorables de
Trébatius pour la paix. Ces lettres firent
impreffion, & ceux à qui elles furent
adreffées arriverent favorablement difpofés à l'audience, dans laquelle les Sages
Enchanteurs n'employerent d'autres char-

mes que ceux de leur éloquence pour déterminer les Souverains à prendre le parti de la paix. Ils leur remontrerent qu'il ne s'agiſſoit dans cette guerre, ni de faire des conquêtes , ni de diſcuter de grands intérêts , qui tinſſent à la politique ; que des brouilleries particulieres en avoient été le ſeul motif , & qu'il étoit aiſé de ſatisfaire chacune des parties belligérantes , au moyen de quelques actes de courtoiſies réciproques , & que l'amour rendroit peut-être encore plus agréables. Les Ambaſſadeurs ajouterent adroitement que l'on devoit ſçavoir quelque gré à l'Empereur Grec d'envoyer demander la paix dans le tems même où il venoit de recevoir des renforts conſidérables & d'acquérir de nouveaux alliés ; mais qu'il eſtimoit trop ſes ennemis pour vouloir les accabler , lors même qu'il le pouvoit le plus aiſément ; qu'il connoiſſoit la valeur de leurs Chevaliers , & aimoit mieux les admirer dans un tournoi , que de les vaincre dans un combat. Les Ambaſſadeurs finirent par propoſer une ſeconde treve de quinze jours pendant laquelle on entreroit en négociation. Cette derniere propoſition fut

acceptée fur-le-champ , & pendant la
nouvelle fufpenfion d'armes les belles
& les Chevaliers galants des deux armées ayant eu occafion de fe voir , ceux
& celles qui s'étoient déja connus , &
s'aimoient, refferrerent leurs liens , &
plufieurs qui ne fe connoiffoient pas encore en formerent de nouveaux. L'amour
contribua beaucoup à amener la paix, &
à l'affurer. Enfin elle fut conclue & jurée ,
& voici quelles en furent les heureufes
fuites. La belle Rofelie , Princeffe de
Rome , prenant fon parti de laiffer Elene
des Daces à la vaillante Rofemonde , &
ne s'étant occupée que pendant quelques
jours & en paffant , par pure coquetterie , du valeureux Bombe d'Achaïe , en
revint à Célinde , Prince de Scythie , fils
de Méridian , & petit-fils du grand Empereur Alicandre. Nous avons vu qu'il
avoit été amoureux de la Princeffe dès le
moment de fon défenchantement , & lui
avoit fait à Rome une Cour affidue. L'Empereur trouva que c'étoit un parti très-con-
venable pour fa fille , dès qu'il eut été reconnu par fon pere , fon grand-pere , &
par toute la Cour de Conftantinople, qui
admirerent le récit que faifoient Rofi-

clair & Rofabel de fes exploits, dont ils avoient été témoins.

Arbolinde époufa en même-temps le Prince Florifart de Tarfe, & ce ne fut qu'après fon mariage qu'elle lui avoua que c'étoit elle-même qui avoit été fon Ecuyer. Le valeureux Bombe d'Achaïe, qui, pendant la tréve, avoit fait fa cour à la charmante Rofalvire de Trébifonde, que nous avons vu régner par fes vertus & fes graces fur la nouvelle Arcadie, fous le nom de Carline ; après avoir obtenu fon confentement, la demanda à fes illuf-tres parens, qui, en la lui accordant, s'attacherent pour jamais cet invincible Guerrier, & l'adopterent pour ainfi-dire dans leur famille, comme il en étoit digne par fa valeur.

Le jeune & aimable Clarifel d'Affy-rie, qui avoit été élevé par Sélage avec la belle Floralife Princefle de Scythie, & qui en étoit devenu amoureux dès fa plus tendre enfance, eut enfin le bonheur de l'époufer de l'aveu de Méridian, de Flo-ralinde & d'Alicandre. Ils pafferent l'un & l'autre du camp des Payens dans ce-lui des Grecs.

Le Prince Lindorian de Niquée, frere de Liriane, étoit comme nous l'avons

déja dit, amoureux de la belle Rofalvire
de Trinacrie ; il avoit même cru pendant
un tems, que c'étoit un moyen de l'obtenir de fa mere Garofilée, que de fe déclarer contre l'empereur Trébatius fon
pere ; mais voyant la Reine de Trinacrie
réconciliée elle-même avec fon ancien
amant, il employa fon ami Poliphébé &
fon beau-frere Rofabel, pour obtenir l'a-
grément de Trébatius, & il y réuffit d'autant plus aifément, que fon mariage fût
le fceau de la réconciliation entre l'Empire Grec & celui de Niquée.

Corfeille Prince d'Efpagne, fils de
Torifmond & de Grifelinde, fœur de
Claberinde de France, époufa Rofabelle,
fœur jumelle de Rofabel, & fille comme
lui de Rofíclair & de la belle Olive. Elle
avoit été peu de tems auparavant rendue
par les Sages à fes illuftres parents : enlevée en même-tems que fon frere, elle
avoit été confiée aux foins de la Sage
Enchantereffe Olingue, amie de Claridiane, & qui avoit autrefois, comme
nous l'avons vu, rendu de grands fervices
à cette Impératrice.

Les conditions de la paix négociée
par Lirgandé & Galtenor, n'euffent
pas été durables, ni les belles alliances
qui en furent les fuites heureufes, fi les

Enchanteurs n'euſſent fait eux-mêmes la paix entr'eux ; mais c'eſt ce que Lirgandé n'avoit garde d'oublier, il ſavoit que Luperce venoit d'arriver auſſi déguiſé dans le camp du Sultan de Niquée ; c'étoit ſûrement moins dans la diſpoſition de contribuer à la paix, que dans celle de faire durer la guerre ; mais le ſage ami des Grecs, eut l'art de changer ces diſpoſitions ; il feignit de prendre Luperce pour un Miniſtre du Sultan de Niquée, & demanda à négocier avec lui ; dès qu'ils furent tête-à-tête, il ſe fit connoître, mais avec les intentions les plus pacifiques ; il lui offrit de délivrer Sélage, qui n'étoit retenu dans la tour de cryſtal que parce que l'art de Lirgandé s'étoit trouvé ſupérieur au ſien. Il n'exigea d'autres conditions de la délivrance de cet Enchanteur, ſinon qu'il ceſsât d'être l'ennemi des Grecs, qu'il oubliât ſa haine pour Roficlair, vainqueur de Fangomadan, & ſe reconciliât avec ſon neveu Brandafidel. Ces conditions furent acceptées, & aſſurées par le ſerment le plus reſpectable qui fût en uſage parmi les Sages. Auſſitôt Lirgandé vola lui-même vers la tour de cryſtal dans laquelle Sélage étoit retenu ; il le délivra, & le ramena avec lui en

Grece. Les paroles de part & d'autre furent fidellement exécutées, & tous les Sages réunis affifterent aux mariages & aux fêtes qui fe céléorerent à Conftantinople avec une magnificence fans égale. Non-feulement Lirgandé, Galtenor, Luperce & Sélage y parurent; mais le fage Nabate y vint avec le Roi de Gédrofie ; & la Reine Julie y conduifit la favante Olingue.

Au bout de quelques femaines, dont chaque jour fut marqué par des plaifirs nouveaux, les principaux chefs des deux armées penferent à reprendre le chemin de leurs Etats avec les troupes qu'ils avoient amenées en Grece. On fournit de nouveaux vaiffeaux à l'Empereur de Rome, qui fe rembarqua avec fa fille, fa niece & leurs époux. Le Sultan de Niquée fe rendit auffi de la même maniere dans fon Royaume avec fon fils Lindorian & fa belle-fille ; mais Rofabel refta auprès de fon pere & de fon ayeul avec fa chere Liriane.

L'excellent marin Aftrufe efcorta les Monarques dont nous venons de parler, & reconduifit en même tems les fecours de Trinacrie, de la Pouille & de la Calabre ; mais Poliphébé ne voulut pas quitter du moins de sitôt la Cour de son pere Trébatius. Archisilore retourna dans son Royaume de Lire, où Claridian promit de la suivre bientôt. Les Princes de France, d'Espagne & de Portugal, regagnerent leurs Patries, Androne reconduisit en Tartarie les troupes qu'il avoit amenées, & le brave Zoïle l'y suivit, à condition qu'il y demeureroit comme simple particulier. Il se chargea d'excuser auprès du grand Empereur Alicandre, Méridian & Floralinde qui étoient absolument décidés à passer le reste de leurs jours dans la Macédoine, & de lui faire trouver bon que Lindabride & son époux Claramante, restassent encore quelque tems auprès du respectable Trébatius. Bombe d'Achaïe revit sa Patrie avec la belle Rosalvire de Trébisonde, dont ses parens ne purent se séparer qu'en versant bien des larmes.

Brufaldor & Bravorante s'en retournerent, le premier en Afrique, & le second au fond de l'Asie ; & Brandafidel alla régner dans son isle. Clarisel conduisit en Assyrie la belle & vaillante Floralise ; mais Elene ne put se résoudre à partir sitôt pour son pays des Daces, il resta encore quelquetemps auprès de son oncle Trébatius, avec la valeureuse Rosemonde. Lisard de Tharse alla rejoindre la belle Flore dans son Royaume d'Argentone. Oriftide se rendit à Troye avec la brave Sarmacie, & Oriftolde à Antioche auprès de son pere le bon Roi Sacridor. Ainfi il ne refta plus à Conftantinople que les parens les plus proches du vieux & refpectable Trébatius; c'eft-à-dire le Chevalier du Soleil & Claridiane, leurs fils Claridian, Roficlair & Olive, Claramante & Lindabride, Rofabel & Liriane, Poliphébé & Luzelle, Elene & Rofemonde, tous fils, petit-fils & neveux de l'Empereur. Les Sages ne l'avoient pas quitté non plus; & à ceux dont nous avons parlé ci-deffus s'étoit joint un nouvel initié dans les myfteres de leur art, mais qui avoit pénétré plus avant que tous les autres : il se nommoit Alcandre.

Ce fut dans ces circonftances, que le refpectable Trébatius tomba malade, on s'apperçut qu'il s'affoibliffoit ; cependant le courage de son efprit & la bonté de son cœur ne l'abandonnerent pas ; il ne voulut point se mettre au lit, mais réfifta tant qu'il put aux infirmités. Il refufoit même d'en convenir avec ses enfants, craignant de les affliger par l'idée de sa mort prochaine. Sa famille confulta les

Sages, qui entr'autres sciences possé-
doient celle de la médecine ; mais ils
répondirent de maniere à faire sentir que
la fin de ce Héros n'étoit pas éloignée :
Enfin l'Empereur lui-même jugea qu'elle
étoit si prochaine, qu'il ne s'occupa
plus qu'à terminer noblement & dignement sa carriere, & à inspirer dans ces
derniers momens encore plus d'estime &
d'admiration que de douleur. Il ordonna
qu'on lui apportât son armure & s'en fit
revêtir en présence de toute sa famille
par ses anciens & fideles Ecuyers ; se
soutenant sur eux quoiqu'avec peine, il
prit en main sa redoutable épée & lui
adressant la parole, » ô ma bonne épée !
» s'écria-t-il, plût à Dieu que tu n'eusses ja-
» mais répandu le sang chrétien; du moins
» as tu souvent versé celui des infideles,
» & m'as-tu servi à en convertir quelques
» uns ; je meurs n'ayant pas d'autre enne-
» mi que le démon, adversaire né de
» toute piété & de toute vertu ; c'est
» lui que je veux combattre en mou-
» rant «. A ces mots il fit un effort pour
porter un coup à un fantôme, que probablement il avoit alors devant les yeux;
il tomba, on s'empressa pour le relever,
mais il étoit expiré. Cette famille de

Héros fondit en larmes & jetta des cris lamentables; la seule Briane ne pleura pas.
» Cher époux, dit-elle, je t'ai toujours
» constamment & uniquement aimé : je
» n'ai jamais manqué aux devoirs sacrés
» que Dieu & la Nature commandent &
» inspirent à une épouse & à une mere ; je
» te perds, je ne dois pas te survire «. En même-temps elle se jetta sur son corps & expira.

Les Sages survenus à l'instant, arracherent cette auguste famille à ce funeste spectacle, & l'assurerent qu'ils se chargeoient de rendre à leur pere les honneurs funèbres les plus distingués, & qui tiendroient même de l'Apothéose. Effectivement le corps de l'Empereur & de l'impératrice disparurent, & l'instant d'après, on les vit traverser les airs sur deux chars, l'un traîné par des Aigles, & l'autre par des colombes. Alcandre les suivit, les autres Sages inviterent les enfans à partager entr'eux les Etats auxquels ils avoient droit, soit du chef de leur pere, ou de celui des Princesses qu'ils avoient épousées. Le Chevalier du Soleil se contenta de l'Empire de Trébisonde, dont il partageoit déja le trône avec sa chere Claridiane. Rosiclair ayant appris

prefqu'en même-temps la mort du Roi
Olivier fon beau-pere , & la Couronne
de la Grande Bretagne appartenant de
droit à Olive, il fe détermina à aller
avec elle régner fur ce pays. Claramante
fe réfolut à partir avec Lindabride pour
la Scythie , dont l'Empire étoit affuré à
cette belle Princeffe. Poliphébé avoit les
mêmes droits fur la Trinacrie, & fa
mere lui ayant cédé fa Couronne , il fut
fatisfait de régner fur cette ifle avec la
charmante Luzelle. Claridian étoit Roi
de Lire du chef de fa femme la vaillante
Archifilore. Ce fut Rofabel qui fut couronné Empereur de Conftantinople avec
la belle Liriane , du confentement de
tous fes parens , & avec les applaudiffemens de toute la Grece. Elene conferva
le pays des Daces , & fe trouva heureux
d'y régner avec Rofemonde.

Ces arrangemens étant faits par les Sages
à qui ces Héros témoignerent à quel point
la fin de Trébatius leur avoit paru admirable, & combien ils défiroient de jouir eux-
mêmes un jourd'une pareille gloire; les Sages tinrent confeil entr'eux, mais réfolurent d'en cacher foigneufement le réfultat ; cependant nos Lecteurs mêmes , ne
tarderont pas à en être inftruits. Les Héros
étant

étant prêts à se disperser, & les Sages à
partir, ces derniers exigerent d'eux qu'ils
se réuniroient de nouveau au bout de
l'année à Constantinople, en leur promettant de s'y rendre eux-mêmes. Les paroles
furent données & exécutées ponctuellement : l'année étant révolue, la famille
de Trébatius & les Sages se rassemblerent
comme il avoit été convenu ; Liriane
venoit de donner la naissance à deux
fils de Rosabel ; les Enchanteurs leur
promirent le sort le plus brillant, & présenterent dès le moment au peuple de
Constantinople l'aîné de ces deux Princes
qu'on appella Trébatius : il fut reconnu
pour héritier de l'Empire. On célébra à
cette occasion une fête magnifique où ils se
trouverent assis sur des trônes d'or. L'Empereur Rosabel, (Liriane & ses enfans
nouveaux nés n'étoient pas en état de re-
présenter dans cette cérémonie) avoit à
sa droite Alphébé & Claridian, à sa
gauche Rosiclair & Olive ; auprès des
premiers on remarquoit Claridian ; à
côté des seconds, Claramante revenu de
Scythie où il avoit laissé Lindabride, qui
venoit aussi de lui donner un fils. Un
peu plus loin Poliphébé & Elene de Dace ; derriere chacun de ces Princes, ou

Tome II. L

de ces Princesses, étoit un Enchanteur ou une Enchanteresse (ils avoient absolument voulu prendre ces places). Tout à coup un nuage épais s'étend dans toute la salle, les fenêtres s'ouvrent, les murailles mêmes s'écartent, & chacun des Sages s'étant saisi de celui ou de celle dont il étoit le plus près, les enleve. L'obscurité étant dissipée, le peuple Grec voit neuf chars brillans traverser les airs, & la famille de Trébatius disparoître avec les Enchanteurs.

La consternation fut d'abord générale dans la capitale de l'Empire : cependant on plaça sur le trône le Prince nouveau né sous le gouvernement de sa mere & des Ministres dont Rosabel & avant lui Trebatius s'étoient servis le plus utilement. L'Empire de Trébisonde restoit aussi sans maître ; Archisilore vint en prendre possession au nom du fils qu'elle avoit eu de Claridian ; la Grande Bretagne fut gouvernée par les Chevaliers les plus sages du pays, en attendant que Lisuart, le second fils de Rosabel, fût en état de porter le sceptre de ce Royaume.

Il ne nous reste plus qu'à informer nos lecteurs de ce que devinrent les principaux acteurs de notre Roman ;

mais c'eft ce que ne nous apprend point l'Auteur Efpagnol, qui finit fon ouvrage en nous laiffant dans cet embarras fur leur fort.

Pour l'apprendre, il faut avoir recours au Roman des Romans, Ouvrage du fieur François Duverdier, en fept gros volumes in-8°., qui contient non-feulement la fuite & conclufion de ce Roman-ci ; mais aufli celles de ceux des Amadis, de Florès de Grece, & de Belianis. Ce que nous allons puifer dans cet Ouvrage mal écrit & affez mal conçu dans les détails, mais intéreffant pour le fonds, fera la matiere de nos deux derniers Livres.

Fin du huitieme Livre.

L3

HISTOIRE
DU CHEVALIER
DU SOLEIL.

LIVRE NEUVIEME.

Vous êtes furement, ô ! mes chers
Lecteurs, impatients de favoir dans quel
lieu les Sages avoient tranfporté l'illuftre
famille du grand Trébatius ; c'étoit au
château du tréfor, placé dans un vallon
au milieu du Mont Caucafe, dont ils
avoient fait un féjour délicieux, en réunif-
fant tous les efforts de leur art, pour em-
bellir ce lieu enchanté. Le château étoit
élevé fur un plateau dont le payfage étoit
riant & varié. On y remarquoit des pâturages au milieu defquels ferpentoient
quelques ruiffeaux qui entretenoient
l'herbe dans une continuelle fraîcheur; ils
étoient garnis de nombreux troupeaux,

& les bois voisins, beaux & bien per-
cés, étoient remplis de gibier qui procu-
roit aux Princes & aux Princesses habitants du château, une chasse abondante
& agréable.

L'architecture du bâtiment étoit très-
magnifique, & du goût le plus noble.
On voyoit au fond une espece de rotonde
qui avoit l'apparence & les ornemens d'un
temple antique ; c'étoit au dedans de ce
brillant édifice qu'étoit élevé le superbe
mausolée qui renfermoit les dépouilles
mortelles de Trébatius & de Briane.
Une longue suite de portiques dont la
droite & la gauche étoient appuyées à ce
temple, formoit une colonade interrom-
pue par des palais & des pavillons destinés
aux Princes & aux Princesses enchantés.
Il y en avoit douze ; mais sept seulement
furent d'abord occupés. Dans les deux
premiers & les plus grands, furent logés
à droite Alphébé & Claridiane, à gauche Rosiclair & Olive. Le pavillon le plus
près de ceux-ci, étoit occupé par leur
fils Rosabel, & celui voisin de Claridiane, l'étoit par Claridian ; après quoi
l'on rencontroit d'un côté le logis de
Claramante, & de l'autre celui de Poliphébé. Elene de Dace habitoit le dernier

pavillon du côté du Chevalier du Soleil. Les Habitants de tout ce palais pouvoient aifé-ment communiquer enfemble au moyen des Portiques , & vifiter tous les jours le tombeau du Héros auteur de leurs jours, ou du moins chef de leur maifon ; mais le plus bel ornement de ce merveilleux château , & ce qui devoit faire le plus grand agrément de ceux qui y étoient renfermés , étoit la fuperbe galerie qui régnoit fur les Portiques : elle étoit cou-verte d'un toit doré , & avoit d'un côté de grandes croifées & des balcons qui don-noient fur le demi-cercle formé par les colonades. Du côté oppofé, étoit une fuite de tableaux magiques dans lefquels on voyoit repréfenté non ce qui étoit déja arrivé , ou ce qui arriveroit à l'avenir ; mais ce qui fe paffoit alors dans les dif-férens pays qui pouvoient le plus inté-reffer la famille de Trébatius. Au haut des cadres dorés qui entouroient ces ta-bleaux magiques , on lifoit le nom des pays qu'on y voyoit repréfentés ; ainfi le premier de ces cadres étoit intitulé : nouvelles de l'Empire de Trébifonde , & c'étoit le plus voifin du palais de Cla-ridiane. En fuivant la même ligne , on trouvoit les nouvelles du Royaume de Lire , enfuite celles de l'ifle de Trinacrie,

de l'Italie & de Rome , & enfin celles
du pays des Daces. De l'autre côté qui
étoit celui qu'habitoient Roſiclair &
Olive , on voyoit ſe ſuccéder les nouvelles de la Grande Bretagne , de France
& d'Eſpagne ; plus loin celles de Conſtantinople & du Royaume de Niquée ,
& enfin celles de la Scythie & de la Tartarie. Nous ne pouvons mieux exprimer
la juſte curioſité que devoit inſpirer , &
inſpiroit en effet la vue de ces tableaux ,
qu'en diſant que c'étoit proprement une
gazette en action,& que celle-ci étoit plus
ſûre & plus amuſante que toutes celles
par écrit dont l'Europe eſt inondée. L'on
juge bien que les Princes enchantés em-
ployoient une bonne partie de la journée dans ce lieu de curioſité , & le reſte
à s'entretenir entr'eux de ce qu'ils y
avoient vu , & à faire à ce ſujet des rai-
ſonnemens & des conjectures.

Ils paſſerent ainſi près d'un ſiecle , pendant le cours duquel ils furent témoins ,
quoiqu'éloignés , de bien des événemens
heureux & malheureux.Trébatius ſecond,
fils aîné de Roſabel , régna long-temps ,
& n'eut qu'une fille , qui épouſa Eſplandian,fils du grand Amadis. Claridiane &
Claridian virent leur fils Conſtantin

occuper le trône de Trébifonde , d'abord
fous la régence de la vaillante Archifilore
fa mere. Cet Empereur ayant enfuite
gouverné par lui-même , il eut deux
filles , dont l'une s'appella Grifilerie , &
l'autre Onolofie ; l'une époufa Périon de
Gaule , fils du grand Amadis , & de la
charmante Oriane. Cette alliance ne
donna point d'Empereur au trône de Trébifonde. L'autre fille de Conftantin
époufa Lifuart de Grece , fils d'Efplandian , & petit-fils d'Amadis. Celui-ci
mérita aufli fon époufe par des actions
d'éclat , & fuccéda à fon pere dans l'Empire de Grece , & à fon beau-pere dans
celui de Trébifonde , & au Royaume de
Lire. Leur fils fut le célebre Amadis de
Grece. Nous le verrons , ainfi que Lifuart, rejoindre fes parens dans le château
du tréfor.

Poliphébé n'eut pas la fatisfaction de voir
fa poftérité régner fur la Trinacrie. La charmante Luzelle ne lui en donna point; mais
fa fœur Rofalvire qui avoit époufé Lindorian de Niquée, ayant réuni ces deux Etats,
eut un fils qui , ayant époufé l'héritiere
de Thebes , raffembla ainfi trois Royau-
mes, & eut entr'autres enfants une fille
charmante qui époufa Amadis de Grece.

Nos Héros virent paſſer l'Empire de Rome en des mains qui leur étoient tout-à-fait étrangeres, & à des Princes qui furent ou ennemis déclarés, ou du moins rivaux de leur poſtérité, & qui cependant, par des circonſtances ſingulieres, s'allierent quelquefois avec elles.

Le brave Elene eut la ſatisfaction de voir les enfans de Roſemonde & leur mere regner ſur le pays des Daces ; mais après eux des parens collatéraux & éloignés leur ſuccéderent. Cependant la mémoire d'Elene reſta en vénération dans le pays des Daces, comme devoit l'être celle d'un grand homme.

Claramante vit aſſez long-tems ſa chere Lindabride régner ſur la Scythie & rendre ce grand Empire heureux ; mais il ſe partagea & s'affoiblit ſous le regne de ſes petit-fils.

Celui des enfans de Trébatius qui vit ſa poſtérité parvenir au plus haut point de gloire, ce fut Roſiclair, dont les deſcendants remplirent à la fois les deux trônes Impériaux de Grece, & ceux de la Grande Bretagne, de Gaule ou de France, & d'Eſpagne. Roſiclair & ſa chere Olive, eurent la ſatisfaction de voir le ſecond de leurs petit-fils Liſuart, qui fut leur hé-

L v

titier dans la Grande-Bretagne, devenir
un Prince sage & puissant. Il n'eut qu'une
fille qui fut la charmante Oriane, qui
épousa enfin la fleur des Héros du second
siecle de la Chevalerie, le vaillant Amadis de Gaule. Il étoit fils du Roi Périon,
qui avoit pour pere Clarinde fils de Claberinde de France & de Lindarasse, fille
du grand Trébatius. Que Rosiclair &
Olive durent être satisfaits quand ils virent au nombre de leurs héritiers & de
leurs enfans, un Chevalier tel qu'Amadis!
Ils suivirent avec attention tous les événemens de sa vie, ils le virent exposé
sur le bord de la mer, comme le fruit
d'une union, sinon illégitime, du moins
secrete, inconnue à la Cour d'Ecosse & à
celle de France même où il fut armé
Chevalier par le Roi Périon son pere qui
ne le connoissoit pas; passer dans la Grande
Bretagne, & y faire les plus grands exploits pour mériter l'amour de l'adorable
Liriane; retourner en France secourir
Périon, & se faire enfin reconnoître de
ce Monarque & de la Reine Elizene sa
mere; repasser dans la Grande-Bretagne,
délivrer Oriane ravie par le méchant Enchanteur Arcalaus; rendre encore de plus
grands services à Lisuart; délivrer Lon-

dres affiégée par des barbares ; obtenir
enfin d'Oriane l'aveu d'un amour qui fut
bientôt troublé par la jaloufie. Le Héros
avoit rendu fervice à Briolanie, & l'avoit
rétablie dans fes Etats. L'injufte Oriane
le foupçonna d'aimer cette Princeffe, &
ce fut en vain que pour fe juftifier, Amadis arriva fans accident dans l'Ifle-Ferme,
mit à fin l'enchantement du fameux palais d'Appolidon, & paffa fous l'arc des
loyaux amants ; toujours foupçonné par
fa Dame, il fe rend à la Roche-Pauvre,
& y mene la plus trifte vie fous le nom
du beau Ténébreux. Enfin il eft juftifié
& rappellé ; le nom feul du beau Ténébreux lui refte, c'eft fous ce nom qu'il
mit à fin les plus grandes aventures,
dont Oriane partagea la gloire avec lui.
Il fut reconnu pour le plus loyal amant,
& elle pour l'amante la plus fidelle. Amadis eut le bonheur de conquérir une épée
merveilleufe dont le fourreau étoit verd.
Il prit le nom de Chevalier de la verte épée,
& c'eft fous ce nouveau titre qu'il rendit
les plus grands fervices à l'Angleterre,
& tua le redoutable Géant Ardancanil.
Cependant il ne put éviter la colere de
Lifuart, obligé de s'enfuir & de fe retirer dans l'Ifle Ferme où Oriane le fuivit.

Rofíclair & Olive virent avec plaifir naître
de cette Princeffe l'illuftre Éfplandian ,
qui leur fut encore bien cher, lorfqu'ils
furent témoins de fes exploits. Ils égalè-
rent prefque ceux de fon pere , par les
fervices qu'il rendit à fon grand-pere ;
il obtint que celui-ci donnât enfin fon
confentement au mariage d'Amadis avec
Oriane. Il eut le bonheur de délivrer
Conftantinople, dans laquelle étoit affiégé
Trébatius , fecond du nom , fils de Rofabel. Ce fut avec des tranfports de joie,
que Rofíclair vit dans ce moment fon
petit-fils délivré par un autre de fes petits enfants. Efplandian mérita par cet
exploit d'époufer la belle Léonorine ,
héritiere du trône de Conftantinople ;
mais avant que de porter cette couronne,
il délivra fon pere & plufieurs autres illuftres Chevaliers de l'enchantement lé-
thargique dans lequel les avoit p'ongé la
Fée Urgande qui les avoit tranfportés
dans l'ifle inconnue. Enfin Rofíclair ,
Olive & Rofabel , virent Efplandian porter le même fceptre qu'avoit foutenu fi
glorieufement le grand Trébatius. Ils virent dans le tableau magique, naître
Lifuart de Grece fon fils aîné , Florès de
Grece fon fecond fils , & Amadis de

Grece fon petit-fils. Amadis de Gaule avoit deux freres, l'aimable Galaor, qui peut-être donna le premier exemple au monde d'un Chevalier de la plus haute vaillance, incapable de manquer aux devoirs effentiels de fon état, mais cependant volage en amour, homme à bonne fortune, & qui plus de dix fiecles après fa mort, eft encore le modele d'un grand nombre de Chevaliers braves, galants & aimables. Galaor époufa enfin la Princeffe Briolanie, & juftifia par ce mariage fon frere Amadis de l'injufte foupçon qu'avoit conçu contre lui la belle Oriane.

Un fecond frere d'Amadis étoit Floreftan, fes parents le reconnurent à fes exploits pour être de leur fang. Il aima la belle Corifandre, mais il époufa l'héritiere de l'ifle de Sardaigne.

Enfin Ruficlair & Olive virent régner paifiblement fur l'Efpagne Corfeille, qui avoit époufé leur fille Rofabelle. Son fils Glorius lui fuccéda, & la fille de celui-ci époufa Anaxarte fils d'Amadis de Grece, & fut la tige d'une poftérité de Héros.

Nous avons réduit en peu de mots les principaux événemens qui occuperent les enfans de Trébatius pendant près d'un

fiecle de féjour dans le château du Tréfor.
Nous avons vu que ces événemens intéreffants pour le refte du monde, étoient
pour les Héros enchantés des anecdotes de
leur propre famille. Ils ne s'attendoient pas
à voir bientôt arriver en perfonnes auprès
d'eux tous ces Héros qu'ils avoient vu
paffer devant leurs yeux dans les tableaux
magiques de la galerie de leur château ;
c'eft pourtant ce qui arriva.

Après que le grand Amadis eut rempli le monde de fes hauts faits, & qu'à
l'exemple de fon ayeul le grand Trébatius, il eut vu fa poftérité établie fur les
premiers trônes du monde, qu'il eut
continué depuis la délivrance de fon
premier enchantement à mettre à fin les
aventures les plus merveilleufes, les Sages jugerent à propos de l'enlever auffi,
& de le réunir à fes parens dans le fameux
château du Tréfor. Ceux qui tinrent confeil pour exécuter cette grande réfolution,
furent les mêmes qui avoient préfidé au
premier enlevement du Chevalier du
Soleil & de fes parents, & quelques
autres qui avoient rendu d'auffi grands
fervices à la famille des Amadis, que les
Lirgandé & les Galtenor à celle de Trébatius, tels qu'Alquif Roi de l'ifle des Singes,

& fon époufe la favante Urgande, fur-
nommée la déconnue. Celle-ci avoit déja
enchanté une fois Amadis & fes freres, &
les avoit endormi pendant quelque-tems.
Zirphé Reine d'Argine, & Céliane dame
de la montagne d'or, entrèrent auſſi dans
cette confpiration.

Le Chevalier du Soleil fut le premier
qui la vit exécuter dans le tableau magique voiſin de fon appartement : il en
avertit fes parens qui fe préparerent à
recevoir ces Héros qu'ils connoiſſoient
déjà fi bien fans jamais avoir été à portée
de leur parler. Cinq chars brillans ayant
traverfé les airs, s'abattirent dans la cour
du château ; le premier étoit conduit par
Alcandre, qui, comme nous l'avons
dit, avoit été l'inventeur & l'architecte
de ce palais enchanté. Amadis y étoit
avec Oriane, & reçut les premiers em-
braſſemens de fes ancêtres & de fes parens.
Dans un fecond char conduit par Alquif,
étoient Galaor & Floreftan. Urgande accompagnoit dans le troifieme l'Empereur Efplandian; Zirphé conduifoit dans le
quatrieme les deux fils Lifuart & Florès
de Grece ; enfin Céliane étoit dans le
dernier avec Amadis de Grece.

Le premier devoir que l'on engagea

les nouveaux venus à remplir, fut d'aller rendre leurs hommages au tombeau du respectable Trébatius. Ensuite on les conduisit chacun dans les pavillons qui leur étoient destinés. Nous avons dit qu'il en restoit cinq de vuide, les Chevaliers y furent distribués de la même maniere qu'ils l'étoient dans les chars. La ressemblance des caracteres, autant que la proximité du sang, établit bientôt entre ces seize personnes illustres, l'accord le plus parfait & la liaison la plus intime. Leurs occupations & leurs amusemens étoient les mêmes; tantôt ils alloient voir ce qui se passoit dans le monde, & réfléchissoient sur ce qui arrivoit, ou raisonnoient sur ce qui devoit arriver; tantôt les enfans de Trébatius contoient aux Amadis les détails de tout ce qui s'étoit passé de leur tems, & dont ceux-ci n'avoient entendu parler qu'en général. Leurs neveux détailloient à leur tour leurs aventures, & répétoient ce qu'ils avoient dit dans ces occasions, & que les premiers enchantés ne pouvoient pas sçavoir; car ils n'en avoient vu qu'une représentation pantomime.

Si nous répétions nous-mêmes tous ces discours, nous donnerions une nou-

velle traduction libre du beau Roman
d'Amadis de Gaule avec toutes ſes ſuites ; mais le public a déja accueilli avec raiſon deux des cinq premiers livres de cette
admirable hiſtoire. Nous nous propoſons
donc ſeulement de citer quelques traits tirés
des derniers livres ; nous choiſirons les plus
agréables, & ceux qui nous paroîtront les
plus propres à caractériſer les Chevaliers de
la famille d'Amadis, qui furent tranſportés
au château du Tréſor & y partagerent les
douceurs de la vie paiſible qu'y menoient
les premiers deſcendants de Trébatius. Il
eſt naturel de croire que ces deux com-
pagnies de Héros réunis, s'étendirent
beaucoup ſur les exploits qu'ils avoient
faits dans leur tems. Il eſt ſi naturel aux
militaires & aux galants retirés dans leurs
châteaux de parler de leurs vieilles guerres
& de leurs anciennes bonnes fortunes,
que nous pouvons ſuppoſer qu'Amadis,
ſes freres & ſes enfants dirent à peu près
ce qui ſuit, en adreſſant la parole tantôt
à leur grand-pere Roſiclair, tantôt à
leur grand oncle le Chevalier du Soleil.

A la ſuite de ces recits nous parlerons de
ceux qui reſterent dans le monde après les
enchantemens ſucceſſifs de leurs différens
parens. Nous les verrons tous réunis,

nous apprendrons à nos Lecteurs ce que devint chacun d'eux, & nous conclurons enfin, comme a fait Antoine Duverdier, la longue suite des histoires des Amadis & du Chevalier du Soleil.

Le grand Amadis de Gaule, conversant donc un jour avec le Chevalier du Soleil & Rosiclair ; mes chers parens, leur dit-il, je me ferois un plaisir de vous raconter les détails de mes dernieres aventures dans le monde, depuis le moment où moi, ma chere Oriane, mes deux freres & mon fils Esplandian, nous fûmes plongés dans un enchantement soporatif qui dura plusieurs années, & dont nous fûmes heureusement délivrés par mon petit-fils Lisuart de Grece : j'ajouterois que nous avons encore été depuis plusieurs fois assujettis à de pareils enchantemens qui n'étoient point l'ouvrage de malins Enchanteurs, mais des Sages de nos amis, entr'autres de la bonne Urgande. Nous en sommes toujours sortis heureusement après avoir passé dans cet état plus ou moins d'années, & nous avons reparu dans le monde aussi frais & aussi bien portants que nous en étions pour ainsi dire sortis : nous avons reconnu que ces enchantemens n'étoient que des repos accordés à nos travaux, & qu'ils nous fervoient beaucoup, puifque le temps qu'ils duroient n'étoit point compté dans le cours de notre vie. Cela m'a appris, & je fuis bien aife de vous le dire dans ce moment-ci, qu'il faut très-fort fe tranquillifer fur les fuites d'un enchantement, parce qu'il finit tôt ou tard, & que l'on doit fur-tout prendre patience quand on eft enchanté en auffi bonne compagnie.

Dans les intervalles de nos enchante-mens, j'ai fait de nouveaux exploits; mes deux freres & mon fils Efplandian m'ont accompagné dans la plupart; mais en vérité quand je vous les répéterois tous, & que je vous dirois en détail tout ce qui s'y eft paffé, vous n'apprendriez rien de bien nouveau ni de bien intéreffant. Ce que nous avons fait dans ces occafions, reffemble aux premieres actions de notre vie héroïque. Vous avez vu dans votre galerie les exploits galants de mon frere Galaor, & vous en avez entendu d'ailleurs les recits. Il les multiplioit fans fcrupule quand il étoit jeune, & avant que la charmante Briolanie eût eu l'honneur de le fixer; mais fes bonnes fortunes font devenues rares depuis cette époque, & les aventures galantes d'un

homme marié , & déjà fur le retour ;
bleſſeroient peut-être votre délicateſſe ,
ſans vous amuſer beaucoup. Les nouvelles aventures de mon frere Floreſtan ,
ne vous intéreſſeroient peut-être pas davantage. Il aima la belle Coriſandre ,
mais ce fut la Princeſſe de Sardaigne qu'il
épouſa. Elle lui a procuré un Royaume
plus éloigné de ceux que j'ai poſſédé , que
celui de Sobradiſe appartenant à mon
frere Galaor ; cependant l'un & l'autre
font venus également dans toutes les occaſions à mon ſecours. Leur poſtérité con-
ſerve leurs petits Etats juſques à leur
retour. Quant à mon fils Eſplandian ,
vous l'avez vu monter ſur le trône
de Conſtantinople , mais vous n'avez
peut-être pas bien pris garde à la maniere
dont il a abdiqué cette couronne , après
la mort de la belle Léonorine à laquelle
il en étoit redevable ; il s'eſt fait Hermite , exemple très-rare dans notre famille : vous le ſçavez , ô mes chers parens , aucun de vous juſques à préſent
n'a pris ce parti , cet uſage au contraire
étoit familier aux anciens Chevaliers
du tems du Roi Artus. Eſplandian
eſt cependant revenu auprès de moi ,
toutes les fois que ſon ſecours m'a été
néceſſaire , & c'eſt dans une de ces der-

nieres occafions que nous avons été enlevés enfemble , & tranfportés ici.

Mais fi je ne m'étends pas fur mes
derniers exploits , ni fur ceux de mes
freres & de mon fils, ceux des mes petits-
fils Lifuart & Florès , & de mon arriere
petit-fils Amadis de Grece , méritent bien
que vous les entendiez de leur propre
bouche ; je vais les engager à vous conter chacun leur hiftoire.

Effectivement le grand Amadis de
Gaule, invita les Princes qu'il venoit de
nommer à conter les uns après les autres
leurs aventures. Lifuart de Grece , fut
le premier qui parla : voici les traits
les plus intéreffans de fa narration.

Hiftoire de Lifuart de Grece.

Mon premier exploit fut un des plus
beaux & des plus heureux de ma vie ,
cependant ce fut pour ainfi dire le feul
hazard , & la faveur gratuite des Enchanteurs qui me le procurerent. J'étois
élevé à Conftantinople auprès de mon
grand-pere maternel Trébatius, fecond
du nom. Efplandian mon pere & fon

époufe Léonorine fille de Trébatius ;
étoient dans les liens d'un enchantement
foporatif que leur avoit procuré la Fée
Urgande, auffi bien qu'à mon grand-pere
Amadis de Gaule, à ma grand'mere
Oriane, & à mes oncles Galaor, & Floreftan. Etant fort jeune, je ne concevois
pas trop à quoi cet enchantement étoit
bon, je devinois encore moins comment
il finiroit ; mai au rifque d'éprouver par
la fuite de pareils malheurs, je défirois
d'être armé Chevalier ; les prouelfes de
mes ancêtres, que l'on m'avoit fouvent
raconté, exciterent mon admiration, &
m'infpirerent le défir de les égaler. J'obtins
cette grace de l'Empereur mon grand-
pere, & le jour étant pris pour la cérémonie, elle fe fit au milieu de l'hyppo-
drone, au pied d'une colonne furmon-
tée de la ftatue du grand Trébatius, notre premier ancêtre ; mais lorfqu'il fut
queftion de me ceindre l'épée, celie qui
m'étoit deftinée ne fe trouva plus. On
la cherchoit par-tout, & on me propofoit d'en prendre une autre, lorfque l'on
vit un lion bleffé traverfer la place, fans
qu'on pût deviner d'où il pouvoit être
parti. Il avoit un glaive enfoncé dans
le corps, qui ne l'empêchoit pas de cou-

tir , & le rendoit même furieux. Je
n'héfitai pas à fauter fur ce monftre &
à arracher l'epée qu'il emportoit avec lui :
il tomba mort , & j'allai dépofer ce premier gage de ma valeur aux pieds de
mon grand-pere. En mettant à mon côté
ce glaive, qu'il reconnut pour être enchanté , il m'ordonna d'en frapper quatre fois l'air du côté des quatre coins du
monde , en promettant de ne l'employer
que pour détruire les enchantemens nui-
fibles , favorifer les caufes juftes , &
fervir les Héros , ou les Dames opprimées. Je n'eus pas plutôt prononcé ce
ferment, que plufieurs coups de tonnerre
fubits & inattendus annoncerent la fin
de quelque grand enchantement. Le pro-
noftic ne tarda pas à fe vérifier ; on vit
bientôt entrer dans le port de Conftantinople un navire d'une forme affez bi-
farre , & chargé de beaucoup d'ornements finguliers. Les Pilotes , les Matelots , enfin tout l'équipage entier étoit
compofé de finges ; le pavillon portoit
le nom de l'Enchanteur Alquif, ami de
toute notre famille ; on fe douta qu'il
ramenoit les Héros & les Dames enchantés depuis plufieurs années dans l'Ifle
inconnue. On ne fe trompoit pas : bientôt on les vit defcendre de ce navire , &

ils furent reçus avec les tranfports de joie,
& les acclamations qu'ils méritoient.
Mon grand-pere & mon pere m'embraſſerent avec tendreſſe comme leur fils,
& avec reconnoiſſance comme leur libérateur. J'aſſiſtai aux fêtes qui furent données à l'occaſion de leur retour. Peu de
temps après, le grand Amadis, & ſes
freres quitterent la Cour de Conſtantinople pour retourner dans leurs Etats, &
je reſtai auprès de mon pere Eſplandian, avec Périon de Gaule, ſon frere
cadet, par conféquent mon oncle, mais
qui n'étoit guere plus âgé que moi. On
ne nous laiſſa pas long-temps oiſifs à la
Cour de Grece, on nous envoya l'un &
l'autre chercher des aventures ; nous ſui-
vîmes l'exemple de nos parents & de nos
ancêtres. Nous partîmes déguiſés & in-
connus, & nous nous rendîmes d'abord
à la Cour de Trébiſonde. Nous y vîmes
les deux Princeſſes, filles de l'Empereur
Conſtantin ; c'étoit deux beautés d'une
figure & d'un caractere bien différent :
l'aînée, qui s'appelloit Grifilerie, étoit
blonde, très-douce, aſſez aiſée à ſéduire, parce qu'elle étoit d'un naturel
confiant, auſſi difpoſée à la fidélité qu'à
la tendreſſe, & incapable de toute
méchanceté.

méchanceté. La feconde, nommée Onolofie, étoit brune, auffi fufceptible de
s'enflammer, mais difpofée à l'inquiétude & à la jaloufie, d'ailleurs elle avoit
beaucoup d'efprit & de vivacité ; c'eft
à elle à qui je m'attachai. Nous fûmes
préfentés à ces Princeffes & à l'Empereur
leur pere comme des jeunes Chevaliers
étrangers de diftinction; mais comme nous
déguisâmes nos noms, on ne chercha pas
à pénétrer notre fecret, & nous n'en fûmes
pas moins bien traités. Nous faifions fouvent notre cour aux Princeffes, nos regards leur exprimoient les fentiments
qu'elles nous infpiroient, & nous lifions
dans leurs yeux que nous ne leur déplai-
fions pas ; nous les fuivions fouvent à
la chaffe ; nous y trouvâmes l'occafion de
nous déclarer : nous n'eûmes aucun lieu
de nous en repentir. Nos Dames nous
reçurent pour leurs Chevaliers, & nous
firent jurer une fidélité inviolable pour
leurs fervices. Nous la promîmes avec ferme envie de la tenir. Bientôt nous nous
trouvâmes engagés dans des aventures extraordinaires, auxquelles nous fûmes in-
vités par des Demoifelles qui vinrent exprès à la Cour de Trébifonde pour chercher des Chevaliers qui les fecouruffent,

Tome II. M

& aidaſſent à faire rendre juſtice à leurs maîtreſſes. Une de ces Dames étoit une Ducheſſe d'Autriche, qu'on nous propoſa de rétablir dans ſes Etats, dont elle avoit été injuſtement chaſſée. Ce fut Périon qui ſe chargea de cette expédition, & moi de rendre le même ſervice à une jeune Géante, nommée Gradafilée, qui avoit été empriſonnée par ſon oncle, Géant comme elle, qui vouloit s'emparer de ſon pays. Nous ne pouvions honnêtement refuſer de nous embarquer dans ces deux affaires, puiſque c'étoit la premiere occaſion qui nous étoit préſentée de faire des exploits. Mais nous ne partîmes qu'après avoir juré mille fois à nos Dames, de ne nous occuper que d'elles & de la gloire juſqu'à notre retour. Vous avez vu dans les tableaux de votre galerie, que nous réuſsîmes tous deux, & que nous remplîmes parfaitement l'objet de nos voyages; mais voici quelques détails qui ont dû vous échapper. La Demoiſelle avec qui mon jeune oncle s'étoit embarqué, pour ſe rendre en Autriche, étoit jolie, & aſſez coquette; pendant la traverſée elle agaça Périon aſſez fortement, pour qu'il y eût du mérite à lui réſiſter. La fidélité d'un

jeune Chevalier embarqué avec une Demoiselle aimable , & qui fait presque
tête-à-tête avec elle une traversée de
plusieurs semaines , court un grand risque ; cependant le souvenir de la belle
Princesse de Trébisonde , & les paroles
d'honneur que Périon lui avoit données ,
soutinrent pendant quelques jours la
sagesse & la constance de mon oncle;
mais enfin la bonne Demoiselle qui n'o-
soit l'attaquer tout-à-fait à force ouverte,
usa d'une ruse qui produisit son effet.
Pour dissiper l'ennui de la navigation ,
elle proposa de jouer aux échecs ; Périon sçavoit ce jeu, dont la connoissance
entre dans l'éducation de la jeunesse destinée à l'état Militaire. Il s'y croyoit
même fort habile : la Demoiselle n'avoit
point d'argent, ou ne vouloit pas risquer
le peu qu'elle en avoit ; il falloit pourtant
intéresser le jeu. Elle imagina de proposer
au Chevalier de jouer les pieces de son
armure contre ses habillements de femme , du moins contre les parures dont
elle pouvoit le plus aisément se passer.
Après tout , disoit la Demoiselle à mon
oncle , lorsque nous serons arrivés , nous
nous rendrons bien tout ce qui nous est
nécessaire, à vous , pour venger ma maî-

treffe , & la défendre contre fes ennemis ; & moi , pour paroître décemment
à la Cour d'où je fuis partie , & où je dois
vous amener. Ils jouerent donc , & mon
oncle perdit d'abord la plus grande partie des pieces de fon armure ; il étoit
réduit à jouer fon buffle , & n'en étoit
que plus acharné au jeu , & même plus
en colere contre la Demoifelle , à qui
il reprochoit fon bonheur , ne voulant
pas abfolument attribuer fa perte à fon
habileté. Celle-ci vit bien qu'elle ne ga-
gnoit rien à être fi habile , & elle changea abfolument de batterie & de conduite au jeu. Elle fe laiffa gagner , & à
chaque partie qu'elle jouoit malheureufement , elle étoit obligée de renoncer
à quelque portion de fon ajuftement. Ce
fut d'abord des ornements affez peu intéreffants , des rubans , des pompons,
enfuite un nœud, qui laiffa tomber &
flotter fur fes épaules de longs cheveux
de la plus belle couleur ; enfuite des gants,
des mitaines , & des bracelets , qui laifferent voir à découvert de beaux bras ,
& de jolies mains ; bientôt , elle
fut obligée de fe défaire de collier , de
mouchoirs , de rubans , de fichus , qui
cachoient une gorge charmante. Alors
le Chevalier commença à être troublé, &

ne pouvant plus se plaindre de la fortune,
il tomba dans un autre genre d'embarras ; il faisoit si peu d'attention à son
jeu que dans toutes les regles il devoit
perdre ; mais la Demoiselle ne vouloit
pas souffrir qu'il cessât de gagner : elle
faisoit de son côté tant de fautes qu'elle
le forçoit , malgré qu'il en eût, à la faire
échec & mat. Enfin , elle perdit sa robe
de dessus , & jusques aux attaches de
son corset. Mais elle en fut dédommagée,
puisqu'elle obligea le Chevalier à manquer à la fidélité qu'il devoit à sa Dame,
& à fausser tous les serments qu'il avoit
faits avant que de partir. La vue d'une
taille de Nymphe acheva de plonger Périon dans une ivresse , dont il ne revint
qu'après son débarquement en Autriche. Il
n'en combattit pas moins vaillamment
pour la Duchesse de ce pays ; il l'a rétablit sur son trône, & après avoir reçu les re-
mercîments qui lui étoient dus , il reprit
sa route pour Trébisonde , par Constantinople. Nous nous retrouvâmes tous deux
dans cette capitale , car j'avois aussi fini
heureusement l'aventure de Gradafilée ;
j'avois vaincu son oncle, tout Géant qu'il
étoit, & je l'avois rétablie sur son trône.
La jeune Géante étoit de la figure la plus

M ñj

aimable, & la plus intéreſſante ; elle avoit
d'ailleurs le cœur élevé , & tous les talents , fruits d'une excellente éducation.
Elle me témoigna la plus vive reconnoiſſance des ſervices que je lui avois
rendus , & il ne tint qu'à moi de m'appercevoir que je ne lui étois pas indifférent ; mais je fus fidele à Onoloſie, &
je n'eus point à me reprocher d'avoir
manqué aux ſerments que je lui avois
faits. Cependant je fus ſoupçonné par ma
Princeſſe, & mon oncle qui étoit coupable
ne le fut pas par la ſienne. Il eſt vrai
que la Dame à qui j'avois rendu ſervice
étoit belle & aimable ; celle que Périon
avoit ſecourue, nepoſſédoit pas les mêmes
avantages , & Griſilerie n'avoit garde
d'imaginer qu'une ſimpleDemoiſelle ſui-
vante eût pu lui faire oublier une héritiere
de l'Empire deTrébiſonde. Nous reçûmes
tous les deux des lettres de nos Princeſſes.
Celle de Périon ne lui témoignoit que
de l'impatience de le revoir ; la mienne,
au contraire, me faiſoit des reproches
que je ne méritois pas : elle m'ordonnoit de me juſtifier promptement , &
de lui donner les preuves les plus certaines de mon innocence , ſinon elle me
défendoit de paroître jamais devant elle.

Je n'avois rien à me reprocher , mais comment donner à une Dame une preuve de sa fidélité pendant une longue absence , si ce n'est en lui jurant qu'on lui a toujours été fidele ? Par bonheur les Enchanteurs , qui m'étoient favorables , m'aiderent à me justifier. On vit arriver à la Cour de Constantinople une Demoiselle qui promenoit de ville en ville une machine automate , de la plus grande singularité. C'étoit une figure vêtue en Amazone , qui d'une main tenoit un bâton , & de l'autre , une couronne brillante de pierreries. Tout Chevalier qui n'étoit point encore marié , mais qui avoit fait choix d'une Dame, pouvoit se présenter devant elle , & elle distinguoit parfaitement ceux qui étoient coupables ou fideles. Mon pere craignant les tracasseries , ne voulut point que cette épreuve fût faite dans sa Cour , mais il nous permit, à mon oncle & à moi , de consulter la machine en particulier. C'est ce que nous fîmes : Périon reçut plusieurs coups de bâton bien appliqués sur les épaules ; moi, je trouvai la figure disposée à m'offrir la couronne; mais je ne voulus point l'accep-

M iv

ter pour le moment , & je priai la Demoiselle conductrice de passer à Trébifonde , & de s'y trouver à l'inftant où je comptois y être moi-même : elle y confentit, & nous prîmes nos arrangemens mon oncle & moi. Il prétexta une incommodité, pour m'y laiffer arriver feul & le premier. Je fis fes excufes à la belle Grifilerie , qui les reçut avec douceur & bonté ; pour ma Princeffe , je ne pouvois venir à bout de lui faire entendre raifon , heureufement que la Demoifelle à l'automate arriva. Elle propofa l'épreuve de fa machine, & l'Empereur de Trébifonde ne fut point fi fcrupuleux que l'avoit été mon pere. Il permit à tous les Chevaliers de fa Cour de faire cette épreuve en préfence de leurs Dames, & les premiers qui la fubirent ne s'en tirerent pas à leur honneur. Je ne tardai pas à me préfenter , & la ftatue m'ayant donné la couronne publiquement & de la meilleure grace du monde , Onolofie fut enfin bien convaincue de mon innocence. Elle eut la bonté de m'en affurer ellemême ; pour mon oncle, qui arriva quelque temps après moi , on ne lui

demanda aucune preuve de son innocence, on s'en rapporta heureusement à
ses paroles.

Nous étions si bien avec nos Princesses, qu'il semble qu'étant nous-mêmes
de grands Princes, fils & freres d'Empereurs, nous pouvions prétendre à leurs
mains, & les faire demander en mariage
à l'Empereur leur pere ; mais outre que
nous étions incognito à Trébisonde,
quoique nous eussions déja rétabli deux
Princesses sur leurs trônes, on trouvoit
que nous n'avions pas encore acquis assez
de gloire pour mériter celles-ci : heureusement qu'il nous étoit plus aisé de nous
assurer du cœur de ces deux grandes
Princesses, que de les épouser ; aussi c'est
de quoi nous nous occupâmes Périon &
moi. Je gagnai une confidente d'Onolosie, & je fis assurer cette sœur la plus
difficile des deux à persuader, que nous
ne pouvions pas être satisfaits de ne leur
expliquer nos sentimens que par nos regards, ou en leur lâchant à la dérobée
quelques mots quand personne ne nous
entendoit. Je la fis supplier de nous accorder quelques moments d'audience
particuliere pendant la nuit. La proposi-

tion parut d'abord révolter deux jeunes
Princeſſes élevées dans la Cour la plus
réguliere, & où l'on étoit perſuadé
des dangers du tête-à-tête ; mais enfin
nous vînmes à bout de les raſſurer en
leur faiſant paſſer les proteſtations les
plus fortes de reſpect & d'obéiſſan-
ce. Nous nous ſoumîmes à ne leur parler qu'à travers une grille , qui ſé-
paroit un jardin ſur lequel donnoit leur
appartement, d'avec une vaſte Cour entourée de bâtimens dans leſquels nous
étions logés. Cette précaution devoit
lever tous les ſcrupules & les leva en
effet. Les rendez-vous eurent lieu par
les plus belles nuits d'été du monde ;
les deux premieres ſe paſſerent avec tant
de ſatisfaction de part & d'autre &
tant de réſerve , nous y dîmes de ſi jolies
choſes ſur la beauté de nos Dames ,
louanges que nous avions eu ſoin de
préparer pendant la journée , que nous
méritâmes toute leur confiance , & que
nous nous attirâmes enfin ce compliment
qui me fut adreſſé à la troiſieme ou quatrieme viſite , & qui me combla de joie.
« Nos dernieres converſations ont été
» longues , me dit Onoloſie , vous pou-

» vez être fatigué, & nous le sommes
» déja un peu de nous tenir long-temps
» sur nos jambes une grille entre deux.
» Que risquerions-nous de vous laisser
» entrer dans le jardin ? nos entretiens
» n'en seroient que plus agréables & plus
» commodes sur le gazon. » Il fut donc
convenu que le lendemain cette commodité nous seroit accordée, & nous en
profitâmes. Bientôt ces conférences continuant, nous trouvâmes que pour n'être
pas exposés à être entendus du palais, il
falloit nous écarter les uns des autres, &
que chacun allât causer tout bas de son côté,
tandis que les demoiselles confidentes veil-
leroient à la sûreté de ces charmans têtes-
à-têtes, & prendroient garde si personne
ne venoit du dehors, & ne s'approchoit
des bosquets où nous étions retirés. Nous
passâmes plus d'un mois occupés de ces
délicieux rendez-vous ; mais des nouvelles importantes nous forcerent de les
interrompre, de quitter nos Princesses,
& de retourner auprès de nos parens.
Nous apprîmes que le grand Amadis étoit
attaqué tant dans la Gaule que dans la
Grande Bretagne par les Payens ses ennemis, & qu'il avoit besoin de secours.
Esplandian n'hésita pas à partir de Cons-

M vj

tantinople, il m'ordonna de venir le joindre, & ayant averti son frere Périon, celui-ci sentit aussi qu'il ne pouvoit se dispenser de faire le même voyage. Nous fûmes donc contraints de prendre congé de nos deux belles. Nos adieux furent fort tendres, il sembloit que nous prévissions de quelles inquiétudes notre séparation devoit être suivie : elles furent bien grandes ; car peu après notre départ, nos Princesses s'apperçurent que nous leur avions laissé des gages de notre tendresse. Elles cacherent avec grand soin ce résultat embarrassant de nos conférences nocturnes. Heureusement que nos confidentes étoient adroites & zélées, elles prirent si bien leurs mesures, qu'on ne soupçonnoit les Princesses que d'un violent catarre sur la poitrine, lorsqu'elles mirent au monde chacune un Prince. Celui dont accoucha Grisilerie fut nommé Lucendor, il régne aujourd'hui sur la Gaule ou la France, ayant succédé à Périon second du nom, qui a été tué en soutenant avec le grand Amadis son pere la guerre contre les Payens. Ne rappellons point l'époque funeste de cette perte, sur-tout parlant devant Amadis même ; le souvenir lui en arracheroit encore des larmes. Grifilerie ne furvécut pas long-temps à fon amant ; elle eſt morte jeune, du regret de l'avoir perdu. Leur fils a été envoyé dans les Gaules, auffitôt qu'il a été en âge de combattre & d'être armé Chevalier. Amadis qui a fait cette cérémonie, l'a furnommé en l'armant le Chevalier de la vengeance, pour lui rappeller qu'il avoit la perte d'un pere à venger. Il s'en fouvient fi bien, qu'il n'a ceffé depuis ce temps de combattre avec ardeur contre les anciens ennemis de fa maifon.

Quant à ma chere Onolofie, l'enfant qu'elle mit au monde fut nommé Amadis, & c'eſt ce Héros dont les exploits vous ont fûrement plus d'une fois étonnés, quand vous les avez vu repréfentés dans les tableaux magiques de votre galerie. Il eſt actuellement enchanté avec nous, & à portée de vous informer en détail de fes aventures : je ne vous rappellerai que quelques-unes des premieres qui tiennent de près à ma propre hiſtoire.

Mon fils fut élevé fecrétement dans un pays également éloigné de Trébifonde & de Conftantinople ; mais les fages protecteurs de notre famille eurent foin de lui donner toutes les inftructions & de lui infpirer les inclinations guerrieres & ver- tueufes qui pouvoient ie faire recon- noître un jour pour être de notre fang. D'ailleurs il portoit fur fon corps un figne très-diftinctif , c'étoit une épée flamboyante d'une couleur très-rouge , qui paroiffoit deffinée fur fa poitrine.Ce fut à caufe de cela que , quand les Sages jugerent à propos de l'envoyer dans le monde pour y commencer le cours de fes exploits , il y parut d'abord fous le nom du Damoifel , & enfuite fous celui du Chevalier de l'ardente épée. La guerre qui nous avoit obligés de fortir de Tré- bifonde pour paffer dans les Gaules , & dans laquelle périt malheureufement mon oncle Périon , n'étoit pas encore finie , lorfque mon fils eut atteint fa feizieme année ; & les événemens de cette guerre que vous avez tous vu dans les tableaux magiques de votre galerie, avoient en- traîné le grand Amadis tantôt dans la Grande Bretagne, quelquefois au fond du Nord , & enfuite ramené en France , en Italie ; & enfin il s'étoit cru obligé d'aller attaquer les Cyclopes dans leur ifle de Silanquie proche de la Sicile. Ayant eu l'imprudence de tenter feul cette aventure, il avoit été fait prifonnier par les Cyclopes, & enfermé dans un château appellé la Roche défendue. Une partie des Chevaliers de notre race, entr'autres Floreftan, Roi de Sardaigne mon grand oncle, marchoit avec une armée pour délivrer fon frere aîné ; mais il n'en fût jamais venu à bout, fi le Damoifel de l'ardente épée ne fe fût joint à lui : il donna dans cette occafion des preuves de force & de valeur incroyables ; vous en avez été témoins, & vous avez vu qu'il vint à bout de delivrer notre ayeul. Ce Héros, chef de notre maifon, l'arma de fa main, & en lui demandant fon véritable nom, apprit avec plaifir qu'il fe nommoit Amadis ; au refte, c'eft tout ce que le nouveau Chevalier favoit alors de fa naiffance. Dès que le grand Amadis fut délivré, il ne fut pas difficile de foumettre le refte de l'ifle. On fit un grand maffacre des Cyclopes, & même de leurs femmes & de leurs filles qui voulurent fe mêler de combattre. On rendit la liberté à un Roi de Sicile qu'ils avoient fait prifonnier, parce qu'il avoit voulu prendre le parti d'Amadis. Une

Princeſſe charmante , fille de ce Monarque , partageoit ſon malheur. Floreſtan
s'étant chargé de ramener ſon frere dans
ſes états , le Chevalier de l'ardente épée
prit le ſoin de reconduire dans les leurs
le Roi & la Princeſſe de Sicile , qui s'appelloit Luzelle. Pendant la traverſée , il
leur arriva dans le vaiſſeau une petite
aventure du nombre de celles que vous
ne voyez point repréſentées dans vos tableaux magiques. Luzelle étoit belle &
aimable , mon fils dont le cœur étoit encore libre s'enflamma pour elle , non de
la plus grande paſſion, mais d'un de ces
goûts paſſagers qu'un jeune homme conçoit ſi aiſément, & ſur leſquels il ſe
trompe même quelquefois. Il s'en expliqua pendant pluſieurs jours avec la
Princeſſe , qui reçut ſes galanteries avec
douceur & politeſſe , comme lui étant
adreſſées par ſon libérateur ; mais d'ailleurs avec beaucoup de réſerve & de mo-
deſtie. Le nouveau Chevalier trouvant
que ſes affaires n'avançoient pas aſſez
vîte à ſon gré , & accuſant le grand jour
des refus qu'il eſſuyoit , voulut eſſayer ſi
la nuit ne lui ſeroit pas plus favorable.
Une belle nuit donc qu'il ſe rappelloit

tous les charmes de la Princeſſe de
Sicile , il ſe leve & paſſe de la petite
chambre qu'il occupoit dans celle de Luzelle ; la belle étonnée de l'entendre près
d'elle lui renouveller les aſſurances de tendreſſe qu'il lui avoit déjà données pendant
le jour, lui répond tout bas pour ne point
faire d'éclat & lui remontre , combien
ſa démarche eſt inconſidérée ; mais le
Chevalier devient preſſant , & la Princeſſe jette un grand cri qui interrompt le
ſommeil du Roi de Sicile , dont la retraite
ne pouvoit être éloignée. Le bon Monarque réveillé en furſaut , ſaiſit d'une
main ſa grande épée, de l'autre une lam-
pe , & croyant déja le navire plein d'ennemis , & ſa fille en grand danger , il
court à elle , & à ſon grand étonnement
il trouve le jeune Amadis ſeul avec Luzelle. Qu'ai-je donc entendu , Seigneur dit le bon pere ? « Sire , lui ré-
» pond le Chevalier , j'étois agité par un
» ſonge , j'ai cru voir le vaiſſeau au
» pouvoir des Cyclopes , & je ſuis ac-
» couru pour ſecourir la Princeſſe. Mais,
» lui repliqua le Roi , vous n'avez point
» d'armes ? Ah ! dit Amadis, j'ai compté
» ſur ma force & ſur mon zele , d'ail-
» leurs j'étois ſi troublé.... —Rentrons ,

» dit le Roi de Sicile, rentrons chacun
» dans notre chambre, je vois que ceci
» n'eft qu'un mal entendu. Chevalier,
» ajouta-t-il, vous êtes fomnambule,
» je vous confeille de vous corriger de
» ce défaut, il peut en réfulter de grands
» accidents ».

Le refte du voyage fe paffa très-tran-
quillement, grace aux fages précautions
que prirent le Monarque Sicilien & fon
Infante, mais ils n'arriverent pas encore
fitôt en Sicile, des vents contraires les
jetterent fur une côte écartée, & les
obligerent d'y relâcher : elle étoit fituée
dans ce pays de Géants fur lequel régnoit
la Reine Gradafilée. Cette fouveraine
reçut avec politeffe & bonté le Monarque, fa fille & leur libérateur, & bientôt elle crut me reconnoître moi-même
dans les traits d'Amadis de Grece, dont
la reffemblance avec moi étoit fi parfaite,
que l'âge feul pouvoit y apporter quelque différence. En fe rappellant mon
fouvenir, cette bonne & aimable Géante
verfa un torrent de larmes. « Cher Che-
» valier, lui dit-elle, vous me retracez
» un héros auquel j'ai eu les plus gran-
» des obligations ; je pouvois me flatter
» qu'il m'aimeroit, & mon courage,

» mes vertus autant que ma figure, me
» rendoient digne de captiver son cœur;
» mais j'ai sçu que ce cœur étoit déja
» engagé à une autre, & je ne peux
» qu'applaudir à son choix & à sa fidé-
» lité. Attendez tout de moi, cher Prince
» qui lui ressemblez, & qui sans doute
» êtes son fils. Je vois que vous êtes at-
» taché à la jeune Princesse de Sici-
» le; rendez-la à ses fideles Sujets; di-
» rigez ensuite votre route vers Cons-
» tantinople & vers Trébisonde; c'est
» là sans doute que vous devez retrou-
» ver votre illustre & aimable pere.
» Vous me verrez moi-même auprès de
» lui, si jamais mon secours lui est né-
» cessaire ».

Amadis remercia la Géante, & se dis-
posa à partir suivant son avis; Gradafilée
recommanda le jeune Chevalier aux bontés de ceux dont il avoit été le libérateur. Ils
étoient très-disposés en sa faveur; mais
le destin envieux a voulu que mon fils
Amadis s'attachât à une autre Princesse.
Vous saurez quelque jour par lui-même
quel fut le succès de ces nouvelles amours.
Il arriva heureusement en Sicile, & en partit bientôt en protestant qu'il ne vouloit que retrouver ses parens, s'en faire
reconnoître, & revenir offrir à la Prin-

cefle de Sicile une main plus digne d'elle.

Je reprends le recit de mes propres aventures. Tandis que la guerre de Gaule me tenoit encore éloigné de Trébifonde, le Soudan de Babylone nommé Zaïr, conçut de l'amour pour la Princeffe Onolofie devenue l'unique héritiere de l'Empire de fon pere. Le bon Empereur Conftantin trouva ce parti très-confidérable, & avoit grande envie de l'accepter; mais ma chere Onolofie m'étoit trop attachée, & déclara hautement qu'elle le refuferoit. L'Empereur, pour empêcher que le foudan qui s'étoit avancé avec la Princeffe Abra fa fœur & une nombreufe fuite, ne prît trop d'humeur, fit dire au Monarque idolâtre que la différence de Religion s'oppofoit abfolument à cette alliance, & que fa fille ne pouvoit fe réfoudre à donner la main à un Roi dont la croyance n'étoit pas la fienne. Cette difficulté embarraffa d'abord le Babylonien; il voulut éluder, négocier, tantôt donner des efpérances vagues, tantôt effrayer par des menaces; mais enfin comme la Princeffe perfiftoit à ne donner fa main qu'à cette condition, & qu'elle voyoit bien que le Sultan y avoit une extrême répugnance, celui-ci prit fon parti, & déclara nettement que lui &

fa fœur Abra confentoient à être bapti-
fés. La cérémonie en fut faite avec beaucoup d'éclat dans Trébifonde. L'infortunée Onolofie perdoit alors toute efpérance de fe conferver pour moi ; fon
mariage étoit prêt à fe célébrer , & elle
même à fe donner la mort pour l'éviter,
lorfque je revins de la guerre de Gaule.
J'entrai dans le palais , où le premier
objet qui fe prefenta à mes yeux fut mon
rival magnifiquement paré , accompagné
de fa fœur , & fuivi du cortége le plus
brillant , qui attendoit ma maîtreffe pour
la conduire à l'autel. Frappé d'horreur à
ce fpectacle , & voyant qu'il n'y avoit
pas de momens à perdre pour y mettre
obftacle , je me précipitai fur mon rival ,
& fans refpect pour l'Empereur & la
Cour de Trébifonde , je le faifis au col-
let avec la main armée d'un gantelet de
fer ; je le fecoue rudement , & je lui dis ,
« Soudan, je te défie , il faut que tu me
» combattes à outrance, & que tu m'ôtes
» la vie avant que de te mettre en pof-
» feffion de la Princeffe de Trébifonde ».
L'on juge bien que l'étonnement de la
Cour fut extrême : l'on me reconnut ,
& mon audace fut généralement blâmée ;

comme effectivement elle devoit l'être.
Le Soudan me répondit qu'il ne me craignoit pas , & étoit prêt à accepter le
combat ; mais l'Empereur déclara qu'il
ne vouloit pas le souffrir, & que je l'in-
sultois. Il me fit envelopper par toute sa
garde & ses troupes, me demanda mon
épée , & vouloit me la faire arracher de
force , lorsque tout-à-coup la triste Onolosie parut : surprise du bruit qu'elle entendoit, elle en apprit bientôt la cause.
Elle jetta sur moi un coup d'œil qui dé-
céla ses sentimens pour moi ; de mon
côté j'en devins plus hardi , j'osai tirer
ma redoutable épée , & j'étois prêt à
frapper , lorsqu'elle s'élança vers moi :
je la lui présentai aussitôt par le pommeau. « Madame , lui dis-je, c'est à vous
» que je rends mon glaive , que toutes
» les forces de l'Empire de Trébisonde
» n'auroient pu m'arracher ; je suis cou-
» pable de l'avoir tiré devant votre pere ,
» mais mon crime a sa source dans mon
» amour pour vous. Il y a long-temps
» que vous m'avez permis d'être votre
» Chevalier , & je me vois au moment
» de perdre tout espoir d'être votre époux.
» Si je mérite la mort, c'est vous seule qui

» devez me la donner, foit en me plon-
» geant ma propre épée dans le fein ,
» foit en accordant votre main au Sou-
» dan de Babylone «. O ! mon cher Li-
» fuart , me dit tout haut , Onolo-
» fie , les yeux baignés de larmes » : En
» quel état & dans quel moment eft-ce
» que je te revois ? Mais ne crains pas
» que je t'abandonne : non , je ne ferai
» jamais l'époufe de ton rival ; tu vi-
» vras , ou je partagerai ton fupplice :
» vous mon Empereur & mon pere ,
» & vous, Peuple de Trébifonde , fça-
» chez que j'ai depuis long-temps pre-
» mis ma foi à ce vaillant Chevalier ,
» & que je ne la donnerai jamais à l'o-
» dieux Soudan de Babylone «. Jamais
pere ne fut plus embarraffé de fa contenance , que le fut dans cet inftant
l'Empereur de Trébifonde. Le Babylonien tonnoit & menaçoit. Conftantin
prit le parti d'ordonner que la Princeffe
& moi fuffions enfermés chacun dans
une tour féparée ; nous nous foumîmes
à cet ordre rigoureux , mais on ne put
nous empêcher de nous faire , en nous
féparant, les plus tendres adieux.

L'Empereur toujours épouvanté par
la préfence du Soudan , qui faifoit même

approcher de nouvelles troupes , ordonna que si dans un délai très-court
nous ne trouvions chacun un Chevalier pour nous défendre , je serois puni
du dernier supplice , & l'Infante seroit
remise au pouvoir de mon rival. Une
partie de ce délai étoit déja expirée , &
la crainte où l'on étoit que nous ne trou-
vassions pas de défenseurs avoit déja
fait entamer des négociations assez singulieres. Le Soudan proposoit toujours
de tout pardonner à Onolosie , pourvu
qu'elle lui donnât la main ; & la Princesse Abra sa sœur , qui avoit été touchée de la noble fermeté avec laquelle
j'avois reclamé mes droits sur le cœur
d'Onolosie , & peut-être de ma figure,
& qui enfin étoit devenue amoureuse
de moi , me faisoit proposer de m'é-
pouser ; mais nous étions prêts, ma Princesse & moi, à nous exposer à tout plutôt
que d'accéder à de pareilles propositions,
lorsqu'un secours inespéré nous tira d'embarras. Deux Chevaliers se présenterent,
& déclarerent qu'ils venoient combattre
pour nous justifier. Leur taille élevée, la
fierté de leur contenance , tout annonçoit en eux des champions redoutables.
En adressant leurs compliments à l'Empereur

pereur de Trébifonde , ils leverent la
vifiere de leurs cafques, & on reconnut
le premier, à la couleur de fon teint ,
pour être Ethiopien ; le fecond avoit
les traits du vifage charmants , mais il
n'annonçoit pas moins de force , ni de
courage que fon compagnon : on ne put
leur refufer le combat qu'ils deman-
doient ; on le fignifia au Soudan de Babylone & à fa fœur, qui de leur côté
nommerent deux énormes & redoutables Géants pour défendre leur accufation.
Le jour étant fixé , on amena la Princefle & moi, chacun de notre côté, fur
le champ de bataille, où nous fûmes mis
fous la garde des Juges du camp. Mon
champion vint me faluer avant que d'entrer en lice , & fe fit connoître à moi
pour Fulurtin, Prince d'Ethiopie. J'avois
eu occafion de le connoître dans le cours
de mes voyages , il avoit combattu à
mes côtés , & ayant conçu de l'eftime
l'un pour l'autre , nous nous étions bientôt liés de la plus tendre amitié. Il me
dit qu'ayant appris par hafard la trifte
fituation où je me trouvois , il avoit volé
à mon fecours. Je lui demandai quel
étoit le Chevalier d'Onolofie : il ne me
répondit autre chofe , finon que c'étoit

quelqu'un qui s'intéreſſoit vivement à moi, qui ne connoiſſoit point la Prin- ceſſe, & qui ne combattoit pour elle, que parce que nos cauſes étoient com- munes.

Le combat commença, & fut long & périlleux. Fulurtin fut bleſſé ; mais enfin il donna la mort à ſon ennemi ; l'autre Chevalier tua auſſi le ſien, ſans être touché. Cet heureux ſuccès nous juſtifia, & me rendit la liberté ; mais Onoloſie devoit naturellement demeurer dans la capitale & dans le Palais de ſon pere, ainſi elle n'étoit point déli- vrée des perſécutions du Soudan de Ba- bylone. Mon premier mouvement fut de reſter auſſi à Trébiſonde pour ne pas la perdre de vue. Mais le Chevalier qui avoit ſoutenu la cauſe de ma Prin- ceſſe, me remontra que je ne pouvois ſeul la dérober aux perſécutions auxquelles elle reſtoit expoſée ; que le meilleur parti que j'euſſe à prendre étoit de me ren- dre à Conſtantinople, d'implorer le ſe- cours de mes illuſtres parents, & de revenir avec des forces ſupérieures, for- cer le Soudan à renoncer à Onoloſie. Je convins de la juſteſſe de ce conſeil, & je me réſolus à le ſuivre. Je fus

forcé de laisser le brave Fulurtin dans
Trébisonde, où ses blessures l'obligerent de s'arrêter ; le droit des gens, &
la valeur avec laquelle il s'étoit com-
porté dans le combat, m'assuroient qu'il
y seroit bien traité. Pour moi, je fis
sçavoir à ma Princesse les mesures que
j'allois prendre pour sa délivrance, & je
m'embarquai avec son Chevalier pour
Constantinople. Ce ne fut que dans le
navire que je reconnus le défenseur d'O-
nolosie ; c'étoit cette même Géante
Gradafilée, que j'avois autrefois secou-
rue, & aux charmes de qui j'avois ré-
sisté en voulant conserver mon cœur à
la Princesse de Trébisonde. Je fus touché de sa générosité, d'autant plus que
j'ignorois les sentiments qu'elle avoit
pour moi, & les sacrifices qu'elle me
faisoit. Elle me dit que Fulurtin ayant
été jetté sur ses côtes, & lui ayant appris le danger que je courois, & qu'il
voloit à mon secours, elle n'avoit pas
hésité à se joindre à lui. Ma reconnoissance
fut si grande, qu'après avoir mille fois
baisé les mains de cette généreuse &
vaillante Princesse, je voulus lui donner
toutes les preuves d'attachement, de reconnoissance, & même d'amour qu'elle

N ij

auroit pu attendre de moi , il y avoit
long-temps ; mais l'illuftre Géante re-
buttant mes offres avec nobleffe , &
fe défendant avec fermeté , me répondit
du ton d'une femme qui veut & fçait
fe faire refpecter. : ,, Seigneur , j'a-
,, voue que je vous aime , & j'aurois
,, été flattée du don de votre cœur dans
,, le temps que je le croyois libre ; mais
,, à préfent que je fçais qu'il appartient
,, à un autre , je refufe vos propofitions.
,, Les Princeffes comme moi font faites
,, pour fixer les Chevaliers comme vous,
,, & non pour les amufer en paffant :
,, Prince , oubliez que je fuis femme,
,, regardez-moi comme votre ami le
,, plus fidele , & le plus vaillant de vos
,, compagnons d'armes ; vous me trou-
,, verez dans toutes les occafions prête
,, à faire à vos côtés des exploits qui
,, nous illuftreront l'un & l'autre. Mais
,, je ne me prêterai jamais à des actes
,, de foibleffe qui m'aviliroient à vos
,, yeux ``. Je ne pus qu'applaudir à
des fentiments fi nobles , & je lui jurai
la plus fidelle & la plus pure amitié.
Je la lui ai fidellement confervé , & elle
n'a été troublée par aucun nuage de foupçon ni de jaloufie, même de la part de ma
chere Onolofie.

Nous arrivâmes à Conftantinople, où Efplandian mon pere me revit avec d'autant plus de plaifir, qu'il ignoroit ce que j'étois devenu, & ce qui m'étoit arrivé depuis quelque temps. Je lui en rendis compte, & l'engageai à faire paffer à Trébifonde des troupes, à la tête defquelles j'offris de me mettre, non pour combattre le pere d'Olonofie, mais pour faire ceffer l'oppreffion dans laquelle la tenoit le Soudan de Babylone. Mon pere, non-feulement m'accorda ma demande, mais voulut fe mettre lui-même à la tête de l'armée Grecque. Il s'embarqua avec nous, & dans ce moment même, mon fils Amadis de Grece arriva à Conftantinople, & ne s'y fit connoître que comme un Chevalier aventurier & étranger ; il demanda permiffion de fe joindre à l'armée qui couroit au fecours de Trébifonde : on y confentit, & bientôt nous arrivâmes tous heureufement devant cette capitale. Nous la trouvâmes affiégée par l'armée du Soudan, irrité des refus obftinés d'Onolofie. Nous ne tardâmes pas à attaquer ces troupes Barbares ; mon pere, n'ayant rien perdu de fon ancienne

valeur, fe fignala contre elles ; mon
fils, fous le nom du Chevalier de l'ardente épée, fit des prodiges ; je combattis en homme plus intéreffé qu'aucun
autre à obtenir la victoire ; Gradafilée
me feconda. Enfin j'eus le bonheur de
tuer le Soudan de Babylone de ma propre main ; & fa fœur Abra ramena comme
elle put les débris de fon armée du côté
de Babylone. L'on juge bien que mon
mariage avec Onolofie ne fouffrit plus
de difficulté, je l'époufai avec pompe,
& nous reconnûmes avec plaifir notre
fils Amadis dans l'illuftre Chevalier de
l'ardente épée. Auffitôt après nos noces
Efplandian retourna à Conftantinople, &
je me fixai à Trébifonde, dont mon beau-
pere Conftantin me céda la couronne :
je l'ai gardée jufqu'au moment de l'enchantement qui m'a conduit au château
où nous fommes. Depuis la célébra-
tion de notre mariage, nous n'avons
eu Onolofie & moi, qu'un fecond fruit
de notre amour, c'eft une fille que nous
avons nommée Sylvie : elle nous a été
enlevée prefque au moment de fa naiffance, fans doute par les Sages, &
nous efpérons qu'elle nous fera rendue

quelque jour aussi heureusement que nous
l'a été notre fils Amadis. Nous comptions
retenir celui-ci pendant long-temps auprès de nous , mais une grande aventure
dans laquelle il avoit promis de s'engager, & qui lui tenoit fort à cœur , nous
priva bientôt de sa présence. C'est à lui-
même à vous raconter les détails de cette
histoire, qui est la plus intéressante de
sa vie héroïque & galante ; je m'en rap-
porte pour le reste de la mienne à ce
que vous avez vu dans les tableaux magiques de votre galerie.

Ce que Lisuart de Grece avoit conté
aux enfants de Trébatius , de ses aventures & de celles d'Amadis de Grece ,
leur donna grande envie d'apprendre le
reste de la bouche même de ce Chevalier : il prit jour pour leur faire le
détail des traits les plus singuliers de sa
vie ; les voici :

_____

Histoire d'Amadis de Grece.

Mon pere Lisuart vous a instruit des
circonstances de ma naissance & de mes

premieres actions ; il vous a dit qu'étant
abordé avec la Princesse Luzelle dans
l'isle où régnoit la bonne Géante Grada-
silée, elle m'avoit conseillé de me rendre à Constantinople , & à Trébisonde,
& qu'après avoir remis la Princesse Luzelle en Sicile, j'avois effectivement repris cette route ; mais avant que d'y arriver, je fis une rencontre qui a été la
cause de la plus singuliere & de la plus
intéressante aventure de ma vie. J'appro-
chois de Constantinople & je traversois
la forêt des Aliziers , lorsqu'un Nain se
présenta à moi, & me demanda des nouvelles du Chevalier de l'ardente épée : je
lui avouai que c'étoit moi. Seigneur, me
dit-il , votre réputation est déja si grande
malgré votre jeunesse , que l'on vous
croit réservé pour mettre à fin une aventure qui vous doit procurer autant de
plaisir que de gloire. La Princesse pour
laquelle je vous implore est l'adorable
Niquée , fille du Roi de Thebes. La
bonne enchanteresse Zirphée est son amie
& sa protectrice ; mais son art ne suffit pas
pour la désenchanter , elle a déclaré que
vous seul en pouviez venir à bout. Ne
vous refusez point à la priere qui vous

est faite de la part de la plus belle
Princesse du monde : c'est cette beauté
même qui fait son malheur, je peux vous
montrer son portrait si vous le désirez,
je suis même chargé de vous l'offrir s'il
vous détermine à secourir ma maîtresse.
Le discours de ce nain m'inspira de la curiosité, je jugeai que l'histoire qu'il me
faisoit, méritoit d'être examinée & ap-
profondie : nous entrâmes ensemble dans
une habitation champêtre, & nous y étant
reposés & rafraîchis, je fis au nain un
grand nombre de questions auxquelles
il satisfit, & je fus parfaitement au
fait de l'enchantement de sa Princesse.
Dès le moment de sa naissance elle avoit
paru si belle & si parfaite, que le Roi
son pere l'avoit honorée comme une divinité, il n'épargnoit rien pour sa parure,
& l'avoit logée dans un palais somptueux,
dont la construction lui avoit coûté des
sommes immenses ; les marbres, les bois
précieux, les ornemens & la dorure y
étoient prodigués. On avoit rassemblé
dans ce séjour, tout ce que l'art pouvoit
offrir de plus précieux, Niquée y
paroissoit élevée sur un trône d'or, orné
de diamants ; elle étoit entourée d'une

foule d'efclaves magnifiquement vêtus ;
qui jouoient de toutes fortes d'inftrumens,
chantoient des vers à fa louange, ou contoient des hiftoires pour l'amufer : elle ne
paroiffoit jamais en public que dans cet éta-
lage, que l'on nommoit la gloire de Niquée;
auffi fes charmes naturels relevés par ce
grand appareil, faifoient une telle impreffion, que tous ceux qui la voyoient
perdoient la vie ou la raifon. Niquée fembloit peu touchée de ces accidents, elle
en rioit même & en triomphoit fans
qu'aucun de ceux qui fe préfentoient devant elle parût l'intéreffer. Cette difpofition du cœur d'une jeune & belle Princeffe, paroiffoit fi extraordinaire, qu'on
l'attribuoit à un charme, & que l'on
difoit que la Princeffe étoit enchantée.
La fage Zirphée convenoit qu'elle ne
pouvoit apporter de remede à l'état de
fa Princeffe ; mais elle avoit préfumé
peut-être autant par un effet de fes lu-
mieres naturelles que par celles acquifes
par fon art, qu'un jeune Prince charmant
& vaillant étoit réfervé pour détruire un
pareil charme ; & fur ma réputation elle
me faifoit l'honneur de croire que je pouvois opérer ce prodige.

Je fus inftruit de toutes ces particula-

rités par le nain nommé Bufando , il
me les conta avec d'autant plus de chaleur,
qu'il étoit lui-même une des victimes
des charmes de la Princeffe : il avouoit
qu'elle lui avoit fait tourner la tête ; je
n'avois plus qu'à voir le portrait pour juger
de cette dangereufe beauté. Je le vis &
je ne fus plus étonné de ce qui étoit arrivé
à ceux qui avoient approché de la gloire
de Niquée. Jufqu'à ce moment je n'a-
vois rien connu de plus beau que Luzelle; mais je l'oubliai entiérement pour
ne plus m'occuper que de la belle Princeffe de Thebes. Je promis à Bufando
de mettre à fin l'aventure qu'il me propofoit , dès que je me ferois acquitté de
mon devoir envers des parents que j'allois retrouver, & auxquels je pouvois
rendre d'importans fervices. Je le char-
geai d'affurer Zirphée que j'expedierois
ces affaires pour voler à la gloire de Niquée. Je tins parole , vous fçavez déjà
que j'arrivai à Conftantinople au moment
où mon ayeul Efplandian partoit pour
aller au fecours de mon pere Lifuart à
Trébifonde. Vous venez d'être informés
de ce qui s'y paffa , je ne différai d'en
fortir que pour voir couronner mon pere,

auquel l'Empereur Conſtantin céda le trône Impérial. Les fêtes qui furent données à cette occaſion, n'étoient pas encore finies, lorſqu'un Chevalier d'une belle taille & bien monté entra dans la ville, & déclara qu'il étoit chargé au nom de la Reine Abra de venir défier Liſuart de Grece & de le combattre ; j'étois préſent à ce défi, & ſans vouloir ſouffrir que l'on avertît mon pere, je m'offris à combattre pour lui. Le Chevalier d'Abra m'accepta pour adverſaire, & ne me donna que le tems d'aller prendre mes armes. Nous commençâmes, je ne pus qu'admirer la valeur & l'adreſſe de celui qui m'attaquoit, je le forçai cependant à s'avouer vaincu, & ayant coupé les liens qui attachoient ſon caſque, je reconnus que j'avois combattu contre une femme : c'étoit Zahara Reine des Amazones, amie d'Abra qui l'avoit engagée à venir ainſi faire preuve de ſa valeur. Je la conduiſis au palais où je la préſentai aux Empereurs & aux Impératrices, & elle y fut traitée moins en priſonniere qu'en Princeſſe qui méritoit toute ſorte d'égards & de conſidération. Je m'apperçus bientôt que j'avois fait

quelque impreſſion ſur ſon cœur ; &
cette belle & vaillante Princeſſe en auroit fait ſur le mien , s'il n'avoit déja été
ſoumis aux charmes de Niquée. Ne voulant pas du moins être accuſé de mauvaiſe
foi , je rendis à Zahara un compte fidele
de mon hiſtoire juſqu'à ce moment ,
& de mes diſpoſitions actuelles. Je lui
montrai le portrait de Niquée, je lui
parlai même de mes premieres amours
avec la Princeſſe de Sicile. La Reine des
Amazones, adoptant la généreuſe façon
de penſer de la Géante Gradafilée, ſe conduiſit avec moi comme celle-ci avoit fait
avec mon pere. « Prince , me dit-elle, je
» ne veux ni diſputer un cœur dont une
» autre s'eſt déja emparé , ni le parta-
» ger avec perſonne, je renonce à être
» votre amante ; mais je veux être tou-
» jours votre véritable amie & votre
» compagne d'armes ; je vous ſuivrai
» dans votre expédition de Thebes , je
» m'occuperai avec vous du déſenchan-
» tement de Niquée ; & ſi mes talens
» & mon expérience vous ſont inutiles,
» mon adreſſe & mes conſeils vous ſer-
» viront peut-être mieux ».

Je n'eus garde de refuſer des offres

auffi flatteufes , & après avoir juré à Zahara la plus fincere & la plus conftante
amitié , nous nous embarquâmes & paf-
fâmes enfemble à Thebes. Nous y arrivâmes dans le plus parfait incognito , je
ne me fis connoître que du nain Bufando que j'envoyai fecrétement chercher : il nous apprit que Niquée n'étoit
plus dans fa gloire , ou pour mieux dire ,
que fa gloire avoir été tranfportée dans
un château fortifié , ou fon pere avoit
voulu qu'elle fût renfermée , pour la dérober aux yeux des étrangers & même
de fes Sujets & des Princes de fa famille
fur qui cette vue faifoit toujours le même
effet. Le Prince Anaftarax frere de la Princeffe avoit éprouvé lui-même l'effet de ces
charmes dangereux ; l'amour qu'il avoit
conçu pour fa fœur , & le trouble qu'a-
voient jetté dans fon ame ces fentimens in-
ceftueux, l'avoient rendu malade au point
qu'il étoit prêt d'expirer ; mais la favorable Zirphée l'avoit dérobé à la mort
en l'enchantant dans une caverne fituée
à l'extrêmité des Etats de fon pere. Depuis cet accident le Roi n'avoit plus voulu
permettre que fa fille vît aucun homme ;
il la détenoit , comme nous l'avons déja

dit, dans un château assez vaste pour loger une grande quantité d'esclaves de son sexe qui lui rendoient tous les honneurs & lui procuroient tous les plaisirs possibles ; mais le Roi son pere étoit le seul homme à qui l'entrée en fut permise.

Ces nouvelles ne laisserent pas que de nous embarrasser Zahara & moi ; nous ne sçavions plus comment pénétrer dans le château, lorsque Busando nous en indiqua les moyens, & nous fournit un expédient que nous adoptâmes. Zahara eut la complaisance de se déguiser en marchand d'esclaves, l'on m'habilla en femme, j'étois encore assez jeune pour soutenir ce déguisement, & les traits de mon visage étoient assez beaux pour faire croire que j'étois une jolie personne. Ainsi ajusté, Zahara me conduisit au palais, & me présenta au Roi comme un esclave qu'elle vouloit vendre & placer au service de la belle Princesse. Je fus agréé & conduit au château, j'eus le bonheur de voir Niquée, & j'achevai d'en devenir ardemment amoureux. Cependant je ne perdis ni la vie ni la tête, l'espoir soutenant mon courage, je cherchai à me rendre agréable d'abord comme femme ; enfin je trouvai le moment favorable pour me faire connoître , & je fus écouté sans colere. Je dus particuliérement cet accueil favorable à la protection de la bonne Enchanteresse Zirphée , à laquelle j'avois été annoncé & recommandé par Busando. Elle daigna diriger ma conduite , & voici quelle elle fut en conséquence de ses conseils. Le bon Roi de Thebes venoit souvent voir sa fille , le Ciel & les Enchanteurs l'avoient préservé du terrible effet de ses charmes ; mais quoiqu'il fut déja vieux , il étoit encore susceptible de s'enflammer pour un objet qui lui paroissoit aimable , & qu'il croyoit pouvoir disposer à la complaisance. Il me prit pour cet objet , & ne crut pas qu'une esclave de sa fille pût résister aux agaceries d'un Monarque. Cependant j'usai avec lui, par le conseil de Zirphée , de toute l'adresse & du manége d'une coquette habile & adroite. Sans le rebuter , & en l'enflammant même de plus en plus , je lui dis , qu'il ne me seroit pas possible d'avoir pour lui des complaisances , tant que je serois renfermée ainsi avec la belle Niquée ; que lui-même ne verroit jamais finir les embarras où le jettoit l'excessive beauté

de fa fille, s'il ne la rétabliſſoit dans ſa
gloire : que quelque Prince digne d'elle
pourroit enfin ſe préſenter & réuſſir à obtenir ſa main. Le Monarque amoureux héſi-
toit malgré mes inſtances,lorſque Zirphée
m'aida à venir à bout de mon deſſein,
en propoſant de faire un enchantement
qui défendît les approches de la gloire
de Niquée, & n'en permît l'entrée qu'aux
plus fameux Guerriers, & ſur-tout à
celui qui étoit deſtiné à poſſéder ſon
cœur. Cet expédient parut tout concilier : Zirphée fit élever à l'entrée du Palais un Perron d'une belle architecture,
qu'elle entoura de flammes, & fit défendre par des monſtres & des Géants.
Aucun homme hors le Roi ne pouvoit y
entrer ſans les combattre & les vaincre.
Ainſi Niquée étoit défendue,excepté contre la valeur la plus décidée. L'Enchantereſſe, après m'avoir rendu ce premier
ſervice, me mit en état de lever les obſtacles qu'elle n'avoit formés qu'étant
aſſurée que je pourrois les vaincre. De
concert avec elle, je ſortis du merveilleux Palais, je paſſai ſecrétement chez
Zahara, qui toujours ſous ſon déguiſe-
ſement de Marchand d'eſclaves, s'étoit
logée dans la ville de Thebes, & j'y re-

pris mes armes ; pendant ce temps, Zirphée substitua à ma place un de ses gé-
nies affidés , qui prit mes habits , &
le nom de Néréïde , que je portois , &
joua mon rôle auprès du Roi de Thebes. Je fis annoncer au Monarque, que
le Chevalier de l'ardente épée , Amadis de Grece , venoit d'arriver , &
qu'il demandoit la permission de tenter l'aventure du perron enflammé ,
de mériter par sa valeur d'offrir ses hommages à la divine Niquée , & de la supplier de l'agréer pour son Chevalier. La
réponse que reçut mon Ecuyer à ce compliment , fut telle que je pouvois la
désirer. On me fit dire que mon nom
& ma réputation avoient déja pénétré
jusques à Thebes , & qu'ils devoient
m'assurer du succès de tout ce que je
voudrois entreprendre ; on ajouta que
le lendemain Niquée m'attendroit dans
sa gloire. Je me rendis sur la grande
place d'assez bonne-heure , pour ne pas
craindre d'être prévenu ; mes armes
étoient brillantes , je tenois à la main
l'épée dont Urgande m'avoit fait présent , & qui devoit dissiper toute espece d'enchantement ; j'étois accompagné de Zahara , qui avoit repris l'ha-

bit convenable à son état de Reine des Amazones. Quel fut mon étonnement lorfqu'en entrant dans la place où étoit fitué le perron de la gloire de Niquée, je vis que les feux en étoient éteints, que les monftres & les Géants, qui en défendoient l'approche, étoient tués, & que j'entendis le bruit des acclamations du peuple de Thebes, qui célébroit la gloire d'un Guerrier qui avoit déja mis à fin l'aventure que j'allois tenter. Furieux, & défefpéré, je demandai qui pouvoit avoir été affez hardi pour m'avoir prévenu ? Ceux que j'interrogeois me répondirent que c'étoit Amadis de Grece, Chevalier de l'ardente épée : mon étonnement & ma fureur femblerent alors portés à leur comble, ils devoient pourtant encore augmenter ; je courus au perron, les feux fe rallumerent pour moi, les monftres & les Géants fe reproduifirent, mais je les eus bientôt diffipé, & j'arrivai jufques au pied du trône, où j'apperçus le bon Roi de Thebes, affis à la droite de fa fille, & à fa gauche un Guerrier, dont le cafque étoit ôté & le vifage découvert. Quelle fut ma furprife, quand

je trouvai qu'il me reſſembloit ſi parfaitement , que tout le monde devoit
s'y tromper ; je me hâtai de défaire
auſſi mon armet , & de montrer le véritable Amadis au Roi de Thebes & à
ſa fille. Le Monarque & la Princeſſe
jettant alors chacun un grand cri ; grands
Dieux ! que voyons-nous ? s'écrierent-
ils ? Deux Amadis ! deux Chevaliers de
l'ardente épée ! Nous reſtâmes tous pendant quelques momens comme pétrifiés :
enfin je ſortis le premier d'inaction , &
voulus me jetter ſur celui qui avoit eu
l'audace de prendre ma figure ; mais la
belle Niquée m'arrêta & nous ordonna ſi
poſitivement à l'un & à l'autre de ſuſ-
pendre notre reſſentiment, juſqu'à ce que
l'on eût pris tous les éclairciſſemens convenables,que nous crûmes devoir lui obéir.
Le Roi de Thebes nous fit conduire chacun dans une maiſon différente , où il
vint nous interroger l'un après l'autre.
La journée entiere ſe paſſa dans ces éclairciſſemens ; je répondis avec la plus grande
franchiſe à toutes les queſtions que me
fit le Monarque Thébain , & je ne lui
cachai que mon traveſtiſſement en fille ,
que je crus devoir lui laiſſer ignorer.
Apparemment que mon adverſaire lui

débita des menfonges avec autant de har-
dieffe que je lui dis la vérité , car à la fin
de la journée , il fe trouva auffi embarraffé
qu'au commencement ; & comme je
demandois avec inftance le combat à
outrance , il fut enfin décidé qu'il auroit
lieu le lendemain.

Pendant la nuit la Sage Zirphée m'apparut & m'éclaircit le myftere de cette
finguliere rencontre. Celui qui portoit ma
figure étoit un Prince de Thrace que j'a-
vois connu , & dont j'avois même fait
mon ami dès le tems de mes premieres
expéditions dans l'ifle de Silenquie ; il
s'y étoit trouvé cherchant des aventures,
& je l'y avois vu combattre à mes côtés
avec courage. La derniere fois que nous
nous étions rencontrés , c'étoit lorfque
je me rendois de Trébifonde à Thebes ; il
m'avoit propofé de m'occuper avec lui
d'une autre expédition ; mais je le re-
fufai , & pour me juftifier je lui montrai
le portrait de Niquée. Il en fut frappé ,
mais il diffimula , il me laiffa continuer
ma route , & courut chez une Magicienne de fes amies nommée Mélice ,
lui avoua qu'il étoit devenu éperduement
amoureux de ma Princeffe , & la confulta
fur les moyens de me la ravir. La Magi-

cienne après avoir intérrogé fes oracles ,
répondit que l'enchantement ne pouvant
être rompu que par Amadis de Grece ,
il falloit abfolument qu'il prît mon nom
& ma figure , & qu'il tâchât de me prévenir. Le Prince de Thrace quoiqu'il fentit quelque répugnance à ne triompher
que par une fupercherie , y confentit
enfin ; & après avoir fait les conjurations les plus terribles, Mélice lui donna
ma reffemblance, elle l'arma enfuite d'une
épée pareille à la mienne , & également
propre à diffiper l'enchantement du perron enflammé. Zirphée conclut fon récit
par me dire : Prince , votre rival ayant
pour lui une Enchantereffe , dont la
puiffance eft au moins égale à mon pouvoir , je ne peux que vous abandonner
à votre courage , c'eft à vous-même à
vaincre.

Vous jugez bien que je ne fus point
embarraffé de cette efpece d'abandon.
Le lendemain la Cour & le peuple de
Thebes , virent entrer dans la carriere
les deux Amadis , & ils ne fçavoient
auquel ils devoient prendre intérêt , ne
fachant qui étoit le véritable.

Avant que de porter le premier coup
à mon ennemi , je lui adreffai ce peu de

mots. « Prince de Thrace, je vous con-
» nois : indigne ami, ne rougiſſez-vous
» pas de la ſupercherie dont vous vous
» rendez coupable.... J'ai eu peine à m'y
» déterminer, me répondit mon rival,
» aſſez bas pour que les ſpectateurs ne
» puſſent l'entendre ; mais vous con-
» noiſſez l'objet pour lequel nous allons
» combattre, & vous ſavez ſi l'on peut
» réſiſter à tant de charmes. O ! Ama-
» dis, ſi les fautes peuvent être excuſées
» par l'objet qui les fait commettre, je
» ne ſuis pas ſi coupable ; ſi tu n'étois
» pas ſûr d'être heureux, tu m'aurois
» trahi pour le devenir «. Je ne lui donnai pas le temps d'en dire davantage ;
mon rival combattit en déſeſpéré, mais
enfin il ſuccomba, & malgré ſa trahi-
ſon, ce fut avec peine que je lui donnai
la mort.

Ma victoire ne fut point ſuivie des ap-
plaudiſſemens que les ſpectateurs prodi-
guent ordinairement au vainqueur. On
doutoit encore ſi c'étoit le véritable Amadis
qui avoit triomphé; mais on en fut bientôt
éclairci. La mort du Prince de Thrace
avoit détruit l'enchantement, il parut
ſous ſes véritables traits ; d'ailleurs ayant
été viſité, on trouva qu'il n'avoit pas ſur

la poitrine l'ardente épée qui étoit la marque diſtinctive que j'avois apportée en naiſſant. Ma gloire & mon bonheur furent donc bientôt abſolument aſſurés. Le bon Roi de Thebes conſentit à me donner en mariage la charmante Niquée, & à me la laiſſer conduire à la Cour de mon pere à Trébiſonde. J'étois aſſuré que cette alliance feroit d'autant plus agréable à mes parens, que nous avions Niquée & moi des ancêtres communs; car elle deſcendoit de Roſalvire de Trinacrie, fille du grand Trébatius qui avoit, comme on le ſait, épouſé Lindorian Prince de Niquée; leur fils s'étant marié à l'héritiere du Royaume de Thebes, les deux Etats étoient réunis en un ſeul.

Cependant le bon Roi de Thebes ne retrouvant plus ſa chere Nereïde, en étoit fort inquiet; mais la Sage Zirphée ſe chargea de lui faire entendre raiſon, & elle y réuſſit. Elle engagea même l'Enchantereſſe Mélice à me pardonner la mort du Prince de Thrace & à ne mettre aucun obſtacle au ſuccès de notre voyage à Trébiſonde.

Je préſentai la Reine des Amazones à ma chere Niquée, comme la meilleure

&

& la plus folide de mes amies. La Cour
de Thebes ofa former quelques foupçons
fur cette liaifon , & trouva que Zahara
étoit bien jeune & bien belle pour être
une amie fans confequence ; mais ma
Princeffe affurée du pouvoir de fes charmes par l'effet prodigieux qu'ils avoient
faits fur tant de Princes à qui ils avoient
ôté la vie ou la raifon, ne conçut aucune
inquiétude ; d'ailleurs on étoit accoutumé
de voir voyager les Princeffes feules ou avec
des Chevaliers, fans qu'on pût attaquer
leur réputation , fur-tout de celles , qui ,
comme Zahara , étoient de vaillantes
Amazones.

Nous partîmes donc pour nous rendre
par mer à Trébifonde : au bout de quelques jours les vents contraires nous forcerent de relâcher dans le port de la fameufe ifle de Rhodes, & nous prîmes
d'autant plus volontiers le parti de nous
y repofer pendant quelques jours, que
mon aimable époufe étoit incommodée
d'une groffeffe qui avoit commencé du
tems que j'étois déguifé auprès d'elle fous
le nom de Néreïde. Nous admirâmes dans
le port même le fuperbe Coloffe, une des
fept merveilles du monde : deux jours
après , ayant entendu dire que l'ifle étoit

remplie d'une infinité d'autres curiosités remarquables, Niquée fut la premiere à nous conseiller, à Zahara & à moi, d'aller les visiter, tandis qu'elle se reposeroit dans la capitale de l'isle. Nous n'y consentîmes qu'après nous être assurés qu'elle n'avoit pas besoin de notre présence, & lui avoir promis de lui rendre compte à notre retour de ce que nous aurions remarqué de curieux pendant ce petit voyage. Nous fûmes peu de temps absens, mais cette promenade fut marquée par un événement assez singulier. Dans une de nos courses, nous passâmes devant un petit Temple, qui avoit été consacré à Vénus Rhodienne, & dont une grande partie subsistoit encore en entier : le marbre de Paros y avoit été prodigué, & les ornemens qu'on y remarquoit en grande quantité, n'étoient ni rompus, ni altérés en aucune maniere; une infinité de petits Amours, répandus de tous côtés, sembloient sortir de la main de l'ouvrier, & les coussins rembourés de feuilles de roses, qui couvroient les différens gradins, répandoient une aussi agréable odeur que dans le temps qu'ils avoient été formés. On ne pouvoit guères se dispenser d'entrer dans un pareil monument de l'antiquité, mais il étoit bien dangereux d'y mettre le pied; c'eſt ce que nous éprouvâmes bientôt Zahara & moi. Nous reſtâmes d'abord dans l'admiration à la vue de tant de chef-d'œuvres, mais nous les négligeâmes bien-tôt pour ne nous occuper que de nous-mêmes. J'oubliai la tendre & charmante Niquée, & Zahara oublia de ſon côté ſes grands principes & ſa vertu. La Déeſſe de la volupté, ſi long-temps adorée dans ce Temple fameux, y exerçoit encore ſon empire, & nous n'en ſortîmes qu'après avoir fait à Vénus des ſacrifices du genre de ceux qui lui ſont les plus agréables. Nous abandonnâmes à regret ce ſéjour; mais à peine en fûmes-nous dehors, que nous rougîmes de notre égarement. Cependant la faute étoit faite, & la cacher à Niquée étoit tout ce que nous pouvions ſouhaiter; nous eûmes le bonheur d'y réuſſir.

Nous quittâmes le Port de Rhodes peu après cette aventure, & nous arrivâmes tous trois heureuſement à Trébiſonde, où nous fûmes reçus avec la plus grande ſatiſfaction. Zahara s'y arrêta peu & repartit pour ſes Etats, où préciſément neuf mois après la promenade au Temple de

Vénus, elle mit au monde deux enfans, un fils qui fut nommé Anaxartes,
& qui régne à préfent fur une partie de
l'Efpagne, en ayant époufé l'héritiere ; &
une fille, Amazone illuftre comme fa
mere, qu'on appelle Alaftraxerée. Un
peu avant, Niquée avoit donné le jour
à mon fils Florifel, que nous avons furnommé de Niquée, & qui fait déja concevoir les plus hautes efpérances.

Quant au refte de mon hiftoire, je
crois pouvoir vous renvoyer à ce que
vous avez vu dans les tableaux magiques de votre galerie. Efplandian, mon
ayeul, ayant voulu abfolument renoncer à l'Empire de Grece, & abdiquer
cette couronne, pour mener une vie
retirée ; & mon pere Lifuart étant accoutumé au féjour & au trône de Trébifonde, c'eft-moi, qui ai rempli celui
de Conftantinople, jufqu'au moment où
nous avons été tous tranfportés dans ce
Palais.

De tous les nouveaux enchantés dans
le Palais du Tréfor, il ne reftoit plus que
Florès de Grece, qui n'avoit pas encore
conté le détail de fes aventures. Son
ayeul Amadis l'engagea à en faire le
récit, dont voici la fubftance.

Hiſtoire de Florès de Grece.

Jᴇ́ᴛᴏɪs encore ſi jeune, lorſque le
grand Amadis & Eſplandian mon pere,
furent plongés dans l'enchantement, dont
Liſuart mon frere aîné eut le bonheur
de les délivrer, que plus d'un an ſe paſſa
ſans qu'il fut queſtion de m'armer Chevalier. J'étois élevé à Conſtantinople
avec un jeune Prince d'Eſpagne, de mon
âge, qui s'appelloit Liſpant. Nous étions
liés enſemble d'une ſi forte amitié, que
celle d'Oreſte & de Pylade, ſi fameuſe
dans l'Hiſtore, pouvoit à peine lui être
comparée.

Quand nous eûmes atteint l'âge de
quinze ans, nous entendîmes dire que
le grand Amadis mon ayeul, avoit à ſou-
tenir une guerre terrible dans la Grande-
Bretagne & dans les Gaules. Nous apprîmes que l'on avoit écrit à Liſuart de
s'y rendre. Nous formâmes auſſitôt le projet de marcher auſſi à cette guerre, &
nous demandâmes d'être armés Chevaliers, mais on nous refuſa à cauſe de
notre trop grande jeuneſſe. Nous réſo-

lûmes de nous échapper , & nous nous rendîmes dans la forêt des Aliziers, sous prétexte d'une chasse, mais effectivement pour nous approcher des bords de la mer, dans l'espérance d'y trouver quelque navire qui nous conduiroit en Gaule. Nous aurions eu cependant bien de la peine à nous embarquer , si la sage Urgande , protectrice de toute ma famille , ne fût venue à notre secours. Elle m'envoya une Demoiselle, qui , nous rencontrant sur le rivage , nous aborda , en nous appellant par nos propres noms : elle nous dit que la Fée étant instruite de nos projets , & voulant les favoriser , lui avoit donné ordre de nous offrir de sa part à chacun une armure complette & brillante ; pour Ecuyers , deux jeunes gens étudiants en magie , & déja assez avancés dans cet art , afin de pouvoir nous être utiles , & enfin , un vaisseau bien équipé , & muni de tout ce qui nous seroit nécessaire pour rendre sûr & agréable le voyage qu'Urgande nous conseilloit de faire en commençant par Rome. Nous protestâmes de notre soumission & de notre reconnoissance pour la Fée , & nous trouvâmes effectivement à quelques pas de-là le vaisseau dans

lequel étoient déja embarqués les deux
Ecuyers, qui nous aiderent à nous revêtir des armures. Celui des deux jeunes gens
qui devoit me servir, s'appelloit Urgan-
din, & celui qui devoit être attaché à
mon ami, Filidonio. Sur mon écu étoient
peints deux cignes d'argent au fond d'a-
zur, ce qui me fit prendre le nom de Chevalier aux Cignes ; sur celui de Lispant
on voyoit des flammes d'or sans nombre sur un fond de gueules, aussi s'ap-
pella-t-il le Chevalier aux Flammes.
Notre traversée fut prompte & heureuse,
& nous fûmes très-bien reçus de l'Empereur, auquel la sage Urgande nous
avoit annoncé comme deux Damoiseaux
de haute naissance, & qui avoient de
grandes dispositions pour devenir des
Chevaliers du premier ordre ; elle avoit
pourtant jugé à propos de laisser ignorer
nos noms à l'Empereur Romain, qui au
reste, n'auroit pris que plus d'intérêt à
ce qui me regardoit, puisque j'étois petit-
neveu de l'Impératrice sa femme, sœur
de ma grand'mere Oriane. Nous fûmes
armés avec éclat & cérémonie, & nous
ne tardâmes pas à trouver des occasions
de faire nos premieres armes, & comme
l'on dit, de gagner nos éperons. Une

Demoifelle vint implorer le fecours de
l'Empereur pour la Reine des Daces ,
contre fon époux. Ce Roi , après avoir
tout employé pour obtenir fa main , parce
qu'elle étoit héritiere d'un pays voifin du
fien , la maltraitoit horriblement , fur
les plus faux & les plus odieux prétextes , il la retenoit dans une prifon, & la
menaçoit de la faire mourir. Floreftan ,
Prince de Sardaigne, fut envoyé contre ce
Tyran , à la tête d'une armée de troupes
Romaines , & nous obtînmes la permiffion de fervir fous lui. Nous nous fi-
gnalâmes par plufieurs actions de valeur,
& le fort de la guerre ne dépendant plus
que du fuccès d'un combat fingulier, ce
fut moi qui vainquis ce Roi appellé Roland, & qui lui donnai la mort. La Reine
Sabine, malgré les mauvais procédés du
Roi fon époux, ne voulut pas lui furvivre,
& expira en embraffant fon cadavre.

De retour de cette premiere expédition , nous partîmes pour la Grande-
Bretagne , où nous efpérions trouver
Amadis , & avoir l'honneur de combattre fous fes drapeaux. Mais avant de
parvenir à ce but de notre voyage, nous
eûmes bien des aventures, qui nous écar-
terent infiniment de notre route. L'é-

clat de nos armures , la singularité de
nos devises , & peut-être notre air audacieux & déterminé engagerent beaucoup de Dames & de Demoiselles à implorer notre secours , & à nous prier
de nous occuper du soin de les défendre
contre des maris jaloux , ou des amants
rebutés. Nous réussîmes dans toutes ces
entreprises , & nous n'en tirâmes d'autre profit qu'un peu de gloire , & la
satisfaction d'avoir obligé beaucoup de
jolies personnes. D'ailleurs , il nous auroit été fort aisé d'avoir dans ces occasions plusieurs bonnes fortunes ; mais
nous avions été élevés à Constantinople, dans des principes qui nous obli-
geoient d'attendre qu'un amour sérieux
& digne de nous occuper , s'emparât de
notre cœur. Nous résistâmes donc à toutes ces tentations ; enfin , nous nous
trouvâmes assez près du Royaume de
Macédoine. Nous entendîmes parler avec
éloge du bon Roi Alidor qui le gouvernoit, de la charmante Princesse Enone
sa fille , & des différends que ce Monarque avoit avec celui de Thessalie son
voisin. On nous dit que les deux Princes étoient convenus que leurs querelles
seroient terminées par le combat de qua-

O v

tre Chevaliers , dont deux feroient nommés de chaque côté. Le Roi de Theffalie
avoit déja indiqué les fiens ; le premier
étoit un Géant formidable. La Macédoine fourniffant alors peu de Guerriers,
Alidor étoit bien plus embarraffé pour
choifir les fiens. Il regrettoit beaucoup
l'abfence de fon fils Coroneo , qui faifoit efpérer de relever un jour la gloire
de fa patrie. Nous réfolûmes, mon ami &
moi, de nous préfenter pour remplir l'attente du Roi de Macédoine. Nous nous
acheminâmes du côté de fes Etats , & en
paffant devant un château , on nous dit
qu'un Géant tenoit prifonniers nombre
de Dames & de Chevaliers , nous y
courûmes , nous tuâmes le Géant , &
nous ouvrîmes fes prifons. Parmi les
Captifs que nous délivrâmes , nous re-
marquâmes avec grand plaifir le Prince
Coroneo , qui retournant dans les Etats
de fon pere avoit été arrêté par le monftre dont nous venions de purger le pays.
Après avoir rompu fes fers , nous nous
joignîmes bientôt à lui , le Chevalier
des flammes lui céda fa place ; & la vifiere de nos cafques baiffée , nous entrâmes tous trois dans la capitale. Nous
nous proposâmes pour champions, Co-

roneo & moi, & nous fûmes acceptés.
J'eus affaire à un Géant épouvantable,
& j'en vins à bout ; le Prince combattit
l'ennemi de son pere en personne, &
avec bien de là peine il le vainquit ;
se trouvant maître de sa vie, il la
lui accorda avec générosité ; & s'étant
fait reconnoître, au même instant la
paix & la satisfaction régnerent dans la
Macédoine. Coroneo épousa la fille du
Roi de Thessalie. Je fus fêté dans cette
Cour comme le libérateur du Prince, &
& le sauveur de l'Etat. Je vis la belle
Enone, & ses charmes firent bientôt sur
moi une impression, que mon cœur n'a-
voit point encore ressenti. Je me déclarai, & je vis avec peine que l'aveu de
ma tendresse étoit reçu assez froidement.
J'en fus pendant quelque temps inquiet
& alarmé ; mais enfin je découvris la
véritable cause de sa froideur. Quoique
més exploits eussent fait du bruit dans
la Macédoine, ma naissance étoit inconnue, & je n'y étois regardé que
comme un illustre aventurier. Pour
dissiper les soupçons que cette incer-
titude pouvoit faire naître, je déclarai
que j'étois Florès de Grece, petit-fils du
grand Amadis, & j'en donnai des preu-

ves inconteſtables. Dès ce moment, toutes les difficultés s'applanirent , & j'aurois pu obtenir preſque auſſitôt la main
de ma Princeſſe , ſi Urgande en perſonne ne fût venue me preſſer de me
rendre dans la Grande-Bretagne. Je fus
donc forcé de prendre congé de la belle
Enone, en lui promettant de revenir bientôt encore plus digne d'elle. A la faveur
du navire enchanté d'Urgande , nous arrivâmes dans la Grande-Bretagne , &
nous débarquâmes à l'extrémité de cette
grande iſle , où eſt ſitué le Royaume de
Sobradiſe , héritage de Briolanie, épouſe
de Galaor , frere d'Amadis. Il ſe trouvoit dans ce moment en guerre avec une
nation de ſauvages , retirés dans des montagnes voiſines de ſa capitale. Quoiqu'il
fût très-brave , & accoutumé à vaincre,
mon grand-oncle n'avoit pas pu ſe défaire
encore de cet incommode voiſinage. Liſpant & moi , lui rendîmes le ſervice d'a-
chever de détruire ces barbares. Nous
fûmes traités à la Cour de Sobradiſe en
Chevaliers à qui l'on avoit de grandes
obligations. M'étant fait connoître de
mon oncle , il m'embraſſa tendrement;
& Liſpant étant devenu amoureux de
ſa fille , Galaor lui laiſſa concevoir les

mêmes efpérances qu'Alidor m'avoit données à la Cour de Macédoine.

En approchant de Londres, réfidence
de mon ayeul Amadis, je jugeai à propos de changer la devife de mon écu ; je
fis effacer les cignes, j'y fis peindre un
dragon vert, & je m'appellai le Chevalier du Dragon, ne voulant me faire
connoître que dans quelqu'occafion tout-
à-fait brillante, je la trouvai bientôt.
Amadis donnoit un tournoi dans fa capitale, en attendant que fes ennemis vinf-
fent l'obliger à faire la guerre. Je m'y
préfentai fous ma nouvelle dénomination, & je me rangeai du côté des tenans. J'avois eu déja quelques avantages
contre les affaillants, lorfqu'une Demoifelle vint propofer, de la part d'un
Chevalier qui lui étoit, difoit-elle, attaché, un combat à des conditions affez
particulieres : c'eft qu'il ne feroit qu'à la
lance, & que pour vaincre ce Chevalier
il faudroit le défarçonner & le renverfer
à terre. Je ne fus ni étonné, ni effrayé de
ces fingulieres conditions, & le jour ayant
été fixé au lendemain, on vit avec étonnement entrer dans la carriere un Cen-
taure. Il étoit bien clair que je ne pouvois le défarçonner ; auffi les juges du

camp fe récrierent-ils contre la mauvaife
foi avec laquelle la Demoifelle avoit fait
fes propofitions ; ils vouloient empêcher
le combat, mais j'infiftai pour qu'il eût
lieu : d'un coup de lance, je perçai le cœur
du monftre. La Demoifelle qui y prenoit
le plus grand intérêt, fe plongea, fur fon
corps expirant, un poignard dans le fein,
& l'un & l'autre furent peu regrettés.

Après un pareil exploit j'aurois pu me
faire reconnoître de mon grand-pere,
cependant je ne trouvai pas l'occafion encore affez favorable. Je voulus que ce ne
fût qu'après l'avoir fervi contre fes ennemis : ils n'avoient point encore fait de defcente, quoiqu'on fut qu'ils s'y prépa-
raffent. J'employai le loifir qu'ils me
laifferent, à rétablir dans fes Etats une
Ducheffe de Danemarck, qui avoit
époufé Gandalin, autrefois Ecuyer du
grand Amadis. Ce Duc troublé dans
fa poffeffion, avoit imploré le fecours
de fon ancien maître. Mon ayeul ayant
befoin de toutes fes troupes, ne put lui
envoyer que deux Chevaliers; Lifpant &
moi nous nous chargeâmes de cette
commiffion, & nous réufsîmes à l'exécuter en peu de tems. A notre retour
nous trouvâmes que les ennemis avoient

fait leur defcente. Je me jettai dans une place maritime qu'ils vouloient affiéger, & Lifpant alla fe mettre à la tête des troupes de Sobradife que Galaor envoyoit au fecours de fon frere. Je me défendis fi bien en faifant fouvent de vigoureufes forties, que je donnai le tems à mon ayeul & à fon armée de faire lever le fiege. Il fe donna une grande bataille, dont je décidai le fuccès en tombant par derriere fur l'armée des ennemis qu'Amadis pouffoit vigoureufement : ainfi la Grande Bretagne fut délivrée. Il étoit tems alors que je me fiffe connoître de mes parens, j'en fus reçu avec la plus grande joie, ils me propoferent de me fixer auprès d'eux ; mais quelque tendreffe qu'ils m'infpiraffent, ma paffion pour Enone l'emporta, je leur demandai la permiffion de retourner en Macédoine, je l'obtins, & je partis après avoir vu Lifpant heureufement uni à la Princeffe de Sobradife. Quelque diligence que je fiffe, je fus retenu en chemin par plufieurs aver tures dont je ne m'amuferai pas à vous faire les détails ; mais la derniere fut bien agréable pour moi. Le bon Roi Alidor, fa fille & fon fils commençoient à s'impatienter de ce que je ne revenois point. Mon futur beau-frere prit le parti d'aller au devant de moi ; il me rencontra à quelques journées des frontieres de Macédoine. La vifiere de mon cafque étoit baiffée , & l'on voyoit fur mon écu le Dragon vert que j'avois pris pour fymbole en entrant dans les Etats de mon ayeul. Coroneo m'aborda , je le reconnus très-bien ; mais il n'en fut pas ainfi de lui , il me demanda très-courtoifement des nouvelles du Chevalier des Cignes , & ma réponfe fut que je ne le connoiffois pas ; il en parut étonné , & me dit que la réputation de ce Héros devoit être venue jufques à moi , fur-tout fi je revenois de la Gaule ou de la Grande Bretagne. J'arrive de ce pays , lui répondis-je , il n'y a pas été queftion du Chevalier des Cignes , peut-être a-t-il été confondu dans la foule des Guerriers qui y étoient en fi grand nombre , & n'ont rien fait de remarquable. Cela ne fe peut pas , reprit alors Coroneo , par-tout où fe trouvera le Chevalier des Cignes , fa valeur y fera du bruit , & je fuis prêt à foutenir fa gloire, aux dépens même de ma propre vie , je combattrois volontiers

à outrance pour une si belle cause. Je
parus accepter la proposition, soutenant
toujours que le Chevalier des Cignes
n'avoit rien fait de grand en Angleterre.
Nous prîmes du champ, & nous allions
rompre des lances, lorsque détachant
promptement mon heaume, je me fis
voir à visage découvert au Prince de Macédoine. Nous nous embrassâmes tendrement, & nous prîmes ensemble le chemin de la résidence du bon Roi Alidor.
On me revit dans la Macédoine avec la
plus grande satisfaction ; mon mariage
avec la charmante Enone fut célébré, &
je me crus pendant quelque tems le plus
heureux des hommes ; mais mon bonheur fut bientôt cruellement troublé. Un
Géant terrible vint jusques dans notre
Cour, défier tous les Chevaliers de la
Macédoine. Je voulus le combattre,
Coroneo demanda la préférence, & l'obtint, remontrant qu'il n'appartenoit qu'à
lui seul de défendre la gloire de sa propre
patrie. Hélas ! je le vis tomber à mes
yeux sous les coups du Géant ; la con-
solation que je procurai à ses parents en
tuant le monstre, fut bien légere ; le bon
Roi Alidor mourut de chagrin de la perte
de son fils, & nous laissa sa couronne à

fa fille & à moi ; ma chere Enone n'en
jouit pas long-temps : el'e étoit enceinte,
& le chagrin que lui cauferent ces deux per-
tes, fut fi grand que fa couche fut malheureufe : elle mourut en mettant au
monde un fils. Je voulois moi-même
me donner la mort ; mais Urgande m'enleva & me réunit à mes parents dans le
château où nous voici, après m'avoir affuré qu'elle veilleroit fur le fort de la Macédoine & fur celui de mon fils.

Les premiers habitants du château du
Tréfor fe trouvant par ces récits parfaitement au fait de ce qui étoit arrivé au
grand Amadis de Gaule, à fes deux freres, à fon fils Efplandian, aux deux fils
de celui-ci, Lifuart & Florès, & à fon
petit-fils Amadis de Grece, ils vécurent
enfemble dans la plus grande union pendant près d'un demi-fiecle. Les tableaux
magiques de la galerie leur offrirent
pendant ce tems une infinité de fpecta-
cles intéreffans, mais qui avoient tous
également befoin d'un commentaire qui
ne pouvoit leur être donné que par les
Héros mêmes qui avoient eu part aux
exploits dont ils voyoient la repréfenta-
tion. Ils s'attendoient bien que les Sages
leur en enverroient encore quelques-uns,

& ils ne se trompoient pas. Alcandre qui
étoit celui de tous qui venoit le plus souvent les visiter, & qui avoit été l'Architecte de leur magnifique habitation, les
avertit un jour qu'il alloit y construire
six nouveaux pavillons, dont cinq seroient
bientôt habités par autant de Chevaliers de leur lignage, & le sixieme étoit
réservé pour ceux qui devoient avoir la
gloire de les défenchanter. Les enfans
de Trébatius & les Amadis, furent ravis
de cette espérance qui ne tarda pas à être
remplie. Cinq chars, voitures ordinaires
des Princes enchantés, s'abattirent sur l'es-
planade du château du Trésor, & les Chevaliers qui en sortirent, furent reçus comme l'avoient été les premiers Amadis.
On leur demanda leur nom & leur histoire : ils déclarerent qu'ils étoient, le
premier Agésilan de Colcos, petit-fils
par sa mere d'Amadis de Grece, &
époux de Diane, aussi petite-fille du même Amadis par son pere ; le second
Arlante d'Espagne, arriere petit-fils
d'Amadis de Grece par son grand-pere
Anaxarte ; le troisieme Fortunian de
France, fils de Lucendus, petit-fils par
sa mere d'Amadis de Grece, & descendant du grand Amadis de Gaule par

Lucidor, furnommé de la Vengeance fon
grand-pere ; le quatrieme Silvan , petit-
fils d'Amadis de Grece par fon pere Silvès , furnommé de la Forêt , & le cin-
quieme , Rogel de Grece, petit-fils d'A-
madis de Grece, par fon fils Florifel. Ces
Héros intéreffoient trop ceux de leurs ancêtres qui fe trouvoient au château du
Tréfor , & fur-tout Amadis de Grece ,
pour qu'ils ne s'emprefsâffent pas à favoir les détails de leur hiftoire, & celle de
leurs plus proches parents qui s'étoient
illuftrés depuis leur enchantement ;
ce fut principalement en s'adreffant à
Amadis de Grece , que chacun des nouveaux venus raconta ces détails , comme nous le verrons dans le livre fuivant.

Fin du neuvieme Livre.

HISTOIRE

DU CHEVALIER

DU SOLEIL.

LIVRE DIXIEME.

Histoire d'Agésilan de Colcos, & de ses plus proches parens.

AGÉSILAN de Colcos parla le premier. Seigneur, dit-il à Amadis de Grece, je suis votre petit-fils, puisque ma mere est Alastraxerée, fille de Zahara, Reine des Amazones. Les aventures de ma vie sont assez singulieres pour pouvoir vous amuser, & je me flatte d'ailleurs qu'elles vous intéresseront, puisque le principal acteur vous touche de si près; mais l'histoire de mon illuftre mere, de Silvie votre fille, celle de mon fils Amadis d'Aftrée, & de mon petit-fils Amanio, ont le même droit fur votre cœur; & il eft difficile de féparer ces deux premieres de l'hiftoire de la jeuneffe de Florifel de Niquée votre fils aîné, qui remplit encore fi glorieufement le trône de Conftantinople. Je vais commencer par vous parler de lui, de ma mere, & de ma tante, je viendrai enfuite à mes propres aventures.

Vous vous rappellez fans doute qu'il y a près d'un demi-fiecle que vous fûtes pere la même année à quelques mois de diftance, de trois enfants, dont l'un fruit de votre amour légitime pour la belle Niquée fut Florifel; les deux autres jumeaux durent leur exiftence à la promenade que vous fîtes avec la Reine Zahara au temple de Vénus Rhodienne; l'un étoit un garçon, & fut nommé Anaxarte, l'autre une fille, ce fut ma mere Alaftraxerée. Tandis que Florifel étoit élevé comme l'héritier de votre Empire, mon ayeule donnoit à mon oncle, & même à ma mere, une éducation conforme à l'opinion qu'elle jugea à propos d'établir en les faifant paffer pour les

enfants du Dieu Mars : voulant ainſi excuſer le moment d'erreur dans lequel elle
étoit tombée, elle déclara que pendant
ſon ſéjour àRhódes,s'étant endormie dans
le temple de Vénus, Mars étoit venu l'y
ſurprendre. Le reſpeĉt que l'on avoit pour
la valeur & même pour la vertu de Zahara, fit adopter cette fable par ſes peuples, du moins n'oſerent-ils la contre-
dire. Ce qui acheva de l'accréditer, fut
l'éducation qu'elle donna à Alaſtraxerée,
& la façon dont elle répondit aux ſoins
qu'on prit d'elle. On ne négligea rien
pour faire acquérir à ma mere toutes les
connoiſſances néceſſaires & utiles à un
militaire. Elle réuſſit parfaitement dans
tous ſes exercices, & donna des preuves
de force, d'adreſſe, & d'intelligence.
Enfin elle fut armée Chevalier par ſa
mere elle-même, qui preſque auſſi-tôt
après, l'envoya chercher des aventures,
& lui recommanda de commencer ſes
courſes par la Cour de Trébiſonde. La
prétendue fille de Mars ne vous y trouva
déja plus ; l'enchantement, qui dure encore, & que je partage aujourd'hui avec
vous, étoit commencé ; votre pere Liſuart étoit également dans ce château.
Niquée gouvernoit votre Empire, & le

conservoit à votre fils Florisel. La jeune
Chevaliere lui fut présentée ; la parfaite
ressemblance qu'elle avoit avec vous,
frappa l'Impératrice, elle ne crut point
à la fable du Dieu Mars, & se rappella parfaitement bien l'époque de
la naissance de ma mere, & les circonstances du voyage de Rhodes : cependant elle reçut très-bien votre fille, &
parut avoir du regret de ce que son fils
Florisel étoit déja parti de son côté pour
aller aussi chercher des aventures, après
avoir été armé Chevalier. Alastraxerée
de son côté continua ses courses. Voyons
cependant ce qu'étoit devenu Florisel. Le
premier voyage qu'on lui fit entreprendre, fut chez Garinter, Roi de Babylone, mais il n'y arriva pas. En passant
par des plaines riches & fertiles, où pais-
soient de nombreux troupeaux, & dont
les Bergers étoient en réputation de politesse & de galanterie, il entra dans la
maison d'un de ces Pasteurs, qui s'appelloit Darinel. C'étoit un Paysan aisé,
dont la figure & le caractere étoient également singuliers. Il étoit laid, mais sa
physionomie étoit vraiment plaisante, la
tournure de son esprit l'étoit aussi ; il
étoit né Poëte & Musicien ; & sans
littérature,

littérature, étude, art, ni méthode, il
faisoit des airs & des vers que l'on
chantoit avec plaisir. Ses expressions & ses
réparties étoient si justes & si promptes,
qu'on pouvoit les croire spirituelles,
quoique la plupart du temps elles ne
fussent que naïves. L'amour qu'il avoit
conçu pour la belle Silvie, & qu'il
avoit poussé jusqu'à l'extravagance, achevoit de lui donner un caractere d'ori-
ginalité, qui ne pouvoit avoir ni modeles, ni imitateurs. Ce fut ce Berger qui
parla pour la premiere fois à Florisel
de la charmante Silvie. Il avoit le cœur
& l'esprit si remplis d'elle, qu'il ne pouvoit s'en taire. » Seigneur, lui dit-il,
» à votre air & à votre ajustement, je
» ne doute point que vous ne soyez un
» Prince ou quelque grand Seigneur ;
» vous allez sans doute dans quelque
» Cour où vous êtes certain d'être bien
» reçu ; vous y verrez beaucoup de bel-
» les Dames, mais vous n'en trouve-
» rez pas une qui égale une Bergere que
» nous avons ici, & qui fait l'admira-
» tion de toute la contrée. Je vous avoue-
» rai franchement que je l'adore &
» que j'en suis fou, mais j'ai cela de
» commun avec tous ceux qui la voient ;

» elle n'a d'autres bontés pour moi que
» celles qu'elle a pour tout le monde ,
» mais je ne lui en demande pas davan-
» tage ; & si j'étois assez riche pour lui
» acheter un Royaume , ou assez brave
» pour lui en conquérir un , ou assez
» forcier pour lui en apporter un ici ,
» tout seroit pour elle , & je ne me ré-
» serverois que l'honneur d'être son gar-
» çon Jardinier, ou Poëte & Musicien
» suivant sa Cour. Oh ! vraiment, vrai-
» ment, qui n'a pas vu cette fille-là, n'a
» rien vu au monde ». Ces éloges, tout
ridiculement tournés qu'ils étoient ,
exciterent la curiosité du Prince ; il
voulut voir Silvie , & fut bientôt de
l'avis de Darinel. Etant retourné chez
ce bon Paysan , il le pria de lui conserver dans sa cabane ses armes , &
tout ce qui pouvoit le faire reconnoître
pour un Prince & un Chevalier tel qu'il
étoit , & ayant pris l'habit convenable à
un jeune Berger étranger , il s'établit
sur ce pied-là dans le hameau de Silvie,
& lui fit sa cour : elle le reçut avec la
douceur & la bonté la plus touchante ,
mais en même-temps elle lui imposa du
respect par son maintien noble & honnête, & par la déclaration générale d'indifférence qu'elle lui fit , ainsi qu'à tant

d'autres. Cependant il ne se rebuta pas, & il auroit peut-être réussi à l'attendrir à force de soins, il l'intéressoit même déja, lorsque la sage Zirphée apparut une nuit à Silvie ; elle se fit connoître à elle pour une des Fées protectrices de sa famille ; & après l'avoir rassurée, elle lui apprit qu'elle étoit de la naissance la plus illustre, que le secret lui en seroit dévoilé à propos ; qu'en attendant, il falloit qu'elle sçût qu'elle étoit destinée à partager le trône d'un Prince aimable, qui depuis plus de quinze ans gémissoit dans un cruel enchantement ; qu'il s'appelloit Anastarax, Prince de Thebes & de Niquée ; qu'étant amoureux de sa sœur, & prêt à expirer pour elle, il avoit été dérobé à la mort & à l'inceste, & transporté dans une caverne, d'où il étoit question de le retirer ; qu'il ne pouvoit l'être que par deux Dames, dont l'une uniroit à la plus grande beauté, la sagesse & la douceur ; l'autre, aussi belle & sage, égaleroit en vaillance les plus preux Chevaliers. C'est vous, ajouta la Fée, qui devez être une de ses libératrices; j'aurai soin de vous amener à propos votre compagne, & je vous avertis qu'elle se nomme Alastraxerée. Silvie

étoit encore toute occupée de cette vi-
sion, lorsque Darinel accourut en riant,
& lui dit en présence de Florisel, qu'il
venoit de rencontrer des voyageurs qui
racontoient la plus singuliere histoire du
monde ; c'étoit celle d'un Prince enchanté
dans une caverne, &c. Silvie reconnut
dans le récit burlesque du Berger, l'a-
venture du Prince Anastarax. Elle déclara qu'elle vouloit tenter de la mettre
à fin. (Elle avoit pris cette résolution,
non-seulement sur le récit de la Fée, mais
à la vue du portrait du Prince enchanté, que
Zirphée lui avoit laissé, & qu'elle avoit
trouvé le lendemain à côté d'elle.) Le
Prince de Grece, & le Berger qui igno-
roient la visite de la Fée, apprirent avec
le plus grand étonnement le parti que
vouloit prendre Silvie, elle y persista malgré leurs représentations ; alors ils se
retrancherent à lui demander la permission de la suivre. Elle fut accordée à
Darinel, qui étoit un personnage sans
conséquence ; mais la Bergere ne vouloit point voyager avec Florisel : pour
la déterminer, il lui fit l'aveu de sa
naissance & de son état, & voulut lui
persuader que si elle tentoit quelque
aventure périlleuse, personne ne l'y se-

conderoit mieux que lui. Silvie , fans
être éblouie par ce récit , lui déclara
qu'elle étoit inftruite que ce n'étoit
point lui qui devoit partager la gloire du
défenchantement. Elle confentit cependant qu'il l'accompagnât jufques dans le
Royaume de Thebes. Darinel partit avec
eux pour égayer le voyage , & fe mêler
de quelques détails de fubfiftance , que
les Chevaliers & les Dames regardent
comme au-deſſous d'eux. Pendant le
cours du voyage , ils rencontrerent
une Princeſſe de Thrace : elle fe
nommoit Arlande , & couroit le monde , fous prétexte de chercher des
vengeurs à fon frere , qui avoit été tué
autrefois par Amadis de Grece. Chemin faifant elle fe prêtoit à des aventures qui ne pouvoient pas devenir auffi
tragiques que l'auroit été un combat tel
que celui auquel elle paroiſſoit vouloir
encourager les Chevaliers qu'elle rencontroit. Voyant Florifel armé , elle lui
fit fa propofition ordinaire. Le Prince
de Grece, fans fe faire connoître , répondit qu'il ne pouvoit l'accepter, étant engagé à défendre & à fuivre la belle Silvie , qui n'avoit point quitté fes habits
de Bergere. Arlande fe retrancha à leur

demander la permiffion de fe joindre à
eux pour sûreté de fa perfonne. On ne
put la lui refufer. La Princeffe de Thrace
s'apperçut bientôt des égards infinis que
le Chevalier avoit pour la Bergere , &
de la réferve extrême avec laquelle fes
foins étoient reçus : pendant deux jours
elle en fit des plaifanteries à Florifel, dans
les moments où Silvie ne pouvoit les
entendre. ,, En vérité , Chevalier , lui
,, difoit-elle , je vous admire; une Ber-
,, gere vous captive , vous êtes en ex-
,, tafe devant elle ; il femble que vous
,, n'ofiez lui dire qu'elle vous plaît , &
,, que vous ne puiffiez efpérer de lui
,, plaire : eh ! à quoi vous fert d'être
,, jeune & aimable , & fans doute
,, Prince & grand Seigneur ? Je parierois
,, qu'elle voudroit que vous fuffiez plus
,, audacieux , & que lorfque vous vous
,, en douterez le moins , elle vous fera
,, des avances , fur lefquelles votre ti-
,, midité feule la retient ,,. Florifel auroit bien défiré qu'Arlande eût eu raifon;
mais il n'ofoit s'en flatter, lorfqu'une nuit
que la compagnie entiere s'étoit trouvée
forcée de s'arrêter dans une grange , les
hommes étant couchés à une extrémité,
les Dames à l'autre , le Prince de Grece

s'apperçut au milieu de la nuit que quelqu'un s'approchoit de lui , & ayant reconnu que ce qu'il crut d'abord un fantôme étoit une perfonne réelle , coëffée
d'un bavolet & vêtue en Bergere : Ah !
penfa-t-il tout bas , Arlande me l'avoit
bien dit , ma Bergere s'eft attendrie ;
heureufement que mon refpeɛ̃t apparent
ne m'a pas privé d'une bonne fortune
fecrete. Il fe conduifit en conféquence de
ce faux raifonnement & peut-être que
le défaut d'expérience aida à le tromper. Il crut triompher de Silvie, & fut heureux en effet pendant le cours d'une nuit
entiere ; mais à la pointe du jour on en-
tend un grand bruit. Darinel moins occupé y court le premier , & s'écrie que Silvie
eft enlevée. Alors Florifel regarde, voit que
ce n'eft point elle qui eft auprès de lui ,
s'arme , pourfuit les raviffeurs de Silvie,
les atteint , les diffipe , & ramene fa
Bergere , encore troublé & honteux de
fa méprife. Arlande s'étoit enfuie , &
avoit été cacher fa honte dans fon pays.
Neuf mois après , elle y accoucha d'un
Damoifeau , qui eft devenu un de nos
plus braves Chevaliers, & s'eft fait connoître avantageufement fous le nom de Flo-
ralian.

Silvie , Florifel & Darinel continuant leur route , furent obligés de s'embarquer pour parvenir à la grotte où étoit enchanté Anaftarax. Après deux jours de navigation , une tempête terrible s'éleve & jette le navire fur un écueil , contre lequel il fe brife. Il fe fépare en deux, & les vagues emportent la Bergere d'un côté , & le Prince de l'autre. Darinel fe jette à la nage , foutient Silvie fur l'eau , de maniere à la faire aborder fur un rivage qui n'étoit pas éloigné. Quant à Florifel , il arriva avec bien plus de peine fur une côte beaucoup plus écartée.

La Bergere n'étant point accoutumée à la mer , étoit d'une fatigue extrême , & prête à expirer, quand elle fe trouva fur le rivage , mais le bon Darinel en eut foin ; il avoit prudemment garni fes poches en fe jettant à la nage de deux bouteilles de liqueur , au moyen defquelles il la fit revenir à elle , & s'étant procuré quelques vivres , il la mit à portée de goûter les douceurs du fommeil fur un gazon fleuri , au milieu de quelques arbres touffus. Dès qu'il fut fûr qu'elle repofoit, il pénétra plus loin dans le pays

pour lui chercher une habitation commode : il l'avoit trouvée , & revenoit
auprès de fa bergere , lorfqu'il la vit entre les bras d'un Chevalier qu'il prit lui-
même pour Florifel , tant il lui reffem-
bloit ; mais ce qui le furprit infiniment ,
c'eft que ce prétendu Florifel n'avoit
point l'air d'avoir effuyé de naufrage.
Il étoit armé de pied en cap , à fa tête
près qui étoit découverte, fes beaux cheveux ne paroiffoient pas avoir été mouil-
lés. Darinel ne fut au fait de ce myftere
que lorfque la bergere le lui eut expliqué.
Elle avoit été elle-même très-effrayée de
l'approche de ce Chevalier ; mais lui
ayant demandé fon nom , & ayant appris
qu'elle étoit Amazone , & s'appelloit
Alaftraxerée , fa crainte s'étoit diffipée ;
fachant qu'elle n'étoit pas éloignée du but
de fon voyage , elle pria l'Amazone de l'y
accompagner , & ces deux belles formerent entr'elles la plus étroite liaifon. Elles
s'acheminerent vers la grotte , & Darinel
les fuivit. Dès qu'elles furent dans le
Royaume de Niquée , les habitans qui
les voyoient s'avancer vers la caverne, les
plaignoient , né doutant pas qu'elles ne
fuffent dévorées par les monftres qui la
défendoient. La Princeffe Silvie même

P v

commençoit à être effrayée de tout ce
qu'elle entendoit dire, lorsque Zirphée
lui apparut pour la feconde fois, & lui
apprit qu'elle étoit fille de Lifuart & d'O-
nolofie, par conféquent fœur d'Amadis
& tante de Florifel ; elle l'affura qu'elle
reverroit bientôt ce Chevalier, qui dès
qu'il fauroit fa naiffance, ne conferveroit
plus pour elle, que les fentimens qu'il
lui étoit permis d'avoir pour fa tante : ce
fut fur cette promeffe que l'entreprife fut
tentée & mife à fin. Alaftraxerée défit
heureufement tous les monftres qui défendoient ce que l'on appelloit l'en-
fer d'Anaftarax ; l'Amazone & Silvie y
pénétrerent à travers les flammes, & la
derniere en retira le Prince de Thebes
& de Niquée. Elle le préfenta à fes Sujets, qui revirent avec les tranfports de la
joie la plus vive, leur Souverain défenchanté. Le mariage de la Princeffe Silvie & du
Prince fut réfolu, mais il fut convenu qu'a-
vant tout, ils fe rendroient à Trébifonde
auprès de l'Impératrice Niquée. On étoit
bien fûr que celle-ci verroit fon frere avec
plaifir, & lui rendroit volontiers les Etats
qui lui appartenoient par droit de naiffance, contente de gouverner ceux de

fon époux & de fon beau-pere, dont elle étoit régente pendant leur abfence.

Florifel les joignit avant leur départ pour Trébifonde ; il avoit abordé fur les côtes du Royaume d'Apollonie, avoit eu le bonheur de rendre les plus grands fervices à la Princeffe Hélene, Souve-raine de ce pays, & en étoit devenu amou-reux. Cependant l'idée des charmes de Silvie faifoit encore quelqu'impreffion fur fon cœur ; mais Zirphée la diffipa en l'avertiffant que cette Princeffe étoit fa tante. Il apprit alors avec plaifir la déli-vrance & le mariage d'Anaftarax ; il alla chercher la Princeffe avec laquelle il de-voit être uni, ils arriverent tous à Tré-bifonde à tems, pour que les deux ma-riages fuffent célébrés le même jour, & que les mêmes fêtes ferviffent pour l'un & pour l'autre.

Alaftraxerée y affifta, mais n'ayant pas encore perdu fon goût pour l'état de Chevalier errant, elle ne tarda pas à s'engager dans une nouvelle expédition en Colchide, pays voifin des Etats de fa mere. Elle y fit également admirer fa valeur & fa beauté, elle rendit les plus grands fervices au Roi de ce pays, qui s'appelloit Phalange ; il en devint éperduement amoureux , eut le bonheur de lui plaire , & l'époufa : c'eft mon pere.

Après le mariage de Florifel & d'Hélene , Niquée remit le foin de l'Empire de Conftantinople à fon fils , qui le gouverne encore. Elle continua de régir pendant quelques années celui de Trébifonde , mais enfin elle mourut ; mon pere monta fur ce trône en vertu des droits de ma mere , Silvie n'ayant point voulu ufer des fiens , & s'étant fixée à Thebes. J'ai fuccédé à mon pere Phalange ; pendant ma jeuneffe & les abfences qu'ont exigé ma profeffion de Chevalier errant , les régences de Trébifonde & de Colcos ont été déférées à ma mere , & probablement elle gouverne encore ces deux Etats & les conferve à mon fils & à mon petit-fils.

Avant que de paffer au récit de mes propres aventures , pour terminer gaiement le détail de celles de mes parens , trouvez bon que je vous faffe part d'une chanfon que le bon berger Darinel fit pour les noces de mon aimable tante Silvie avec le bel Anaftarax.

CHANSON DE DARINEL.

QUAND on eſt belle , affable & bonne,
En tout temps , en tous lieux on plaît ,
Jolie avec une couronne ,
Et Reine en ſimple bavolet.

J'ai vu la divine Silvie
Mener ſes troupeaux dans nos champs ;
Ma foi ! je leur portois envie ,
Et trouvois leurs deſtins charmans.

Elle avoit ſoin de les conduire
Aux pâturages les plus gras ,
Et doucement ſembloit me dire ,
Toi , vas-t-en paître où tu voudras.

Sans qu'elle eut l'air dur & ſauvage
Je n'en étois pas mieux traité ;
Mais je rendois toujours hommage
A ſes vertus , à ſa beauté.

Un Prince parle de tendreſſe ,
C'étoit un très-beau Chevalier ;
Elle l'éconduit ſans rudeſſe
Comme un ſimple particulier.

Enfin ſa naiſſance éclaircie
Lui préſage un deſtin charmant;
Bientôt une heureuſe magie
La met ſur un trône brillant.

Lorſque Silvie étoit Bergere ,
C'étoit l'honneur de nos boſquets
Elle regne , en ce jour proſpere ,
Pour le bonheur de ſes Sujets.

Portant la houlette avec grace ,
Et le ſceptre avec dignité ,
Par-tout où le deſtin la place ,
Elle regne par ſa bonté.

Reine , elle obtient tous les ſuffrages ,
Et Bergere , on la reſpectoit ;
La Cour , la ville , les bocages ,
Retentiſſent de ce couplet.

Quand on eſt belle , affable & bonne ,
En tout temps , en tous lieux on plaît ;
Jolie avec une couronne ,
Et Reine en ſimple bavolet.

Enfin , continua Agéſilan de Colcos ,
je vais vous parler de moi-même : le Roi
Phalange mon pere , & ma reſpectable
mere Alaſtraxerée , n'épargnerent rien
pour mon éducation ; dès l'âge de ſept
ans ils m'envoyerent étudier à Athenes ,
où j'acquis des connoiſſances qui ne ſont
point ordinaires à nos Princes & à nos
Chevaliers. Je profitai des leçons des
Philoſophes & des Littérateurs qui étoient
encore en grand nombre dans cette ville
illuſtre. Je viſitai les reſtes du portique
& de l'Académie ; enfin à l'âge de quinze
ans je pouvois paſſer pour aſſez bon
Orateur , & pour Poëte & Muſicien
agréable. Je retournai alors à Colcos ;
& après m'être occupé pendant une année de tout ce qui a rapport à l'art militaire , mon pere m'arma Chevalier ,
ma mere me ceignit l'épée ; & l'on m'envoya chercher des aventures avec pleine liberté de tourner de quel côté je voudrois :
je choiſis pour but de mes voyages l'iſle

de Guindaye , dont la Reine Sidonie étoit mere d'une Princesse charmante , nommée Diane ; j'avois vu son portrait à Athenes, dans le tems que j'y étudiois , & j'en avois été si frappé , que je m'étois enflammé pour l'objet qu'il représentoit. Je l'avois choisie pour la Dame de mes pensées , & je n'avois d'autre ambition que de mériter son cœur & d'obtenir sa main. Je sentois que j'avois toute la force & le courage nécessaires pour faire des exploits , qui en prouvant que j'étois digne d'être du sang des Amadis , me rendroient agréable à Diane , car elle en descendoit aussi , puisque mon oncle Florisel étoit son pere. Elle devoit le jour à un de ces momens d'erreur que les Héros de notre lignage ont eu quelquefois à se reprocher. Dans un de ces instants critiques , la Reine Sidonie avoit plû à Florisel , mais il s'étoit bientôt repenti d'avoir manqué à la fidélité qu'il avoit jurée à la belle Hélene d'Apollonie. Sidonie furieuse de ce que mon oncle n'avoit pas été constant dans son infidélité , avoit juré de s'en venger , & ne vouloit accorder la main de sa fille qu'à celui qui lui apporteroit la tête de Florisel. Quoique cette condition ne fut rien moins qu'aifée à remplir, elle ne rebutoit cependant pas tous ceux qui étoient enchantés de la beauté de Diane, & qui avoient l'ambition de régner avec elle fur l'ifle dont elle éroit héritiere. Grand nombre de Chevaliers avoient fait la promeffe qu'exigeoit Sidonie ; pour moi je ne voulois abfolument rien promettre de préjudiciable à un oncle que je refpectois. Je cherchois quelle tournure je pourrois prendre pour éluder les conditions, & obtenir cependant la Princeffe. Je fuivois mon chemin, l'efprit rempli de cette difficulté, lorfque je rencontrai une Demoifelle qui me demanda un don ; je le lui promis fans en prévoir la conféquence, & je fus bien étonné lorfqu'elle me déclara que mon cœur étoit le don que je lui avois accordé. Je l'affurai que je n'en étois plus le maître, & qu'il étoit engagé à une autre ; la réponfe ne lui parut pas affez précife, ni le fait affez éclairci : elle me queftionna davantage, & apprit enfin que je n'avois encore vu que le portrait de l'objet de ma paffion. Eh ! quoi, me dit-elle, vous n'êtes encore amoureux que d'un portrait ? & c'eft pour une peinture dont l'original eft abfent,

que vous refufez votre cœur à une Demoifelle préfente en perfonne , & après laquelle bien d'autres courroient peut-
être. (Effectivement elle étoit jolie) ;
j'eus beau employer pour juftifier mes
refus , toute la rhétorique que j'avois
étudiée à Athenes , & lui débiter les plus
belles maximes de l'amour platonique
que l'on m'avoit apprifes par cœur ; elle
fe moquoit de tous mes argumens , &
me foutenoit d'un air railleur qu'un jeune
homme qui avoit fait de pareilles étu·
des , n'avoit réuffi qu'à devenir un fot.
Interrogez , me difoit-elle , nos Dames
les plus expérimentées..... demandez-leur
ce qu'elles penfent de votre conduite.....
Regardez fur ce côteau voifin , ajouta-t-
elle , ce château de fi belle apparence , il
eft occupé par une Dame qui a la réputation d'être un véritable oracle en fait
de galanterie ; voulez-vous vous en rapporter à elle ?.... J'y confentis , & nous
nous acheminâmes tous deux vers le château en queftion. Nous y fûmes reçus
avec honneur , la Dame fe piquoit d'une
politeffe extrême envers tous les étrangers : elle en accabloit fur-tout ceux
qui avoient l'apparence d'être jeunes ,

nobles & aimables ; à la fin d'un grand
& beau fouper, la Demoifelle mit la
queftion galante fur le tapis. La vieille
Dame l'écouta attentivement, me regarda beaucoup, & demanda au moins
vingt-quatre heures pour y réfléchir. Dès
le lendemain matin, elle vint me trouver
après avoir fait une toilette recherchée.
Chevalier, me dit-elle, j'ai beaucoup
réfléchi fur la queftion galante qui m'a
été faite hier, j'y ai rêvai toute la nuit,
vous êtes louable de garder fidélité à la
Dame dont vous adorez le portrait. Si
elle apprend que votre cœur fe foit égaré
avec quelqu'autre jeune & jolie perfonne,
elle ne vous le pardonnera jamais ; mais
j'ai fait réflexion que vous ne rifqueriez
rien de recevoir des leçons de fentimens
& de tendreffe de la part d'une femme,
qui fait mieux qu'aucune autre comment
votre fexe doit aimer, & le mien répondre à la tendreffe du vôtre. J'ai paffé
ma jeuneffe à la Cour du grand Amadis, & fi le Prince Galaor vit encore, il
fe fouvient fans doute de moi....... Je ne
laiffai pas à la bonne Dame le tems d'a-
chever fon difcours, je prévis quel en
feroit le réfultat, je fortis de fon appartement fans lui répondre, je defcendis,

je paffai à l'écurie, j'y fellai mon cheval
moi-même faute d'Ecuyer; je faifis ma
lance, baiffai la vifiere de mon cafque,
& je fortis du château. Je cheminai toute
la journée fans regarder derriere moi, &
ce ne fut qu'après avoir fait une feconde
traite pareille, & m'être apperçu que
je ferois bientôt fur le bord de la mer,
à la vue de l'ifle de Guindaye, que je
m'occupai férieufement d'y paroître fous
un déguifement qui me difpenfât des fer-
mens que je ne voulois pas faire; mais
qui ne m'empêchât pas d'approcher de la
charmante Diane, & de lui faire connoître la vivacité de ma paffion. Une
troupe de Muficiens ambulans que je rencontrai, me firent naître une idée bizarre
qui me réuffit. Je gagnai le chef de cette
troupe, & je me joignis à elle pour aller
chanter fous les fenêtres de ma divine
Princeffe. L'ajuftement que j'adoptai fut
celui des femmes Sarmates; je le trouvai
également noble & avantageux à mon
déguifement, parce qu'il cachoit exactement la gorge & les bras, mais laiffoit
voir l'élégance de la taille. J'adoptai le
nom de Daraïde, & comme je faifois
les vers & les airs de toutes mes chanfons,
on ne parla bientôt plus à Guindaye que

de la poëfie, de la mufique, & de tous
les talents de Daraïde. La Reine voulut
m'entendre, je me rendis à fes ordres,
& chantai d'autant mieux, que j'étois
fûr que ma Princeffe m'écoutoit. Sidonie
& Diane parurent fi fatisfaites de mon
talent, qu'elles défirerent de me retenir
à leur fervice. J'en avois plus d'envie
qu'elles, & en m'y engageant je crus faire
le meilleur marché que j'euffe fait de ma vie.
Dès que je fus entré dans le palais, j'employai toutes les reffources que pouvoit
me fuggérer mon éducation, pour me
rendre agréable à Diane. Non-feulement
je chantois, je jouois des inftruments,
& je danfois pour lui plaire ; mais
encore je jouois des fcenes de tragédie ou de comédie que je compofois
impromptu ; j'exécutois des pantomi-
mes, tantôt férieufes, tantôt burlefques ;
je faifois des contes de toute efpece, les
uns pouvoient fervir à éveiller, d'autres
à endormir la Princeffe. Ceux-ci m'a-
voient procuré les entrées familieres de fa
chambre, au moment qu'elle étoit prête
fe mettre au lit.

Je paffai ainfi doucement quelque-
temps ; heureux auprès de ma Princeffe,
e cherchois l'occafion de lui déclarer

mon amour ; je n'avois pu encore la
trouver que dans des fcenes fuppofées
dans lefquelles je jouois les rôles d'amoureux , & je lui adreffois les propos les
plus tendres , qu'elle écoutoit avec plaifir. Tout-à-coup la nouvelle d'une guerre
prochaine & très-vive jetta l'alarme
dans la cour de Guindaye. Un Roi voifin étoit depuis long-tems amoureux de
la Reine Sidonie ; quoiqu'elle eût une
héritiere en la perfonne de Diane , il
fuffifoit à ce Prince ambitieux qu'elle
n'eût point d'époux : il vouloit partager
fon trône avec elle, la Reine rejettoit fes
propofitions, & ne fe rendoit pas même à
fes menaces ; mais enfin voulant abfolument favoir à quoi s'en tenir , Galtazar (c'étoit le nom du Monarque) fit
propofer à la Reine de s'en rapporter au
fuccès d'un combat pour lequel il nom-
meroit trois Chevaliers qui combat-
troient contre trois autres choifis par Sidonie. La Reine ne put fe difpenfer d'accepter cette propofition ; mais elle s'en
repentit bientôt , ne fachant où prendre
fes défenfeurs. Par bonheur deux Chevaliers étrangers pafferent par fon ifle ,
il ne lui en manqua plus qu'un. Je m'offris alors, & ne voulant point encore

cesser de jouer mon rôle de Musicienne
Sarmate, je dis que dans mon pays où
tout étoit guerrier, & même un peu
barbare, l'on faisoit entrer les exercices
militaires dans l'éducation des filles,
qu'ainsi entr'autres talents, j'avois acquis
celui de me bien battre, & j'offris d'être le
troisieme Chevalier de la Reine. On parut surpris ; mais enfin l'on m'accepta,
je me trouvai l'adversaire du Roi Galtazar,
& je lui donnai la mort. L'on juge bien
qu'un tel exploit me fit une grande réputation ; l'on n'avoit jamais vu tant de
talens réunis dans une fille. La Reine
& sa Cour m'accablerent de complimens, la Princesse me combla d'amitiés,
& me dit des choses si tendres, que j'allois me déclarer, lorsqu'une Demoiselle
arriva à Guindaye, & demanda un don
à la Reine Sidonie de la part de celle de
Thessalie. Ce don ayant été accordé, il
se trouva que c'étoit la Musicienne Sarmate que la Demoiselle demandoit, la
jugeant assez brave pour désenchanter un
Prince & une Princesse gardés dans une
caverne par des monstres & des Géants.
Sidonie se crut obligée de m'engager
dans cette expédition. Diane soupira, & ne
put m'en empêcher, & moi-même quoi-

qu'en qualité de femme j'euſſe pu m'en
diſpenſer, je ſentis qu'en véritable Chevalier, je ne devois pas m'y refuſer. Le
jour de mon départ avec la Demoiſelle
Theſſalienne fut fixé au lendemain. La
nüit qui le précéda je fus fort agité, &
comme je dormois dans une chambre
voiſine de celle où couchoit une fille attachée à Diane, elle m'entendit parler
tout haut en dormant, & découvrit mon
déguiſement. Elle me l'avoua dès la
pointe du jour, je lui demandai le ſecret
avec la plus grande inſtance, ſur-tout
pour notre Princeſſe, & elle me le promit; je n'exceptai qu'un ſeul cas, celui
où je périrois dans cette expédition : je
lui permis de révéler alors à Diane qui
j'étois ; elle me jura tout ce que je
voulus, & j'ai ſçu depuis qu'elle ne
me tint point parole. Je ne fus pas plû-
tôt parti qu'elle fut indiſcrete ; mais
ſa maîtreſſe, plus prudente qu'elle, lui
défendit expreſſément d'en parler à qui
que ce fut, & garda mon ſecret pour
elle ſeule. Je réuſſis à déſenchanter le
Prince & la Princeſſe de Theſſalie ; ce
ne fut pas ſans quelque peine ; les monſtres que j'avois à combattre n'étoient
point des fantômes, mais des bêtes féroces

roces, très-réelles; avant que je les
eulle tués, ils me firent des bleffures
affez confidérables. L'on juge bien que
l'on eut grand foin de moi en Theffaie,
mais à peine donnai-je le tems à mes
bleffures de fe guérir, & l'impatience
que j'avois de retourner à Guindaye, me
fit venir promptement. A moitié chemin
mes plaies fe rouvrirent, je fus obligé
de m'arrêter dans une ville, où réfidoient
un Roi & une Reine, qui ayant entendu
parler de Daraïde, me reçurent & me
traiterent à merveille. Le Roi me prenant pour une Amazone, devint amoureux de moi. La Reine en eût été jaloufe;
mais en me faifant de fréquentes vifites,
elle reconnut que fon mari fe trompoit,
& ç'eût été le Roi, qui à fon tour auroit dû être jaloux, fi la Reine, qui
avoit beaucoup d'efprit, n'eût en meme
temps reconnu que j'étois très-incom-
modé de mes bleffures: elle daigna me
panfer de fes propres mains; mais comme je ne lui témoignai d'impatience d'ê-
tre rétabli que pour continuer ma route,
elle me laiffa partir pour Guindaye,
afin d'éviter les tracafferies.

Le jour même que j'arrivai dans cette
ifle, je trouvai fur la grande place de

la ville un Chevalier qui faifoit le fan-
faron , & défioit tous ceux du pays d'o-
fer lui tenir tête ; il n'y en avoit point
alors effectivement à Guindaye qui fuffent capables de lui réfifter ; mais j'arrivai , la vifiere du cafque baiffée, j'entendis fes infolents propos , & je réfo-
lus de l'en punir fur-le-champ. Je l'at-
taquai , le tuai , & portant fa tête à la
Reine , je me fis reconnoître pour Daraïde. Sidonie m'embraffa tendrement,
& m'ayant conduit à l'appartement de
fa fille : » Princeffe , lui dit-elle , em-
» braffez votre chere Daraïde , elle ac-
» quiert de jour en jour une nouvelle
» gloire , & nous rend tous les jours des
» fervices effentiels «. Diane me baifa
en rougiffant ; je crus alors m'appercevoir qu'elle étoit inftruite de mon fecret ;
mais la façon dont elle fe conduifit avec
moi pendant les jours fuivants , diffipa
mes foupçons, & je crus que la fuivante
qui l'avoit pénétré avoit été difcrete.

Cependant j'appris que pendant mon
abfence , il s'étoit déja préfenté un Chevalier d'une haute naiffance , qui avoit
demandé la main de Diane, & s'étoit engagé à remplir la condition , tant de fois
propofée , d'apporter la tête de Florifel.

L'implacable Sidonie se flattoit que celui-ci y réussiroit. Ses espérances étoient fondées sur la confiance avec laquelle il assuroit qu'il devoit vaincre. Diane me confia que l'on attendoit avec impatience des nouvelles de cette terrible expédition; mais que pour elle, elle étoit fort éloignée d'en désirer le succès, ne partageant point du tout la haine de sa mere contre son pere. Heureusement que ces nouvelles ne furent pas telles qu'on les avoit fait espérer. Le jeune Chevalier revint à la vérité, mais il n'avoit point du tout l'air triomphant, & il étoit bien éloigné d'apporter la tête de Florisel, puisqu'il ne devoit la sienne qu'à la générosité de ce grand Empereur, qui l'avoit vaincu, & lui avoit ordonné de retourner à Guindaye, & de déclarer à la Reine, qu'il ne croyoit point avoir mérité l'injuste haine dont elle l'accabloit; que pour lui, il étoit très-éloigné de lui rendre guerre pour guerre, qu'il l'avoit trop aimée pour pouvoir la haïr, & qu'il ne feroit jamais de plus mauvais traitement à ceux qu'elle chargeroit de lui ôter la vie, que celui qu'avoit reçu le Chevalier qu'il lui renvoyoit, & qui avoit été traité avec toutes sortes de poliresse & d'honneurs à Constantinople. Un procédé si généreux devoit toucher le cœur de Sidonie ; aussi nous nous apperçûmes bien qu'elle se troubloit au récit de ce Chevalier vaincu. Elle ne put s'empêcher de verser des larmes ; mais la fierté ayant repris le dessus dans son ame , & affectant peut-être par obstination un dépit plus fort qu'elle ne le ressentoit , elle bannit le jeune Chevalier de sa présence , lui défendit de remettre le pied dans ses Etats , & de ne jamais penser à sa fille ; puis me tirant en particulier , & m'ayant entraîné dans son cabinet : » Dараіde , me dit-elle , » brave Sarmate , vous m'avez déja » rendu & à ma Couronne les plus impor- » tants services , vous êtes l'amie de ma » fille & la mienne , je ne peux plus » compter que sur vous , pour obtenir » la tête de Florisel ; je vous la deman- » de , je l'exige de vous ; partez pour » Constantinople , & revenez prompt- » tement avec . . . . «. Dans cet ins- tant, je m'apperçus qu'elle se troubloit & se trouvoit mal , je la secourus , & quand elle fut revenue à elle-même , je fis ce que je pus pour lui faire entendre que je lui rendrois peut-être un mauvais service si j'exécutois ses ordres

à la lettre. Elle se fâcha, m'assura qu'elle
étoit ferme dans sa résolution, me réitéra ses ordres; je les trouvai si absolus,
que craignant qu'elle n'en chargeât quelqu'autre, je lui promis de faire tout ce
qu'elle voudroit. Elle ne me donna que
trois jours pour me préparer au voyage,
& j'achevai d'être assuré des véritables
dispositions de Sidonie, par les derniers mots qu'elle me dit. » Vas, me
» dit-elle, sois assez brave pour percer
» le cœur de Florisel, & le dernier acte
» de courage que j'exigerai de toi, sera
» de percer le mien «.

Je profitai des derniers moments qui
me furent laissés, pour faire part à la
belle Diane du désespoir & de l'embarras où j'étois. Elle le partageoit avec moi,
nous réfléchîmes, & nous raisonnâmes
à fond sur le parti qu'il y avoit à prendre; enfin nous convînmes de ce que
j'avois à faire. Ma Princesse m'avoua
alors qu'elle me connoissoit; notre bonheur dépendoit de celui de mon oncle
& de sa mere, & je pris mes mesures
pour le leur procurer; tout étant ainsi
arrangé, je partis pour Constantinople,
& j'y arrivai sous l'habit & le nom de
Daraïde. Ma réputation m'y avoit pré-

cédé , j'y étois déja connu , & comme
une virtuofe , & comme une Héroïne.
L'on voulut m'entendre à la Cour , j'y
charmai les oreilles ; les plus jeunes
& les plus agréables d'entre les Grecs,
me firent des compliments fur mon efprit , mes graces & ma beauté ; les
vieux Chevaliers trouverent que je par-
lois guerre & combats auffi-bien qu'eux.
Il y eut un tournoi, j'y rompis des lances, & je remportai tous les prix. L'Empereur me témoigna la plus haute confidération ; je lui demandai une audience particuliere , & je l'obtins. Là,
je me fis connoître abfolument à lui :
je lui donnai des preuves certaines de
ma naiffance, & de l'honneur que j'a-
vois de lui appartenir de très-près. Je
lui contai l'hiftoire toute entiere de mes
amours avec fa fille Diane , & les exploits que j'avois fait fous le nom de
Daraïde. Enfin , j'ofai lui faire la confidence du projet que nous avions formé,
la Princeffe de Guindaye & moi ; je lui
expliquai fur quelles raifons nous nous
fondions , pour croire qu'il devoit réuffir ; il le goûta, & adopta entiérement
notre idée & notre plan. L'Impératrice
Hélene d'Apollonie étoit morte , & il

étoit maître de p rtager son trône Impérial avec une nouvel e Princesse. Nous
partîmes donc en très-grand secret , lorsqu'il eut pris les mesures convenables ,
pour que l'on ne s'apperçût pas (pour
ainsi dire) de son absence. Nous arrivâmes heureusement l'un & l'autre à
Guindaye , & , à notre grand étonnement , nous en trouvâmes la capitale
assiégée par des peuples barbares, com-
mandés par les fils de ce Roi Galtazar
qui avoit prétendu à la main de Sidonie , & que j'avois tué sous le nom
de Daraïde. Il fut question de les combattre encore ; mon oncle & moi , nous
pouvions nous flatter de quelques succès ; celui que nous eûmes fut tout-
à-fait complet. Les Barbares furent vaincus & forcés de lever le siége ; nous entrâmes tous deux triomphants dans la
ville : arrivés auprès de la Reine , je
levai la visiere de mon casque, & me fis
reconnoître pour Daraïde. Des cris de
joie s'éleverent de toutes parts; mais Sidonie fut troublée en me voyant de retour , elle trembla que je n'eusse trop
bien exécuté sa commission , à peine eût-
elle la force de me demander quel étoit
le Chevalier qui s'étoit signalé à mes

côtés pendant la bataille. Je lui répondis qu'il étoit étranger ; mais que dans ce moment il se trouvoit si blessé, qu'il avoit grand besoin de soins & de repos. Elle ordonna aussitôt qu'on le conduisît dans un appartement de son Palais, où elle le fit servir avec attention, par des gens qui ne le connoissoient pas. Pour moi, je passai la soirée avec les Princesses. Je m'apperçus que la Reine étoit dans la plus grande agitation, je ne la rassurai pas ; mais je dis un mot à Diane pour la tranquillifer. Le lendemain avant le jour, la Reine elle-même vint me trouver : » Daraïde, me dit-elle, avez-vous. . . .« Elle ne pût achever. Quoique affecté moi-même de son trouble : » oui, » Madame, lui répondis-je avec fermeté, daignez me suivre «. En même temps je la pris par la main, & la conduisis, plus morte que vive, vers l'appartement où Florisel étoit couché, désarmé, endormi, ou feignant de dormir. Dès qu'elle y fut entrée, je lui présentai d'une main l'épée de mon oncle, & le lui montrant de l'autre : » Voi-» ci, lui dis-je, Madame, le glaive de » votre ennemi, & voici sa tête, vous » pouvez disposer de l'un & de l'autre.

„ Si vous défirez encore fa mort, tran-
„ chez vous-même le fil de fes jours ;
„ mais avant que de le frapper, appre-
„ nez que la feule rivale que vous pou-
„ viez craindre, Hélene d'Apollonie,
„ n'exifte plus. Si vous laiffez la vie à
„ Florifel, il eft réfolu de la paffer toute
„ entiere à vous adorer. Sidonie ne répondit à ce difcours que par un évanouiffement, dont Florifel même la tira en
l'embraffant tendrement. Ces deux amans
réunis verferent un torrent de larmes ;
Sidonie convint bientôt que les douceurs de l'amour étoient mille fois pré-
férables à celles de la vengeance. L'arrivée de Diane augmenta l'intérêt de ce
beau dénouement. L'Empereur m'ayant
fait reconnoître pour fon neveu, déclara
à Sidonie que je méritois la main de fa
fille, puifque j'avois feul rempli la condition propofée à tant d'autres, de lui
apporter la tête de Florifel. La Reine en
convint avec plaifir. Tous ces heureux
éclairciffements furent annoncés au peuple de Guindaye : bientôt toute la Cour
de ce pays fe tranfporta à Conftantinople, où le mariage de l'Empereur & de
Sidonie fut célébré avec pompe : le
Q v

mien avec la belle Diane , le fut avec autant d'éclat ; mon pere & ma mere s'y rendirent de Trébifonde. Quelque tems après , Diane & moi, nous y retournâmes avec eux , & nous nous fixâmes auprès de ces chers & refpectables parents. Chaque année nous allions rendre vifite à Sidonie , & à fon époux Florifel.

Dès la premiere année de mon mariage , Diane mit au monde un fils que nous nommâmes Amadis , & que nous avons furnommé d'Aftrée pour le diftinguer de fes illuftres ancêtres , dans l'efpérance que fes vertus feront renaître le regne d'Aftrée ou le fiecle d'or , dans les pays fur lefquels il doit dominer un jour. Les Sages, fans nous enlever notre fils , fe font chargés de veiller fur fon éducation , jufqu'au moment où il a été en état d'être armé Chevalier ; alors ils nous ont déclaré qu'il falloit l'envoyer chercher des aventures, en nous affurant qu'ils ne le perdroient pas de vue. La Sage Alquife, fille du grand Enchanteur Alquif & de la bonne Fée Urgande , s'eft particuliérement engagée à le protéger dans toutes les courfes qu'elle lui a fait faire

avec le jeune Sphéramonde , votre arriere
petit-fils comme lui , illuſtre Amadis de
Grece. Je vais vous dire en peu de mots,
quels ſont les exploits par leſquels ces
deux couſins ſe ſont ſignalés , & qui ont
mérité à chacun d'eux le cœur & la main
d'une belle & illuſtre Princeſſe. La ſage
Alquife les fit embarquer ſur un vaiſſeau
d'une eſpece très-ſinguliere ; car le corps
du bâtiment étoit fait en forme de tour ;
il n'alloit ni à voiles , ni à rames ;
mais étoit traîné par quatre lions marins , dociles à la voix du pilote ou
conducteur , qui les conduiſoit du côté
qu'il vouloit. Ils abordèrent dans le
Royaume des Parthes , & Alquife ayant
conſeillé aux deux Damoiſeaux d'entrer
dans la capitale de cet Etat , ils ſe pré-
ſenterent au Monarque , qui les reçut
avec toute la bonté poſſible. Les Sages
l'ayant prévenu que c'étoient deux jeunes
gens de haute naiſſance , & qu'il devoit
les armer Chevaliers , le Roi des Parthes
en fit avec éclat la cérémonie , & les
Princeſſes ſes filles ceignirent l'épée aux
deux couſins ; elles étoient charmantes,
l'aîné s'appelloit Richardine , & la ſeconde Roſaliane. Mon fils & mon neveu
en devinrent bientôt éperduement amou-

reux ; mais les leçons qu'on leur donna
en leur conférant l'ordre de Chevalerie,
leur firent comprendre qu'ils ne pouvoient mériter leurs bontés que par les
plus grands exploits, & ils témoignerent
la plus forte envie de se signaler ; bientôt
Alquife leur annonça qu'ils étoient réser-
vés pour une grande aventure dont le
succès devoit assurer leur gloire & leur
bonheur. Aussi-tôt ils montrerent de
l'impatience de la tenter & se séparerent
des deux Princesses qui leur permirent de
se déclarer leurs Chevaliers & d'invo-
quer leur nom en toute occasion de guerre
ou de combat particulier. Ils partirent, le
vaisseau enchanté les conduisit d'abord au
Royaume de Salamor. Le Roi de ce pays
avoit été prévenu comme celui des Parthes, que deux jeunes Chevaliers & deux
jeunes Damoiseaux également illustres,
devoient arriver chacun de leur côté dans
sa capitale ; que les premiers devoient
conférer l'ordre de Chevalerie aux derniers, & que les uns & les autres de-
viendroient des Héros fameux. Ces deux
nouveaux prétendans à la Chevalerie,
étoient vos petits-fils comme moi, l'un
se nommoit Fortunian, & l'autre Astrapol. Le premier est ici enchanté avec

nous, & vous contera bientôt sa propre
hiftoire ; ils furent armés Chevaliers par
mon fils & mon neveu avec autant d'é-
clat que ceux-ci l'avoient été peu auparavant à la Cour des Parthes. Ce fut la
belle Princeſſe Blancherofe qui leur ceignit l'épée. Aftrapol en devint amoureux, vous avez vu fans doute dans vos
tableaux magiques, qu'il l'époufa par la
fuite.

Pour revenir à mon fils, après qu'il
eut rempli cette agréable commiſſion ,
il remonta avec fon compagnon d'armes
dans fon navire, qui les conduifit dans
des pays différents , & les fit préluder à
leur grande expédition par plufieurs autres aſſez importantes. Se trouvant entraînés fur les côtes de l'Ecoſſe Septentrionale, ils pénétrerent dans les Forêts
de la Calidonie, & délivrerent une Princeſſe Françoife qui étoit enfermée dans
un château fitué au milieu de ce pays
fauvage. L'ayant reconduite en France ,
& continuant leur navigation, leur vaiffeau fut attaqué par des corfaires ; non-
feulement leurs lions les défendirent, mais
ils leur faciliterent les moyens de s'emparer du bâtiment des Pirates : ils y trouverent une Princeſſe prifonniere qui les

reconnut pour les avoir vu à Conftantinople dans leur enfance. Elle leur apprit qu'elle s'appelloit Fufilée, Reine de
Galdap. Environ feize ou dix-huit ans
auparavant, elle avoit eu de Rogel de
Grece, un fils nommé Argante de Galdap, elle l'avoua aux Chevaliers, ils
avoient déja entendu parler des exploits
de ce jeune Héros. Cette circonftance
redoubla leur confidération pour la Reine
Fufilée, & ils la reconduifirent avec honneur dans fes Etats.

Une troifieme aventure encore plus
intéreffante que les premieres, retarda
leur arrivée dans l'ifle dont ils devoient
détruire l'enchantement; ils apprirent
que la Ville de Guindaye étoit vivement
preffée par les mêmes barbares qui l'a-
voient attaquée autrefois, & qui avoient
profité de l'abfence de Sidonie & de
Diane, pour venir l'affiéger de nouveau.
Alquife les y conduifit après leur avoir
fait préfent d'armures enchantées, brillantes & magnifiques, dont le fond étoit
verd, ainfi ce fut fous le nom des Chevaliers verds qu'ils rendirent le fervice à
Florifel & à moi même de défaire encore
une fois les ennemis de l'héritage de
nos époufes : ils nous écrivirent pour nous

faire part de leurs succès ; mais ils volerent enfin à l'expédition fameuse qui devoit assurer leur gloire.

Ils arriverent dans l'isle où étoient détenus le Prince & la Princesse qu'ils devoient désenchanter, le premier s'appelloit Fidamant, & l'autre Grasilde. Dès qu'ils furent abordés, on leur montra d'un côté des tourbillons de flammes, de l'autre des torrens furieux & rapides qu'il étoit question de traverser : les deux cousins se partagerent les élémens, mon fils se chargea du feu, & Sphéramonde de l'eau, ils se précipiterent chacun dans la carriere dangereuse qu'ils avoient entrepris de parcourir, & ils se perdirent de vue ; mais loin d'en être les victimes ni l'un ni l'autre, ils se retrouverent sains & saufs chacun dans une plaine où ils eurent des monstres & des Géants à combattre ; ils les vainquirent. Enfin ils entrerent chacun de leur côté dans un château qui étoit rempli de Dames & de Chevaliers enchantés, ils les délivrerent tous, entr'autres le Prince & la Princesse, l'objet de leurs tentatives. La sage Alquife leur apparut, & leur recommanda de reconduire dans leurs Etats tous ces Souverains & ces Souveraines, & ils s'embarquerent avec eux, très-fâchés du retard que ces reconduites apportoient à leur retour dans le Royaume des Parthes. Chacun de ces jeunes Héros eut en chemin de fréquentes occasions de profiter du privilége souvent attaché aux reconduites; il ne tint qu'à eux d'avoir ce que le public mal pensant appelle des bonnes fortunes; mais ils résisterent à toutes ces tentations indécentes & contraires aux austeres principes de la pure & noble Chevalerie. Enfin toutes les reconduites étant faites, ils prirent le chemin du pays des Parthes; mais ils n'y arriverent qu'après avoir éprouvé deux heureuses aventures.

La premiere intéressoit plus particuliérement Sphéramonde, il apprit qu'un Héros qu'on ne lui nomma pas d'abord, étoit retenu par un enchantement, auprès d'une Dame nommée Sardinie, qui étoit protégée par des Magiciens. Sphéramonde ayant reçu d'Alquife une bague qui avoit la vertu de dissiper toutes les illusions, se rendit par le conseil de la Sage Enchanteresse dans le château délicieux de la séductrice. Il reconnut son pere Rogel de Grece, fils de Florisel, dans le Héros qu'il venoit de délivrer. Ro-

gel revenu à lui-même, rougit de l'ivreſſe
voluptueuſe dans laquelle il avoit été
plongé, ſur-tout du mauvais exemple
qu'il avoit donné à ſon fils; mais les enchantemens excuſent tout. Sphéramonde
l'auroit ramené juſques en Grece; mais
la Sage Alquife y avoit pourvû. Elle fit
trouver à propos un navire deſtiné pour
tranſporter le pere à Conſtantinople, &
les deux couſins remonterent dans celui
traîné par les lions marins qui les ramena dans le Royaume des Parthes;
mais après les avoir fait relâcher dans
celui de Saba. Il y avoit dans ce pays un
uſage très-ancien, & qui paroiſſoit ſo-
lidement établi; c'étoit celui de regarder comme déshonnorées les Dames
& Demoiſelles qui n'étoient pas vivement preſſées de ſe rendre aux déſirs des
Chevaliers, & de faire auſſi peu de cas
de celles qui s'y refuſoient. Dès que mon
fils & mon couſin furent arrivés dans ce
Royaume, Alquife leur apparut & leur
déclara que les Sages l'avoient choiſi pour
abolir une ſi indécente coutume. Amadis
d'Aſtrée fut d'abord aſſez mécontent
d'être chargé de cette commiſſion, il
craignoit de faire des malheureux de ceux
qu'il rameneroit ſous l'empire de la dé-

cence ; mais il fut bientôt raſſuré. On ne lui oppoſa qu'une foible réſiſtance , & la nation entiere applaudit à cette heureuſe révolution : elle ſentit que la volupté dénuée de tous ſentimens tendres & délicats , ne peut procurer que des momens d'ivreſſe, paſſagers & foibles , & que les plaiſirs dans leſquels le cœur & l'eſprit ſont intéreſſés , ſont les ſeuls réels & durables.

Enfin nos jeunes Guerriers rentrerent dans le Royaume des Parthes , & apprirent que depuis qu'ils y avoient été armés Chevaliers , nombre de prétendans s'étant préſentés , on n'avoit pas trouvé de meilleur moyen pour les mettre d'accord , que d'indiquer un tournoi , & de déclarer que ceux qui réuſſiroient le mieux en ſoutenant la ſupériorité de la beauté des Princeſſes , obtiendroient leur main. Alquife conſeilla aux Princes de n'y paroître qu'incognito ; ils obéirent, mais ils étoient embarraſſés ſur le rôle qu'ils devoient y jouer : s'ils ſe fuſſent rangés parmi les tenants , peu d'aſſaillans auroient été diſpoſés à les combattre, & ils n'auroient pas eu affaire d'ailleurs à leurs rivaux ; ils ne vouloient pas révoquer en doute la prééminence de la beauté

des Princesses des Parthes. Ils prirent donc
le parti de l'équivoque. Ils firent publier
que deux Chevaliers venoient soutenir
la supériorité de la beauté de leurs Dames
sur toutes les autres du monde ; alors ils
eurent à combattre tous les Chevaliers
du tournoi, & ils les vainquirent tous,
entr'autres un Prince de Médie & un de
Belle Marine, qui, jusqu'à ce moment
avoient paru redoutables. Ce ne fut qu'a-
près avoir fait ces exploits, & avoir été
couronnés, qu'ils furent reconnus pour
les mêmes Chevaliers armés environ un
an auparavant par le Roi & ses filles ;
pour augmenter encore davantage leur
considération & leurs droits sur la main
des Princesses, ils se firent reconnoître,
l'un pour le fils de Rogel de Grece,
& l'autre pour le mien. Ils nous écrivirent, & nous demanderent notre con-
sentement pour leur mariage ; il ne pouvoit leur être refusé, & leurs affaires
étoient dans le meilleur état du monde,
lorsqu'un accident imprévu en retarda la
conclusion. Un Géant, nommé Patramon, ennemi du Roi des Parthes, saisit l'instant où les deux sœurs étoient à
la promenade sur le bord de la mer, &

où leurs amants étoient éloignés, enleva la Princesse Richardine, la força de s'embarquer avec lui, & la conduisit dans les Etats du Roi de Sibille, ennemi de celui des Parthes. Rosaliane eut le bonheur de s'enfuir. La Cour des Parthes fut désolée ; Sphéramonde, comme le plus intéressé à cet accident, courut le premier au rivage, sur lequel il trouva heureusement le vaisseau aux quatre lions. La sage Fée y étoit elle-même ; elle apprit à mon neveu que sa maîtresse avoit été enlevée par Patramon, & étoit enfermée dans un château, où il lui seroit impossible de pénétrer par force ; mais elle lui conseilla d'employer la ruse. Elle lui fit présent d'un bouclier qui rendoit invisible celui qui s'en couvroit : avec ce secours, Sphéramonde s'introduisit dans la prison de Richardine, sans que personne l'apperçut ; il s'y cacha, & à l'ombre du mystere, il y passa quelque temps avec sa Princesse, si doucement, & si heureusement, qu'ils oublierent l'un & l'autre leurs parents, & tout le reste du monde.

Mon fils Amadis n'étoit pas si heureux, on lui signifia qu'il falloit qu'il allât chercher son cousin & sa future belle-sœur, & qu'on ne pouvoit s'occuper de son bonheur qu'après qu'il les auroit retrouvés. Désespéré de quitter Rosaliane, il partit cependant, & courut assez long-temps au hasard, avant que d'avoir aucune nouvelle de Sphéramonde, ni de Richardine. Enfin il rencontra une jeune Dame, qui chassoit, avec un équipage assez brillant, autour d'un château de belle apparence. Il la salua courtoisement, & prit la liberté de lui faire des questions sur l'objet de ses recherches. Il avoit levé la visiere de son casque, & la Dame ayant reconnu que c'étoit un beau & jeune Chevalier, répondit à ses questions avec la même honnêteté qu'elles lui furent faites : elle revenoit de la Cour de Sibille, & avoit bien entendu parler d'une Princesse enlevée ; mais ces éclaircissements ne pouvoient se donner en plein champ, & la Dame, qui s'appelloit Emiliane, invita donc le jeune Amadis à venir se reposer dans son château : il y passa quelques jours, pendant lesquels il fut questionné à son tour avec toute l'apparence du plus grand intérêt. On raisonna sur toutes ses aventures, même sur celles du Royaume de Saba, & la

Dame trouva la réforme de cet Etat bien
févere, pour avoir été l'ouvrage de
deux jeunes Chevaliers. Que vous dirai-
je ? ces têtes-à-têtes de châteaux font
bien redoutables pour l'honneur des Dames & la fidélité des Chevaliers ; ce ne
fut que le plus tard qu'elle put qu'elle
apprit à mon fils Amadis que la Princeffe
Richardine avoit été conduite dans un
château dépendant du Royaume de Sibille. Il n'eut rien de plus preffé que de
porter cette nouvelle au Royaume des
Parthes. Mais hélas ! ce ne fut qu'après
avoir manqué de fidélité à fa divine Princeffe Rofaliane ; heureufement qu'elle
n'en fut pas inftruite : cependant elle en
foupçonna quelque chofe, en interrogeant Amadis fur la façon dont il avoit
reçu cet éclairciffement. Quoi qu'il en
foit, le Roi des Parthes affembla une
armée pour marcher contre le Roi de
Sibille ; mais elle n'étoit pas confidérable, & il étoit à craindre que fes gens
ne fuccombaffent fous le plus grand nombre, lorfque par bonheur ; trois Chevaliers de notre lignage fe joignirent à eux.
C'étoient Lucendus de Gaule, Fortunian fon fils, & Arlante d'Efpagne ;
les deux derniers font ici avec nous.

Ayant appris le fujet de la guerre, &
reconnu mon fils, ils fe joignirent à
l'armée des Parthes, entrerent dans le
pays de Sibille, & vinrent mettre le
fiége devant la capitale de cet Etat.

Le bruit de cette irruption parvint enfin jufques dans le château où étoit retenue la belle Richardine. La fage Alquife eut même l'attention de les en
avertir, & les tira ainfi de la léthargie
dans laquelle ils étoient plongés, contents de leur captivité parce qu'ils y jouif-
foient tranquillement des douceurs du
tête-à-tête. Ils fentirent enfin qu'il falloit qu'ils s'échappaffent, & fe rendiffent
à l'armée des Parthes, qui étoit campée
devant la Ville de Sibille. L'évafion étoit
affez facile pour Richardine, fon Amant
lui prêta fon bouclier enchanté, elle fortit du château fans être vue, ni reconnue
de perfonne; & par des chemins qu'Alquife lui avoit indiqués, elle gagna
fans difficulté l'armée de fon pere. Le
Roi des Parthes la revit avec la plus
grande fatisfaction, & fon amant ne
tarda pas à la joindre; il quitta auffi le
château, & en effraya fi fort les gardes,
qui ne s'attendoient pas à en voir fortir
un Chevalier qu'ils n'y avoient pas vu

entrer, qu'il les diffipa & parvint avec le même bonheur dans l'armée affiégeante. Cependant il falloit mettre fin à cette guerre, c'eft ce qui fut fait au moyen d'un combat de fix Chevaliers, dont cinq étoient de notre lignage, & fix Géants du parti du Roi de Sibille. Ces derniers furent vaincus & même tués, le raviffeur Patramon fut du nombre. Enfin 'a paix fut faite, & même pour l'affurer, Atlante d'Efpagne qui devint amoureux de la Princeffe Seftiliane de Sibille, étoit prêt à l'époufer lorfqu'elle fut enchantée, comme vous l'apprendrez d'Arlante lui-même.

Le Roi des Parthes & fa famille, étant de retour dans leur capitale, on s'occupa férieufement du mariage des deux Princeffes. Richardine & Sphéramonde étoient trop bien d'accord, pour que le leur fouffrît des difficultés. Il y en eut un peu plus à celui de mon fils avec Rofaliane, qui avoit conçu quelques foupçons affez juftes fur l'exacte fidélité d'Amadis d'Aftrée; mais il vint à bout de la calmer, & leur bonheur aux uns & aux autres a été affuré & dure encore.

Cependant l'égarement d'Amadis d'Aftrée avec Emiliane, eut des fuites. Un jeune

jeune Chevalier nommé Amanio d'Aftrée, en eſt le fruit ; il s'eſt déja fait
connoître dans le monde par quelques
aventures dont Fortunian vous fera ſans
doute le récit , car les plus importantes tiennent à celles de ſon fils Ginoldan. Amanio fut d'abord connu ſous le
nom du Chevalier du Pont, parce que,
lorſqu'il ignoroit encore ſa naiſſance, il
fut chargé de la défenſe d'un pont, ſur
lequel ſon pere ayant voulu paſſer, il ſe
mit en devoir de l'en empêcher. Le pere
& le fils combattirent avec tant de valeur,
qu'ils s'admirerent réciproquement, con-
çurent de l'eſtime l'un pour l'autre ; enfin s'étant reconnus, ils s'embraſſerent
tendrement. Je laiſſe à Fortunian à vous
faire l'hiſtoire de mon petit-fils, avec
celle de ſon propre-fils.

Agéſilan de Colcos finit ainſi le récit
de ſa propre hiſtoire, & celle de ſes plus
proches parens. Un autre jour, Amadis
de Grece pria Arlante d'Eſpagne de le
mettre au fait des principaux événemens
de ſa vie ; c'eſt ce qu'il fit volontiers :
voici à peu près les termes de ſon récit.

*Histoire d'Arlante d'Espagne , de son
pere , & de son grand-pere.*

JE suis votre arriere petit-fils , illustre
Anadis , puisque mon pere étoit fils de
Zahara , Reine des Amazones , qui n'eut
jamais d'autre amant que vous , & qui se
vanta d'avoir eu les bonnes graces du Dieu
Mars, quoiqu'elle n'eût eu que les vôtres.
On la crut aisément , sur-tout quand
on vit que ses enfans soutenoient par
leur valeur , cette fausse , mais noble opinion. Vous savez quels furent les exploits
de la vaillante Alastraxerée ; mon grand-
pere acquit autant de gloire dans des
pays bien éloignés de la Grece & de la
Colchide. Ce fut en Espagne que Zahara
sa mere l'envoya chercher des aventures ,
ce pays étoit alors désolé par les idolâtres. Le Roi Olorius (fils de Briant , qui
étoit fils de Corseille , & par conséquent
du sang de l'illustre Trébatius) , étoit
prêt à succomber sous les efforts de ces
ennemis, qui vouloient profiter du temps
que le grand Amadis & les Princes de

son lignage étoient engagés dans une nouvelle guerre en Gaule , & dans la Grande-Bretagne. La feule valeur d'Anaxarte ,
fit changer la face des affaires en Efpagne. Il vint à bout d'en chaffer les infideles , & étant devenu amoureux de la
Princeffe Oriane , fille unique d'Olorius ,
il fut trouvé digne de fa main : elle étoit
fa parente , puifqu'elle étoit arriere-pe-
tite-fille par fa mere du grand Amadis
de Gaule. Anaxarte a dominé affez long-
temps fur ce beau Royaume qui eft aujourd'hui mon héritage. Arlange fon fils
& mon pere y régne encore , & je fuis
l'unique fruit de fon mariage avec la
Princeffe de Lufitanie. Mon pere n'a point
été chercher d'aventures au dehors : mais
il n'a pas voulu que je fuiviffe fon exemple fi rare dans notre famille , il m'a envoyé de bonne heure à la Cour de Conftantinople où j'ai été armé Chevalier par
l'Empereur Florifel votre fils , & mon
grand-oncle. Ayant enfuite couru le
monde , j'ai eu occafion de me joindre à
mes coufins Fortunian & Aftrapol , j'ai
eu part à plufieurs de leurs exploits ;
mais je ne veux vous parler que de ceux
qui me font les plus perfonnels. Nous
nous trouvâmes à la Cour des Parthes ,

dans le tems où le Roi de ce pays marchoit contre celui de Sibille. Je fus un
des champions du fameux combat de six
contre six , dont le succès assura la victoire au Roi des Parthes. Ce Monarque
fit la paix avec son ennemi , & nous fûmes reçus avec honneur dans la Ville de
Sibille même. Je trouvai Sestiliane, Princesse de ce pays , d'une figure & d'un
caractere également aimables ; je n'avois
point encore fait choix d'une Dame de
mes pensées , ce fut à elle que j'adressai
tous mes vœux. Les autres Chevaliers
mes parens & compagnons d'armes ,
étant retournés à la Cour des Parthes ,
je restai dans celle de Sibille ; je me déclarai , & je fus écouté favorablement ,
non-seulement de la belle , mais du Roi
son pere auquel elle m'engagea à confier
mes desseins. Enfin , je me croyois à la
veille d'être le plus heureux des Chevaliers & des Princes ; j'avois formé le
projet d'oublier l'Espagne ma Patrie , &
de me fixer entiérement auprès de Sestiliane , lorsqu'un accident imprévu vint
reculer mes espérances , & pensa les détruire. La Princesse disparut , & on ne
douta point qu'elle n'eût été enlevée par
quelque perfide Enchanteur ou Enchan-

tereffe. La défolation fut grande à la
Cour de fon pere ; mais la mienne fut
extrême. Le feul foulagement que l'on
put apporter à ma douleur, fut l'efpérance
de retrouver ma maîtreffe , & de la délivrer. Tout incertain qu'étoit cet efpoir,
je m'y livrai jufques à un certain point ,
& je partis dans l'équipage le plus lugu-
bre. J'étois revêtu d'une armure noire, fur
laquelle étoient peintes alternativement
des flammes d'or & de groffes larmes
d'argent. Le panache de mon cafque étoit
noir & couleur de feu , & j'avois fait
peindre fur mon écu un fquelette avec
ces mots en Efpagnol , *no ama, no alma* ;
c'eft-à-dire , qui n'a plus de Dame , n'a
plus d'ame ; je pris même une dénomination conforme à cette devife , & je me
fis appeller le Chevalier fans ame. Je
parcourus ainfi beaucoup de pays, & j'eus
l'occafion de donner bien des preuves
d'un courage animé par le défefpoir ; je
châtiai féverement un grand nombre de
gens qui ofoient rire de mon ajuftement ,
& de la façon dont j'exprimois ma douleur & mon inquiétude. Je combattis
auffi des Géants & des Chevaliers difcourtois , qui répondirent mal aux queftions que je leur fis fur ce que ma Prin-

œsse étoit devenue. Enfin, chemin faisant, je réparai quelques torts, & je fis rendre justice à quelques personnes opprimées; mais ce ne fut qu'autant que ces exploits ne pouvoient retarder ma course, ni ralentir mes recherches. La plus importante de ces aventures, consista à rétablir sur son trône la Reine de Bisore qui en avoit été injustement chassée : cette Princesse me témoigna la plus grande reconnoissance, & il me fut aisé d'appercevoir qu'elle ne demandoit pas mieux que de m'en donner les preuves les plus convaincantes; mais un Chevalier sans ame pouvoit-il s'occuper d'autres soins que de celui de retrouver la personne à laquelle il croyoit que son existence étoit attachée : aussi reçus-je avec la plus grande froideur, & même avec dédain les agaceries de la Reine. Qui le croiroit cependant ! elle trouva le moyen de mettre ma vertu en défaut, & de tromper ma fidélité. Je me préparois à quitter Bisore, lorsque je reçus un billet anonime, par lequel on m'invitoit à me rendre dans un pavillon très-agréable, situé à l'extrêmité des jardins de la Reine, & l'on m'assuroit que j'y recevrois des nouvelles de ma chere Sestiliane : j'y cou-

rus avec empreſſement, & j'y fus reçu
par une perſonne d'un certain âge, dont
la taille étoit noble & majeſtueuſe ; elle
étoit vêtue ſuperbement, & tenoit à ſa
main une baguette d'or. « Chevalier,
» me dit-elle, je ſuis Urgande, protec-
» trice conſtante & toujours utile des
» Princes de la race des Amadis. L'en-
» chantement de Seſtiliane s'eſt fait à
» mon inſçu : je n'ai pu vous rendre le
» ſervice de l'empêcher, & je ne peux
» encore vous inſtruire du moment où il
» finira, ni des lieux où vous pourriez aller
» chercher votre Princeſſe. Ne voulant
» cependant pas que mon art vous ſoit
» abſolument inutile, j'ai trouvé le moyen
» de la dérober pour trois jours aux
» monſtres qui ſont chargés de la gar-
» der, & j'ai profité d'une abſence du
» Magicien qui la tient en ſon pouvoir
» pour la conduire dans ce pavillon, où
» vous pourrez paſſer ſecrétement & li-
» brement ce tems avec elle. Je ſuis fâ-
» chée d'être obligée de vous annoncer
» que ces trois jours écoulés, il faut né-
» ceſſairement qu'elle retourne au châ-
» teau qui lui ſert de priſon. Le moment
» arrivera où votre courage lui procurera
» ſon entiere liberté «.

R iv

A peine donnai-je le tems à l'Enchanteresse d'achever ; dès ce moment, il me sembloit qu'on me rendoit mon ame, & je pressai la prétendue Urgande de me conduire auprès de mon adorable Sestiliane. Elle me fit entrer dans l'intérieur du pavillon, & je crus y appercevoir ma Princesse, je me précipitai à ses genoux, je lui baisai respectueusement la main, & je lui jurai mille fois un amour éternel, & une fidélité inviolable. Mes protestations parurent d'abord faire le plus grand plaisir à celle qui en étoit l'objet ; mais bientôt ma jeune & naïve maîtresse, avec toute la modestie possible, me fit entendre, que n'ayant que trois jours à demeurer ensemble, il ne falloit pas les perdre tout-à-fait en complimens. Ce langage m'étonna d'abord un peu, je l'avoue ; mais après tout il ne pouvoit que me plaire & m'enchanter, & je passai dans le pavillon les trois jours les plus délicieux de ma vie. Au bout de ce tems Urgande reparut, & au grand désespoir de l'un & de l'autre, m'enleva ma chere Sestiliane. Le séjour du pavillon, & celui du pays me devinrent alors si odieux, qu'ayant repris mon triste accoutrement,

je partis sans vouloir prendre congé de
la Reine de Bisore, & je marchai long-
tems sans savoir où j'adressois mes pas.
Au bout de quelques jours , cette même
Enchanteresse qui s'étoit annoncée à moi
comme étant Urgande , m'arrête à l'entrée d'une forêt , & m'aborde avec une
contenance triste & humiliée. » Seigneur,
» me dit-elle , je viens vous avouer ma
» faute , & le malheur qui en a été la
» suite. Je ne suis point Urgande , quoi-
» que je posséde l'art des enchantemens ;
» mais dans un dégré bien inférieur à
» la science de cette Fée. J'étois amie de
» cette Reine de Bisore , par les Etats
» de laquelle vous avez passé , & à qui
» vous avez inspiré les plus tendres sen-
» timens ; elle étoit éprise de vous , &
» présumant bien qu'il n'y avoit d'autre
» moyens , que celui de vous tromper ,
» pour vous engager à répondre à sa pas-
» sion , je lui ai fait prendre la figure
» de votre adorable Sestiliane , & je vous
» ai rendu heureux tous deux ; mais pour
» un tems bien court. Après votre départ ,
» la malheureuse Reine n'a pas voulu sur-
» vivre à votre perte , & au mépris que
» vous lui avez marqué , en ne voulant

R v

» plus la revoir, après les témoignages
» de tendreſſe que vous lui avez prodi-
» gués pendant le peu de momens que
» vous avez paſſés avec elle. Elle eſt
» morte, & en expirant, elle m'a con-
» juré de vous inſtruire de ce funeſte ſe-
» cret ; & pour vous prouver combien
» elle vous aimoit, elle m'a recommandé
» de vous donner tous les éclairciſſemens
» néceſſaires pour vous faire retrouver vo-
» tre maîtreſſe. Pour cette fois vous pou-
» vez m'en croire : Seſtiliane a été tranſ-
» portée par un Magicien idolâtre, &
» placée au pied du Mont-Liban , par-
» mi les Prêtreſſes d'un temple célebre,
» dédié à Apollon & à Diane, & élevé
» par ce Magicien même qui n'a exé-
» cuté cet enlevement que dans le def-
» ſein de reculer votre mariage avec
» elle, & par conſéquent de retarder la
» naiſſance d'une illuſtre poſtérité , qui
» doit devenir le fléau des infideles. Heu-
» reuſement le Magicien eſt forcé à une
» aſſez longue abſence dont vous pou-
» vez profiter pour délivrer votre Prin-
» ceſſe ».

Je ne m'amuſai point à faire ni reproches, ni remerciemens à l'Enchantereſſe

fubalterne; mais je courus avec ardeur
au Mont Liban. Je m'informai de l'endroit où étoit fitué le Temple, & je
n'eus pas de peine à le découvrir; j'appris
qu'il étoit deffervi par une certaine quantité de perfonnages âgés, graves & vénérables, & par un grand nombre de
jeunes & belles filles enlevées par le
Magicien, & à la tête defquelles il avoit
placé Seftiliane. Après avoir changé mes
armes, je m'introduifis dans cette retraite, comme un Chevalier Payen,
rempli de vénération pour Apollon &
pour Diane fa fœur, & qui vouloit
s'inftruire des cérémonies du culte qu'on
rendoit à ces deux divinités. Ce moyen
me réuffit, je fus accueilli amicalement
par les vieux Prêtres, & j'eus occafion
de voir les jeunes Prêtreffes, & d'avoir
quelques inftans de converfation avec
ma chere Seftiliane; je lui fis part du deffein où j'étois de l'enlever, & de la maniere dont je croyois qu'il étoit poffible
d'exécuter cette entreprife : elle l'approu-
va, & ayant gagné quelques monftres fu-
balternes du Temple, elle s'échappa
pendant une nuit, & vint me joindre
dans le lieu où je l'attendois. Nous nous
rendîmes au plus prochain rivage où nous

trouvâmes un vaiſſeau préparé par notre
bonne protectrice Alquife : nous y mon-
tâmes , & nous comptions arriver dans
le Royaume de Sibilie ; mais une effroyable tempête nous en écarta , & nous jetta
ſur les côtes du pays des Nabatéens. Ces
peuples ſe défendoient alors contre la ty-
rannie d'un Gouverneur que le Roi d'É-
gypte leur avoit donné , & qu'ils avoient
été obligés de chaſſer. Ils avoient reconnu
pour chef un nommé Lucar , qui ſoutenoit vaillamment leur cauſe ; c'étoit d'ailleurs un perſonnage aſſez barbare. Il nous
reçut d'abord très-bien , d'autant plus que
je lui offris mon ſecours contre les oppreſ-
ſeurs de ſon pays. Je me mis à la tête
d'une partie de ſes troupes , & je me
ſignalai en pluſieurs occaſions , qui me
rendirent cher à ſes Peuples. Malheureuſement Lucar devint amoureux de Seſtiliane , par conſéquent jaloux de moi.
Il cherchoit à me faire périr dans l'eſpérance d'hériter de ma maîtreſſe. Par bonheur
les choſes tournerent bien différemment.
Dans une bataille générale & déciſive , le
brutal Lucar fut tué , & ce fut moi qui eus
l'honneur de la gagner , & de chaſſer entiérement les Egyptiens de la Nabatée. Les
reſtes de l'armée ennemie capitulerent.

Le Roi d'Egypte fit même la paix, & reconnut l'indépendance des Nabatéens. La nation entiere m'élut pour son Roi, je fus couronné avec éclat ainsi que Sesti-liane; & après avoir établi notre Empire sur les plus sages loix que je pus imaginer, je ne m'occupai plus que des moyens de retourner dans le Royaume de Sibille. Le Roi mon beau-pere revit avec grand plaisir sa fille couronnée, & consentit volontiers que nous partageassions notre tems entre la satisfaction de le voir souvent, & le soin de rendre nos Peuples heureux; c'est ainsi que nous avons vécu jusqu'au tems où les Enchanteurs ont jugé à propos de me transporter dans ce château.

Histoire de Fortunian, de son pere, de sa mere & de son fils.

LORSQUE ce fut au tour de Fortunian, le troisieme des Princes enchantés, de conter son histoire, il s'adressa aussi à Amadis de Grece son grand-pere : Seigneur, lui dit-il, vous savez qu'il est impoſſible de vous être uni par plus de liens que moi ; ma mere Fortunie eſt votre-fille , & mon pere Lucendus qui regne encore ſur les Gaules ou la France, eſt comme vous arriere petit-fils du grand Amadis de Gaule. Il a été élevé ſous vos yeux à Conſtantinople, c'eſt-là que ſe ſont formées ſes premieres liaiſons avec Fortunie ; mais vous les ignoriez encore , lorſque vous avez été tranſporté dans le château où nous ſommes. Permettez moi de vous apprendre quelles en ont été les ſuites , vous n'avez pu le voir que très-imparfaitement dans la galerie où vous allez apprendre des nouvelles de ce qui ſe paſſe dans le monde. Les détails que je vais vous faire ſont abſolument néceſſaires pour l'intelligence de mes premieres aventures , qui ſont liées à celles de mes parens.

Lucendus & ſa couſine avoient conçu l'un pour l'autre les plus tendres ſentimens , auſſitôt qu'ils s'étoient trouvés dans l'âge de ſentir les feux de l'amour ; le leur pouvoit bien eſpérer d'être couronné par la ſuite ; mais ils etoient encore trop jeunes , pour que vous, Seigneur, & mon grand-pere Lucidor , ne

fuffiez pas dans le cas de les remettre à
plufieurs années. Suivant l'ufage conftant
de notre-famille, il falloit que mon pere
eût mis à fin grand nombre d'aventures,
qu'il eût donné des preuves certaines &
conftantes de fa valeur, & que de fon
côté ma mere lui eût été fidelle, &
même eût paffé plufieurs années à l'attendre & à l'éprouver, avant que de fe
rendre à fes défirs. Tout cela parut fi
long à deux jeunes amans, preffés de
goûter des plaifirs qui devoient un jour
devenir légitimes, qu'ils fe hâterent de
s'y livrer. Que vous dirai-je ? Mon pere
n'avoit que quinze ans, & ma mere
que quatorze, lorfqu'elle me donna la
naiffance. Heureufement que la Gouver-
nante de Fortunie, fi elle n'étoit pas
vigilante, étoit affez difcrete, & fes
femmes affez foigneufes pour réparer &
cacher les accidents qu'elles n'avoient pu
empêcher. Je naquis donc, & je fus
élevé avec tout le myftere imaginable.
Peu après ma naiffance, Lucendus fut
obligé de partir pour aller fecourir fon
pere Lucidor, attaqué par des ennemis
redoutables ; les événemens de cette
guerre le retinrent affez long-temps dans
les Gaules, & bien avant qu'il en revint,

l'enchantement dans lequel vous vous
trouvez encore commença. Les Sages
& les Fées protecteurs & protectrices de
notre maison sentirent alors qu'une Princesse aussi jeune & aussi vive que Fortunie,
& qui avoit donné de si bonne heure des
preuves de sa disposition à la tendresse, seroit exposée dans une Cour qui étoit gouvernée par une régence, au nom d'un enfant. Ils résolurent donc de nous enlever
l'un & l'autre, & de nous mettre en
sûreté, & ils exécuterent cette résolution.
Nous disparûmes : on fut au désespoir à
la Cour de Constantinople de la perte
de Fortunie ; mais après tout, on étoit
accoutumé à voir enchantés les Souverains de ce tems-là : quant à moi, comme
mon existence n'étoit pas connue, mon
enlevement ne fit aucun bruit. Ma mere
fut mise sous la garde de la Fée Dragonine, sœur cadette de la sage Alquife,
fille d'Urgande Il fut décidé qu'elle ne
pourroit être délivrée que par le Héros
même qui s'étoit déclaré de si bonne heure
son Chevalier, & qui devoit se préparer à ce dernier exploit par plusieurs autres moins intéressants pour lui. Pour
moi l'on confia le soin de mon éducation
au bon Roi de Palamor, qui m'éleva

avec un autre Damoiseau aussi de votre lignage, dont j'aurai occasion de vous parler bientôt. Urgande ne lui apprit d'abord autre chose sur notre naissance, sinon que nous étions d'un sang illustre ; nous n'en savions pas nous-mêmes davantage.

La guerre de Gaule étant enfin heureusement terminée, mon pere chercha d'autres aventures, & en trouva de très-brillantes. Pour procurer la délivrance d'une Dame retenue dans une profonde caverne, il combattit un Dragon qui avoit sur la tête une couronne brillante & effrayante ; car il en sortoit des flammes, aussi appelloit-on ce monstre le Basilic : mon pere le tua, en fit peindre la représentation sur son écu, & se fit surnommer pendant quelque-tems le Chevalier du Basilic. Ce fut sous cette dénomination qu'il fit pendant plusieurs années de nouveaux exploits. Cependant il n'oublioit point que Fortunie avoit la premiere acquis des droits sur son cœur, & qu'elle ne devoit jamais les perdre ; il lui restoit fidele, & adressoit souvent ses prieres & ses vœux aux Fées bienfaisantes, pourqu'elles lui indiquassent le lieu où il pourroit la trouver. Le pre-

mier foulagement qu'Urgande lui procura, fut de lui donner un miroir de
poche, dans lequel il pouvoit à toute
heure, foit du jour ou de la nuit, con-
templer, non fa propre image, mais
celle de fa maîtreffe, & l'affura qu'elle
en avoit fait tenir un pareil à Fortunie,
dans lequel elle pourroit le voir avec la
même facilité. Cette confolation foutint
encore pendant plufieurs années l'efpoir
& la fanté des deux amans; mais Urgande n'avoit pas voulu y ajouter celle
d'indiquer à mon pere quel étoit précifément le pays dans lequel étoit enchantée fon amante; il falloit qu'il ne le trouvât qu'après avoir couru long-temps au
hafard, & éprouvé grand nombre d'a-
ventures; ce moment arriva enfin. Lucendus traverfant les montagnes d'Arménie, en apperçut une dont le fommet
étoit enflammé. Il demanda quel étoit
ce volcan. C'eft, lui répondit-on, un
enchantement très - difficile à rompre.
Il fe douta auffi-tôt que c'étoit le féjour de la belle Fortunie; il n'héfita pas
à grimper au fommet de cette montagne, & à fe jetter au milieu des flammes : elles ne lui firent aucun mal, des
Géants & des monftres qui fe préfen-

terent en grand nombre , ne furent pas
plus dangereux pour lui. Enfin , il pénétra dans un château , & apperçut dans
la principale piece , qui étoit magnifiquement ornée , fa chere Fortunie dans
fon occupation ordinaire ; c'eft-à-dire
contemplant le miroir qui repréfentoit
mon pere , & qui fe brifa en mille pieces à l'inftant que Lucendus lui-même
entra dans la falle. La joie que ces amans
eurent de fe retrouver fut extrême : mais
votre fille prévint le Prince de Gaule ,
qu'il ne pouvoit la tirer de ce château,
ni en fortir lui-même , s'il ne s'empa-
roit de la Magicienne Dragonine, & ne
lui enlevoit le livre dans lequel elle lifoit
actuellement pour redoubler les enchantemens qui pouvoient empêcher fa délivrance ; c'eft dans le donjon du château , ajouta-t elle, qu'elle s'eft réfugiée ,
courez-y , mais ayez attention à ne faire
aucun mal à cette Enchantereffe , qui
m'a traité avec bonté & amitié depuis
quinze ans que je fuis ici , & qui ne
m'a caufé d'autre chagrin que celui de
me féparer de vous : il eft vrai que c'eft
le plus grand qu'elle pût me faire. L'a-
vis ou plutôt l'ordre de Fortunie fut exactement & heureufement fuivi. La Ma-

gicienne fut forcée de se rendre, malgré
tous les nouveaux prodiges qu'elle fit pour
s'en dispenser ; mais dès que son livre
lui fut enlevé, elle descendit de la meilleure grace du monde, & ayant em-
brassé les deux amans, elle leur demanda pardon des obstacles qu'elle avoit
mis à leur réunion & à leur bonheur ; elle leur dit que c'étoit par
ordre des Sages ; mais que dorénavant
rien ne les troubleroit plus : elle fit disparoître d'un coup de baguette le château enchanté, & ayant fait trouver
pour les deux amans & pour elle-mê-
mes des voitures commodes, elle les
conduisit à la Cour du Roi d'Arménie.
Ce Prince auquel mon pere avoit déjà
rendu quelques services, le reçut avec
honneur ; & la considération qu'il avoit
pour lui, augmenta beaucoup lorsque la
Magicienne, après s'être fait connoître
elle-même, apprit à la Cour d'Arménie quelle étoit la véritable naissance, &
le nom de Lucendus & de Fortunie.
Après s'être reposés quelque-temps, mes
parens se disposerent à reprendre le chemin de Constantinople, Fortunie voulant revoir son frere Florisel avant que de
revenir en France avec Lucendus. Leur

voyage fut troublé par un accident qui me procura la satisfaction d'être utile à mes parens, & de me faire reconnoître d'eux ; mais avant que d'entrer dans le détail de cette aventure, il est nécessaire que je remonte un peu plus haut, & que je vous dise ce qui m'étoit arrivé depuis la fin de mon éducation à la Cour de Palamor.

Agésilan de Colcos vous a raconté comment je fus armé Chevalier à la Cour de Palamor, par son fils Amadis d'Astrée. Mon cousin Astrapol qui étoit élevé avec moi, le fut en même-tems par Sphéramonde. La Princesse Blancherose nous ceignit l'épée à l'un & à l'autre. Astrapol en étoit déja éperdûment amoureux, & la choisit pour sa Dame ; pour moi je ne me pressai pas d'en adopter une, mon cœur étoit réservé à un autre objet dont je vous parlerai dans un moment. Bientôt après le départ de nos deux cousins, les Sages nous ordonnerent, à Astrapol & à moi, de partir aussi : il tourna du côté de l'Afrique, & l'on voulut que je prisse ma route vers la Hongrie. Après avoir fait dans ce pays quelques exploits, je passai par le Royaume de Rossan, & je délivrai une Princesse poursuivie par un

lion : elle m'apprit qu'elle étoit la fille
cadette du Roi de ce pays, elle s'étoit
égarée à la chaffe, je la reconduifis à la
Cour de fon pere ; elle me préfenta au
Monarque & à la Princeffe fa fœur aînée, que l'on nommoit Licinie. Je fus
reçu avec les plus grands honneurs, je
m'apperçus même bientôt, que l'une &
l'autre Princeffes m'avoient pris dans une
véritable affection ; mais les fentimens
que j'avois conçu pour elles, n'étoient
que ceux de l'eftime & du refpect. Cependant ayant fçu que je n'avois point
encore adopté de Dames, elles fe difpu-
toient l'honneur de m'avoir pour leur
Chevalier ; il fe donna un tournoi à la
Cour de Roffan, & chacune d'elles m'envoya un fuperbe nœud de rubans dont
elles me prioient d'orner ma lance. Je ne
voulois ni les refufer, ni accorder de
préférence à l'une fur l'autre, je pris le
parti d'accepter les dons des deux Princeffes, & de réunir deux lances enfemble, en les attachant au haut avec le
ruban rofe qui étoit celui de Licinie, &
en bas avec le verd qui me venoit d'Alé-
riane ; cette double lance étoit difficile
à manier, mais elle pouvoit bien fervir d'emblême à la difficulté qu'on éprou-

ve à se tirer d'un double amour. Cependant je fus assez heureux pour avoir avec cette arme les plus glorieux succès, je remportai tous les prix, je culbutai même successivement quatre Géants épouvantables, dont je tuai l'aîné, nommé Arbaluste. Ses freres voulurent venger sa mort en attaquant les Etats du Roi de Rouffan ; je me mis à la tête de l'armée de ce Monarque, & non-feulement je les vainquis encore une fois, mais je conquis leurs Etats que je reunis à ceux de Roffan. Après quoi je me dérobai à la reconnoiffance du Roi, & à la tendreffe des Princeffes fes filles, d'autant plus que j'avois le cœur rempli d'une paffion violente pour un objet que la fage Urgande avoit pris foin elle-même de me faire connoître, c'étoit la Princeffe Clairétoile. Ma protectrice m'étant apparue la nuit, me montra fon portrait dont je fus enchanté, elle me dit que c'étoit du côté de la Perfe que je devois tourner pour trouver cet objet charmant; je jurai auffi-tôt d'être à jamais fon Chevalier, je confervai précieufement le portrait, je fis peindre fur mon écu une étoile brillante fur un fond d'azur, & je me fis furnommer le Chevalier de la

luifante étoile. En m'acheminant vers
la Perfe, je trouvai non loin des frontieres d'Arménie, un Chevalier & deux
Dames attaqués par une nombreufe troupe
de brigands. Il avoit peine à fe défendre
feul contre eux, & étoit même déjà
bleffé; mais dès que je me fus joint à lui,
fa force & fa valeur paroiffant fe ranimer,
nous n'eûmes pas de peine à les détruire
entiérement. Ayant reconduit le Chevalier bleffé, & les Dames dans une habitation commode & voifine, l'une de
ces Dames panfa & guérit fur-le-
champ les plaies du Guerrier, & fe fit
connoître à moi pour Dragonine, fille
d'Urgande; le Chevalier étoit Lucendus mon pere, & l'autre Dame ma mere
Fortunie. Après m'avoir donné ces intéreffantes explications, la Fée me mit à
portée de me faire connoître de mes parens. Ils m'interrogerent fur ma naiffance, & ayant trouvé que la date de
cet événement, & les circonftances de
mon enfance & de mon éducation s'ac-
cordoient parfaitement avec ce qu'ils
pouvoient croire qu'étoit devenu leur
fils, ils me reconnurent pour tel, &
m'embrafferent tendrement. Ils vouloient
m'emmener avec eux à Conftantinople;
mais

mais je les priai inftamment de me laiffer
continuer ma route vers la Perfe, où j'ef-
pérois trouver la Princeffe Claire étoile,
dont je leur montrai le portrait. Mon pere
me dit qu'il avoit déja beaucoup entendu
parler de fa beauté, & m'apprit à fon fujet quelques détails que j'ignorois. Elle
étoit fille & unique héritiere de la Reine
Perfée; mais fon pere étoit votre petit-fils
Rogel de Grece ; elle étoit née dans des
circonftances que ce Prince, qui eft arrivé
en même-tems que vous dans ce château, vous contera bientôt lui-même en
détail. Perfée l'avoit élevée avec foin, &
regrettoit toujours celui qui lui avoit
donné le jour ; elle ne ceffoit d'aimer
Rogel, quoiqu'elle annonçât contre lui
un défir de vengeance, pareil à celui
que la Reine Garafilée de Trinacrie avoit
autrefois conçu contre le grand Trébatius, & que la Reine Sidonie de Guindaye a renouvellé contre Florifel. Mais,
me dit alors Dragonine, confolez-vous,
Prince, vous êtes deftiné à faire finir
cette haine, & à époufer la Princeffe
Claire étoile; laiffez-vous feulement conduire. Je ne demandois pas mieux, &
je me préparois à partir feul, pour fuivre
cette belle aventure, lorfqu'Urgande

Tome II. S

même furvint. Elle annonça à mes parens qu'il étoit néceffaire qu'ils m'accompagnaffent dans le voyage de Perfe : fans ofer en pénétrer les raifons , ils fe crurent obligés d'obéir.

Nous arrivâmes tous quatre (car Dragonine ne nous quitta point , & refta auprès de Fortunie fous l'apparence d'une Demoifelle fuivante) à Tauris, capitale de la Perfe. On s'y préparoit à un grand tournoi , où tous les plus braves Chevaliers de l'Afie s'étoient raffemblés. Nous nous y préfentâmes mon pere & moi fous des dénominations tout-à-fait inconnues ; les devifes de nos écus étoient couvertes , nous ne rifquions rien d'ailleurs de nous montrer à vifage découvert dans un pays où nous n'étions encore jamais entrés. L'on vit que mon pere étoit attaché à une Dame ; quant à moi rien n'indiquoit que j'euffe déja fait un choix ; mais Claire étoile s'apperçut bientôt que je n'avois d'yeux que pour elle. Je lui demandai même la grace d'être fon Chevalier , & elle y confentit. Nous nous réfervâmes Lucendus & moi pour combattre les derniers , & nous laiffâmes quelques autres fe difputer les prix pendant les deux premiers jours ; le troifieme ,

deux Chevaliers dont les armes étoient
noires, & qui portoient sur leurs écus
des Griffons, se présenterent & abattirent tous les assaillants ; le lendemain
nous les attaquâmes, & avec bien de
la peine nous les vainquîmes. Cet exploit nous fit un honneur infini. Je reçus
le prix de la main de Claire étoile, comme mon pere le reçut de Persée ; c'étoit
le moment de se déclarer, on nous pres-
soit de nous faire connoître, & nous
y étions disposés, lorsqu'Urgande elle-
même y mit obstacle, ou du moins
y apporta du retardement. Elle parut
devant le trône de Persée, déguisée en
simple Demoiselle, & demanda un don
qui lui fut accordé sur-le-champ ; c'étoit
les deux Chevaliers vainqueurs qui lui
étoient nécessaires, disoit-elle, pour désenchanter un Prince charmant auquel elle
prenoit le plus grand intérêt. On ne crut
pas pouvoir nous refuser, & nous la
suivîmes ; j'étois au désespoir de quitter
Claire étoile, & mon pere de laisser
Fortunie à la Cour de Perse, où la prétendue Demoiselle promit cependant de
nous ramener bientôt : nous allâmes désenchanter, à travers mille périls, un jeune
Prince, nommé Léopante. En regagnant

la Perfe & traverfant l'Empire des Parthes, un ordre d'Urgande nous obligea
encore à fuivre le Roi de ce pays, dans
une guerre contre le Roi de Sibille ; nous
nous y trouvâmes réunis à trois de nos
proches parens. Nous eûmes part avec
eux & Léopante à un combat de fix
contre fix, qui décida enfin de la guerre
entre les Rois de Sibille & des Parthes :
le dernier eut l'avantage. Enfin, nous
parvînmes à retourner en Perfe, & nous
y trouvâmes la Cour occupée de grands
événemens. Urgande nous avoit écartés
exprès pour avoir le tems de les préparer.
Après notre départ elle déclara le fecret
de notre naiffance à Perfée & à Claire
étoile. La Reine ne vouloit point donner
fa fille au coufin de Rogel, qu'elle regardoit comme un ingrat, & comme
étant devenu fon ennemi pour avoir oublié fes anciennes bontés ; mais la Fée
aidée de Fortunie l'appaifa : elle lui apprit que Rogel étoit veuf de Léonide fa
premiere femme ; qu'il ne défiroit plus
que d'obtenir d'elle fon pardon, de reconnoître Claire étoile pour fa fille, & de
la voir unie avec moi en même-tems
que le mariage de Lucendus avec Fortunie feroit publiquement déclaré. Pour

ôter tout lieu d'en douter , Urgande
tranfporta Rogel même à Tauris ; la rancune de Perfée ne put tenir devant fon ancien amant foumis & tendre, qu'elle vit
fe jetter à fes pieds. Tout étant d'accord,
ce fut alors que nous revînmes mon pere
& moi , & que notre commun bonheur
fut affuré. Rogel ayant eu le confentement de l'Empereur Florifel, refta pendant quelque-tems en Perfe ; j'y féjour-
nai auffi affez long-tems avec la belle
Claire étoile , mon pere Lucendus &
ma mere Fortunie. Ceux-ci retournerent
en France au bout de quelque-tems , &
Rogel & moi ayant été faire un voyage
à Conftantinople , c'eft delà que nous
avons été tranfportés dans le château où
nous fommes.

Telle eft mon hiftoire , ô mon illuftre
ayeul , & je n'aurois plus rien à vous apprendre , fi je ne me croyois obligé de
vous entretenir pendant quelques-mo-
mens d'un fils illégitime que j'ai. Je
n'ai pu mettre fa naiffance au nombre
des exploits dont je vous ai entretenu
il n'y a qu'un moment ; car elle ne m'a
point coûté de combats , & ne m'a fait
effuyer ni périls , ni fatigues. Ce fut en
me rendant en Hongrie , que je paffai

au pied du château de l'Enchantereſſe Ginolde : elle ſe promenoit ſur ſes tours,
& regardoit dans la campagne quels
étoient ceux qui alloient & venoient: elle
m'apperçut, elle avoit la vue ſi perçante
& le coup-d'œil ſi ſûr, que quoique je
fuſſe armé de pied en cap, & que j'euſſe
la viſiere de mon caſque baiſſée, elle dé-
mêla que j'étois jeune, aſſez bien fait,
& que j'en étois encore à ma premiere
campagne. Auſſi-tôt elle forma ſur moi
des projets aſſez flatteurs pour un homme de mon âge : elle traveſtit dans le
moment un de ſes Lutins en Ecuyer, &
l'envoya au devant de moi ; quoique
j'allaſſe aſſez vîte, il me joignit encore
avant que je fuſſe à cinquante pas du
château. Seigneur, me dit-il, la noble
& belle Dame Ginolde, ma maîtreſſe,
vous plaint d'être obligé de courir ainſi
par monts & par vaux dans la plus grande chaleur du jour ; (effectivement
au moment où l'Ecuyer me parloit,
il étoit midi) elle vous propoſe de
venir vous repoſer dans ſon château.
J'acceptai cette offre, d'autant plus volontiers que depuis quelques jours je n'a-
vois trouvé que de très-mauvais gîtes.
L'Enchantereſſe me reçut à merveille,

& me parut très-belle & brillante , ce
qui , à l'aide de son art , ne devoit pas
lui être difficile. Mais ne voulant point
d'abord me confier tous ses secrets , elle
se garda bien de me dire quel étoit son
état. Elle s'annonça comme une simple
Dame de château , & jamais je n'en ai
trouvé de plus polie , ni de plus obligeante. Après m'avoir fait défarmer ,
& ordonné qu'on eût tout le soin possible , même de mon cheval , m'avoir
donné un excellent souper , & m'avoir
montré toutes les curiosités de son habitation , en me faisant les agaceries les
plus significatives , & qui n'auroient
sûrement pas manqué leur effet sur un
Chevalier plus expérimenté que moi ,
elle me laissa reposer dans l'appartement
qu'elle m'avoit fait préparer. Mais le
lendemain voyant qu'il falloit s'expliquer plus positivement avec moi , elle
prit ce parti ; & m'ayant admis à sa
toilette , elle me fit approcher d'elle :
Chevalier , me dit-elle , je vois bien
qu'il faut que je ne vous cache aucunes de mes prérogatives , ni de mes su-
blimes connoissances ; je possede l'art
des enchantements , & je pourrois vous

S iv

retenir aifément pendant bien des années dans le château où vous êtes. Le
grand Trébatius , dont vous defcendez,
a éprouvé long-temps le même fort auprès de Lindaraffe : les Amadis ont eu
de pareilles aventures à plufieurs reprifes ; mais je me reprocherois de priver
long-temps l'univers d'un Héros qui doit
faire tant d'honneur à fon illuftre lignage. Je me contenterai de vous garder
quelques jours auprès de moi ; je vous
comblerai de bontés , profitez-en, pour
mériter que dans la fuite de votre vie je
vous rende les mêmes fervices que mes
coufines Urgande & Alquife ont rendu
aux Amadis.

L'offre de fes fervices ne me toucha
pas beaucoup : en confultant mon ardeur pour la gloire & ma valeur, je
croyois n'en avoir pas befoin ; mais celle
de paffer quelques jours délicieux avec
une belle perfonne , étoit faite pour fé-
duire un Héros encore adolefcent. Je
ne devins point amoureux de la Fée, mon
cœur refta parfaitement libre ; mais je
trouvai que les moments de repos dont
j'avois befoin depuis que j'avois quitté la
Cour de Palamor , feroient bien employés avec elle. La Fée fut affez con-

tente de moi pendant mon séjour pour
me tenir parole , à-peu-près au moment
qu'elle me l'avoit promis. Je continuai
ma route , & j'arrivai dans le Royaume
de Roflan. Vous fçavez le refte de mon
hiftoire.

Peu d'années après (car les enfants
des Héros & des Fées croiffent vîte) lorfque j'étois en Perfe , un jeune homme ,
de la figure la plus aimable, fe préfenta à
moi. Il étoit chargé de me remettre une
lettre de la part de la fage Urgande ; je la
lus , & j'y vis que ce jeune homme s'appelloit Ginoldan , qu'il étoit mon fils ,
& qu'il devoit fa naiffance à l'aventure
que je viens de vous raconter. Je ne pouvois douter de la vérité du récit d'Urgande ; elle me prioit d'armer mon fils
Chevalier , je m'acquittai avec plaifir
de ce devoir paternel , & je l'embraffai
tendrement. Il me dit qu'il avoit ordre
de partir immédiatement après cette cérémonie pour aller chercher des aventures. Je n'avois rien à répliquer à l'ordre
des Sages , je le laiffai aller ; mais Urgande me promit de m'informer de tout
ce qui lui arriveroit d'heureux : elle m'a
tenu parole , & je vais vous en inftruire
moi-même.

S v

Ginoldan , fuivant les inftructions d'Urgande , fe rendit d'abord à un certain pont qu'Amanio d'Aftrée , fils d'Amadis d'Aftrée , notre coufin , défendoit avec beaucoup de valeur. Après avoir pendant quelques heures mefuré fes forces avec lui , ayant bien reconnu & admiré réciproquement leur courage , ces deux jeunes Héros allerent de concert chercher des aventures. Ils ne furent pas long-temps fans en trouver : deux Demoifelles , vêtues fuivant un coftume très-étranger , les aborderent, & les fupplierent de venir avec elles jufqu'aux Indes , fecourir deux Princeffes , fœurs , également aimables , dont le pere avoit été dépoffédé de fes Etats par un Géant , fur-nommé le Grand-Barbu , qui les retenoit dans une étroite prifon , tandis que Lurçon , frere de l'ufurpateur , gardoit le Roi des Indes dans un autre château. Les deux jeunes Guerriers s'engagerent d'autant plus volontiers dans cette expédition , qu'on leur fit le portrait le plus flatteur des jeunes Princeffes. Ils traverferent bien du pays avant que d'arriver au but de leur voyage , ils y parvinrent enfin. En approchant du féjour du Géant, les Demoifelles trouverent des Sujets

fideles , qui leur apprirent qu'impatien-
tes de ne point recevoir de nouvelles du
fecours qu'elles avoient envoyé chercher au loin , les Princeſſes avoient faiſi
une occaſion d'être délivrées , qui leur
avoit paru plus prochaine. Elles avoient
entendu parler d'un Chevalier charmant
& très-brave , qui s'étoit fait une grande
réputation dans le pays ; il n'étoit connu
que fous le nom du Chevalier de la beauté ; non qu'il combattît pour aucune belle , mais parce qu'il étoit lui-même très-
beau ; & cela n'eſt pas étonnant , car
c'étoit une Princeſſe , Amazone d'origine
& par goût , nommé Célinde , Souveraine de l'iſle Mégere ; elle avoit déguiſé fon ſexe , & on ne doutoit pas
que ce ne fût un jeune Prince. Les Princeſſes envoyerent donc implorer fon fecours ; le Chevalier reçut très-bien leur
meſſagere , & parut plein de zele pour
leur rendre fervice ; mais il étoit feul ,
& il étoit bien difficile qu'il enlevât à
force ouverte les Princeſſes des mains
du tyran au milieu de fon château & de
fes Gardes ; après y avoir bien réfléchi,
il fut convenu qu'il falloit qu'il s'y in-
troduiſsît par adreſſe & par ruſe. La
Demoiſelle ne propoſa qu'avec crainte

S vj

au prétendu Chevalier de se déguiser en femme pour entrer avec elle dans le château, mais il n'hésita pas à adopter cet expédient ; il reprit les habits de son sexe , & cacha seulement sous sa robe un poignard bien affilé, & un petit sabre recourbé. Dans cet équipage, Célinde se présenta à l'entrée du château comme une suivante qui cherche condition. On la présenta au Grand-Barbu , qui la trouva trop jolie pour la laisser (comme on dit) sur le pavé ; il la mit au service des Princesses. Dès que celles-ci furent seules avec elle, » Chevalier, lui dirent-elles , nous vous » avons déja les plus grandes obligations; » mais nous tremblons du risque que » vous fait courir le déguisement que » vous avez choisi. Nous nous sommes » bien apperçues que le Tyran , trompé » par votre jeunesse , vous croyoit une » fille , & vous trouvoit charmante. Si ce » monstre . . . . . pourrez-vous soute- » nir long-temps un rôle qui doit être » si difficile à jouer pour vous . . . Ah! » si vous avez le bonheur d'y réussir, no- » tre reconnoissance sera extrême ; mais » comment ferons - nous l'une & l'au- » tre si . . . . » N'ayez aucune inquiétu- » de , Princesses , répondit Célinde , le

» rifque que je cours n'eft pas fi grand
» que vous vous l'imaginez ; & ma jeu-
» neffe , ma valeur & mon zele fup-
» pléeront à tout «.

Il eft bien vrai que le Grand-Barbu
avoit formé d'infolents projets fur la fuivante. Comme il efpéroit époufer en
regle une des deux Princeffes, & donner l'autre à fon frere , après avoir obtenu le confentement de leur pere à
force de mauvais traitements, il prenoit
patience à l'égard des belles , mais en
attendant il vouloit s'amufer avec la
foubrette ; il la preffoit vivement ,
& la pourfuivit un jour jufques dans la
petite chambre où elle couchoit feule.
C'étoit-là où Célinde l'attendoit ; elle
tira fi à propos le poignard qu'elle tenoit caché fous fa robe, & le lui plongea
fi promptement dans le cœur , que le
Géant n'eut pas le temps de crier ; elle
fit un ufage auffi prompt & auffi heureux du fabre recourbé pour lui couper la
tête. S'étant enfuite emparée de l'épée
du mort , l'Amazone furprit & tua aifément tous les Gardes qui étoient en dedans de la tour , & barricada la porte,
de forte que ceux qui étoient en dehors
ne puffent y entrer ; elle arbora enfuite

sur les créneaux la tête du Tyran, dont
la barbe se faisoit remarquer de loin ,
ayant plus de trois pieds de long. Ce fut
dans ce moment, qu'Amanio & Ginoldan
approcherent du château. A ce signal , ils
fondirent sur les Gardes extérieurs , les
défirent entiérement ; & les Demoiselles
leur ayant fait ouvrir la porte, ils se rendirent auprès deCélinde & des deux Princesses ; celles-ci , qui étoient embarrassées de témoigner leur reconnoissance à
un seul Chevalier étant deux , le furent
encore bien davantage, lorsqu'elles virent
qu'il falloit en récompenser trois. Mais
les éclaircissements mirent tout le monde
d'accord. Célinde ayant été reconnue
pour uneAmazone , il ne fut plus question que de vaincre Lurçon , & de délivrer le Roi des Indes , c'est ce dont les
deux Chevaliers & l'Amazone vinrent
à bout. Le frere du Grand-Barbu étoit
accompagné de deux Géants , nommés
Formillion & Carcasse , ils furent tués
tous trois. Leurs troupes voulurent les
venger , mais les fidels Sujets du Roi des
Indes s'étant réunis sous les ordres des
libérateurs des Princesses , leur pere fut
délivré & rétabli sur son trône. Un troisieme Prince de notre race étoit sur-

venu à temps pour avoir part à la derniere victoire, qui assura le sort de l'Inde. C'étoit Dorigel de l'Isle heureuse, fils
de Rogel, & par conséquent votre arriere petit-fils. Il étoit depuis long-tems
épris de la belle Amazone Célinde,
Souveraine de l'Isle Mégere ; ils avoient
été separés par de malins Enchanteurs.
Urgande rendit enfin la liberté au jeune
Chevalier, qui arriva au moment où
sa maîtresse, comblée de gloire, n'a-
voit plus rien à désirer que son retour.
Urgande m'a assuré qu'ils étoient unis,
& que Ginoldan & Amanio l'étoient
aussi aux deux belles Princesses des
Indes.

Histoire de Silvan , fils de Silvès
de la Forêt , de son frere Astrapol,
& de ses neveux.

LE quatrieme des Chevaliers enchantés qui devoient mettre Amadis de Grece
au fait de leurs Histoires, étoit Silvan.
Seigneur, dit-il à son ayeul, je ne peux
vous informer de mon histoire, qui d'ail-

leurs n'eſt pas bien chargée de faits ,
qu'après vous avoir parlé de Silvès de
la Forêt , mon pere & votre fils. Vous
vous rappellez ſans doute les circonſtances de ſa naiſſance ; ſa mere étoit la
Reine Finiſtée , Princeſſe de la plus auſ-
tere ſageſſe, & de la conduite la plus
réſervée. Vous vous promeniez un jour
avec elle dans un bois , dont une partie des arbres portoit des fruits d'une très-
belle apparence : vous vous entreteniez
enſemble des beautés de l'Impératrice
Niquée , dont vous étiez l'amant toujours fidele , & l'époux toujours chéri.
Finiſtée qui étoit l'amie intime de Niquée , applaudiſſoit à vos ſentiments , &
vous encourageoit à n'aimer jamais d'autre Dame , lorſque la chaleur du jour &
les rayons du ſoleil , qui perçoient au
travers des arbres , vous firent ſentir le
beſoin de prendre quelques rafraîchiſſe-
ments. Ces fruits s'offrirent à votre vue,
vous en goûtâtes , ils vous parurent ex-
cellents , vous en préſentâtes à Finiſtée,
elle en mangea auſſi ; mais loin d'être
rafraîchis , un feu ſubit s'alluma dans vos
veines, vous oubliâtes pour quelques moments l'un & l'autre vos principes , Fi-

niftée perdit fon innocence , & vous
l'honneur d'être fidele à Niquée. Le lendemain vous rougîtes des plaifirs coupables que vous aviez goûtés. La vertu
reprit tous fes droits fur vos cœurs : vous
vous promîtes de ne plus commettre de
pareilles fautes , & vous avez tenu parole. Cependant Silvès de la Forêt fut
le fruit de ce moment d'erreur ; mais perfuadé que vous n'aviez rien à vous reprocher fur fa naiffance , vous l'élevâtes
avec le même foin que s'il eût été légitime. Alquif & Urgande , qui rendoient
juftice à la pureté de vos intentions, con-
coururent avec vous pour faire de mon pere
un digne rejeton du lignage des Amadis.

Vous vous rappellez que quelques années après , & lorfque mon pere fut
en âge d'être armé Chevalier, Calpendre Reine des Amazones vint à Trébifonde ; elle avoit déja été à Conftantinople du tems que votre pere Efplandian y régnoit ; c'étoit lui qui l'avoit
armée Chevaliere , elle voulut que fa
fille Pentafilée fût de même armée par
vous. Vous y confentîtes volontiers , la
cérémonie s'en fit avec beaucoup d'éclat ;
Silvès en fut témoin & devint vivement
épris de la jeune Amazone. Bientôt un

Prince Sarmate , voifin de Calpendre ; irrité de ce que cette Reine vous avoit choifi plutôt que lui pour armer fa fille , vint jufques dans votre capitale défier les plus braves d'entre les Chevaliers Grecs : il étoit accompagné de deux Guerriers de fon pays , qui étoient en grande réputation de force & d'adreffe. La Reine & fa fille voulurent abfolument défendre elles-mêmes leur propre caufe , & combattre ces audacieux ; mais il fa'loit choifir un troifieme champion , & les Guerrieres ne voulurent jamais permettre que vous vous mefuraffiez avec de pareils ennemis. Le défir que Silvès avoit de fe fignaler aux yeux de Pentafilée , lui fit briguer avec ardeur l'honneur de figurer dans ce combat. La plus grande difficulté qu'on lui oppofa , fut qu'il n'étoit pas encore Chevalier. Il demanda en grace à Pentafilée de lui faire l'honneur de l'armer elle-même. Calpendre & vous y ayant confenti , mon pere reçut l'ordre des mains de fa belle maîtreffe , & ne pouvoit manquer de fe battre enfuite avec une valeur furnaturelle. Il fe fut bientôt défait du Chevalier qui lui étoit oppofé ; & voyant que les deux Amazones étoient beaucoup plus embarraffées que ceux qui les attaquoient, il les aida bientôt à s'en défaire auffi heureufement. Un pareil exploit lui donnoit des droits fur le cœur & la main de Pentafilée ; vous en convîntes auffi bien que la Reine fa mere & mon pere ayant époufé fa Princeffe, fe fixa avec Calpendre & fa fille fur les bords du Termodon. Les deux époux y furent reçus avec fatisfaction & même enthoufiafme. La Reine leur céda fa couronne ; ils en étoient encore paifibles poffeffeurs, lorfque vous fûtes tranfporté dans ce château que j'habite actuellement avec vous. Tout ce que je viens de vous rappeller depuis quelques momens, font des faits qui fe font paffés fous vos yeux ; mais voici quelques détails que vous avez pu ignorer.

Deux feuls enfans font fortis de l'union de Silvès & de Pentafilée, je fuis le premier, mon frere Aftrapol eft le fecond. Nous fûmes tous deux enlevés de bonne heure à nos parens par des fages qui fe chargerent de notre éducation, mais qui affurerent Silvès & Pentafilée, qu'ils nous reverroient lorfque nous pourrions paroître à leurs yeux comme des Héros brillants, & dignes de l'illuftre race dont nous fortions. Alquif me conduifit à la Cour du

Roi de Sardomire, & fans lui déclarer tout-à-fait quelle étoit ma naiffance, me recommanda fi bien à lui, que ce Monarque prit de moi tout le foin imaginable. Il avoit pour fille une Princeffe charmante, nommée Licinie; dès que je pus concevoir un fentiment, je m'enflammai pour elle, & je me déclarai avec la naïveté de là premiere adolefcence. On me répondit de maniere que j'eus tout lieu d'être fatisfait, Licinie en parla avec la même franchife à fon pere : celui-ci promit que lorfque j'aurois été armé Chevalier, & que je me ferois montré digne de fon alliance par quelques exploits, il confentiroit volontiers à notre union. Quelque fâcheux que me parut ce délai, il étoit trop conforme aux ufages généralement reçus, pour que je ne fuffe pas obligé de m'y foumettre ; dans ces circonftances, Alquif reparut à la Cour de Sardomire, me redemanda au Roi, mais feulement pour quelque-tems; il ne lui cacha plus rien fur ma naiffance, & lui dit qu'il alloit me conduire auprès de mes parens, qu'après avoir été armé Chevalier, & avoir fait pendant quelques années des exploits dignes de mon lignage, je reviendrois à la Cour avec l'espoir d'épouser la Princesse & de monter un jour avec elle sur le trône de son pere. Ces espérances flatteuses me rendirent le départ & l'absence supportables ; je jurai mille fois à Licinie que je n'aurois jamais d'autre Dame qu'elle, & que j'invoquerois son nom dans toutes les occasions périlleuses ; je lui ai fidellement tenu parole, je fus reçus de mes parens avec tendresse & satisfaction. Pentasilée m'arma Chevalier ; mais je ne restai pas long-tems auprès d'eux, je partis pour chercher des aventures, j'errai pendant plus d'une année, & je trouvai plusieurs occasions de donner des preuves de fermeté & de courage. Je ne m'arrêterai point à vous en faire le détail, je me contenterai de vous dire un mot du combat que j'eus, & de la liaison que je contractai ensuite avec deux êtres très-singuliers que je conduisis à Sardomire, & qui y sont encore. Ce fut du côté de l'Egypte, que j'entendis parler d'eux pour la premiere fois.

On célebroit à Alexandrie un superbe tournoi, j'entendis dire que ceux qui remportoient tous les prix étoient des Chevaliers d'une espece très-singuliere. Ils étoient Cynocéphales ; c'est-à-dire qu'ils avoient des têtes de chien fur des corps d'homme : ils étoient originaires d'un pays très-éloigné au centre de l'Afrique : leur famille avoit un nom particulier, & s'appelloit la race des Barbacanes, & pour les diftinguer l'un de l'autre, on nommoit le premier Barbacanore, & le fecond Barbacanio. Leur armure étoit pareille à celle de tous les autres Chevaliers, à l'exception de leur cafque, qui avoit une forme particuliere adaptée à celle de leurs têtes : la vifiere en étoit faite de façon à ne pouvoir les empêcher de mordre. Sans être effrayé de tout ce qu'on me dit de leurs forces & de leur valeur, je voulus me mefurer avec eux, & je leur propofai même de les combattre réunis. Ils ne voulurent pas, mais du moins les ayant attaqués l'un après l'autre dans la même journée, je vins à bout de les abattre, au grand étonnement des Egyptiens ; ils s'avouerent vaincus, & devinrent dès ce moment mes meilleurs amis. Ils me lécherent les mains, me jurerent fidélité d'une voix un peu rauque, qui tenoit affez de l'aboiement, mais qui étoit cependant très-intelligible. L'un des deux étoit une Amazone, qui s'était enfuie de fa Patrie

avec son Amant, parce que comme elle
étoit Princesse & lui simple particulier,
on refusoit de les unir ensemble. Ne voulant pas retourner chez eux ; mais désirant
de s'établir toute autre part, je leur pro-
posai de venir avec moi dans le Royaume
de Sardomire, & ils y consentirent :
nous nous y rendîmes, & aussi-tôt que
j'y fus heureusement établi moi-même
avec la belle Licinie, je leur confiai le
soin de mes plus importantes affaires. J'ai
trouvé en eux la plus exacte fidélité, la
probité la plus éclairée, jointes au courage le plus décidé. Mon épouse a partagé la tendre affection que j'ai conçue
pour eux, & les Sages ayant jugé à propos de me transporter dans ce château
avec vous, je me repose sur leurs soins
pour la bonne administration, & la tranquillité de mes Etats ; c'est tout ce que
je dois vous dire de moi ; mais je vais
vous entretenir pendant quelques momens des aventures de mon frere Astrapol, & même de ses deux enfans.

Je vous ai dit qu'Astrapol avoit été
élevé à la Cour de Palamor : vous avez
sçu comment il y avoit été armé Chevalier, & qu'il étoit devenu amoureux de
la Princesse Blancherose. Ayant eu ordre

d'aller chercher des aventures du côté de la Perfe, il s'étoit embarqué fur la mer noire : le vaiffeau fur lequel il étoit monté, appartenoit à des Arméniens, nation ennemie des Amazones ; il fut attaqué par des Corfaires qu'on reconnut bientôt pour être de cette derniere nation. Mon frere fe défendit vaillamment ; mais enfin il fut obligé de fuccomber fous le nombre, & la plus grande partie de fon équipage ayant été tuée, il fut fait prifonnier avec le refte. Par bonheur que le Commandant du principal des vaiffeaux attaquants, étoit perfonnellement attaché à la Reine Pentafilée ; s'appercevant de l'extrême reffemblance qu'il y avoit entre Aftrapol & fa maîtreffe, elle fe douta que c'étoit un de fes fils. Cette Guerriere qui s'appelloit Orontée, ayant été confirmée dans fes foupçons par les réponfes que mon frere fit à plufieurs de fes queftions, le traita non en prifonnier & en ennemi, mais en Prince à qui elle devoit beaucoup de refpects & d'égards ; elle le conduifit à la Cour de la Reine, où il fut reçu de nos parens avec autant de tendreffe & d'empreffement que je l'aurois été moi-même. Aftrapol paffa quelque-tems auprès d'eux,

d'eux , & leur confia fon amour pour
Blancherofe ; mais après lui avoir fait
fentir qu'il devoit exécuter des exploits
qui le rendiſſent digne d'elle , ils le firent
promptement rembarquer pour l'Egypte :
la brave Orontée fut encore cette fois fon
guide , c'étoit une excellente inſtitutrice
pour un nouveau Chevalier. Cependant
une tempête les ayant écartés de leur route,
les fit échouer fur les côtes du Royaume de
Trémefene en Afrique ; ils furent arrêtés
& conduits à la Cour du Roi de ce pays ;
mais dès qu'ils y furent connus, on les
traita avec diftinction. Douze Amazones reftoient feules d'une troupe nombreufe qui avoit fuivi mon frere , elles
eurent part au favorable accueil qui lui
fut fait , & chacune d'elles , à l'exemple
d'Aftrapol & d'Orontée , fe diftingua
dans un tournoi que donna le Roi de
Trémefene qui fe nommoit Alzir. Tous
les prix furent adjugés au vaillant étranger ; le tournoi fut fuivi d'autres fêtes
brillantes , au milieu defquelles un événement fingulier attira tous les regards.
Une Dame y parut conduifant en lêffe
un Léopard le plus doux & le plus beau
du monde , quoique à fa taille & à fa
légéreté on jugeât qu'il étoit le plus fort

& peut-être le plus dangereux animal
de son espece. Sa conductrice assuroit, les
larmes aux yeux, qu'elle ne prétendoit le
faire combattre contre qui que ce fût ;
mais qu'elle ne le conduisoit de Royaume en Royaume , que pour essayer si
elle ne trouveroit pas son libérateur. Celui auquel l'honneur de le désenchanter
étoit réservé , devoit se reconnoître à la
facilité avec laquelle il dénoueroit le lien
qui serroit la chaîne attachée au cou du
Léopard. Grand nombre d'illustres Guerriers l'avoient déja essayé en vain , mon
frere en vint à bout avec la plus grande
facilité ; aussitôt le Léopard fut transfor-
mé en un Prince charmant & aima-
ble , nommé Léopante , & sa fidelle
épouse se jettant aux pieds de son libérateur , lui dit qu'elle voyoit par ce qui
venoit d'arriver , qu'il étoit destiné à
rétablir son mari sur son trône , aussi
heureusement qu'il lui avoit rendu sa
figure naturelle. Il étoit le légitime Roi
de Numidie ; mais avoit été chassé par
un usurpateur , qui étant protégé par un
Magicien , lui avoit enlevé ses Etats , &
ôté la figure humaine. Mon frere aidé de
quelques troupes que lui fournit le Roi
de Trémesene , jaloux de protéger une

fi bonne caufe, rendit aux Numides leur
véritable Souverain , après avoir tué l'u-
furpateur. Ce fut là le plus remarquable
de fes exploits; en ayant fait affez pour
obtenir la main de Blancherofe , il a
été marié avec elle , & regne heureufement fur le Royaume de Palamor. Il a
déja deux fils qui font de redoutables &
d'aimables Chevaliers ; l'un qui s'appelle
Mélinde , eft le fruit de fes amours légitimes avec Blancherofe , mais je ne
puis diffimuler que l'autre que l'on nomme Olidor , eft la fuite des complai-
fances que l'illuftre Orontée eut pour
le fils de fa Reine , à laquelle elle crut devoir donner d'agréables leçons de galanterie , ainfi que d'utiles inftructions dans
l'art militaire. Aftrapol les a fait élever
tous deux avec le même foin , & Blancherofe a eu pour l'un & pour l'autre
d'égales bontés. Dès qu'ils ont été en âge
d'être armés Chevaliers , on les a envoyés à la Cour de Conftantinople , où
ils ont reçu l'ordre de la main de leur
grand oncle l'Empereur Florifel. J'y étois
moi-même alors , & mon époufe Licinie leur ceignit l'épée. Une jeune Amazone y parut , elle s'appelloit Caffiane ,
& étoit fille de Caftora , qui avoit fuc-

cédé fur le trône des Amazones à ma
mere Pentafilée. Nous avions eu le malheur de la perdre il y avoit quelques années ; elle avoit fuivi de près au tombeau
mon pere Silvès. Mon frere & moi étant
chacun poffeffeur d'un Royaume , nous
n'avions point brigué l'honneur de fuccéder à ma mere , & Caftora la plus fage
& la plus aimable des Dames de fa Cour
avoit été élue à fa place : elle étoit veuve
& n'avoit qu'une fille unique , c'étoit
Caffiane : elle voulut qu'elle fût armée
Chevaliere par moi-même , tant comme
fils aîné de Pentafilée , qu'en mémoire
de la maniere dont cette Reine même ,
& fa mere Calpendre , avoient été armées par vous Seigneur , & par Efplandian votre pere. Je fus flatté d'être choifi
pour une cérémonie auffi intéreffante ,
& mon oncle s'étant prêté à la rendre
magnifique , on donna à cette occafion
un fuperbe tournoi. La nouvelle Chevaliere s'y diftingua , & abattit tous les
Chevaliers , elle n'avoit plus que mes
deux neveux Mélinde & Olidor à combattre. Le premier eut l'honneur de la
défarçonner d'un vigoureux coup de lance ; mais à peine eût-elle le tems de toucher à terre qu'il s'empreffa de la relever;

il lui préfenta galamment la main, en lui difant qu'il fe reconnoiffoit vaincu comme l'avoient été tant d'autres, & qu'il la fupplioit d'accepter l'offre de fon cœur & de fon épée. La jeune Amazone rougit de ces deux offres, mais elles ne lui furent défagréables ni l'une ni l'autre. Olidor déclara que pour lui, il ne vouloit point combattre, & que tous les prix étoient dûs à Caffiane. Ces galanteries furent généralement applaudies. L'Empereur Florifel prévoyant des fuites très heureufes pour les deux freres, les nomma pour avoir l'honneur de re-- conduire la Princeffe des Amazones à Samotrace fa patrie, auprès de la Reine fa mere. Caffiane rougit encore, mais vit avec grand plaifir cette commiffion remplie par le jeune & aimable Mélinde. Les Amazones qui favoient que les Princes Grecs feroient obligés de déclarer en arrivant dans le pays, à quelles Amazones ils vouloient être attachés, ne douterent pas que la déclaration du fils d'Aftrapol & de Blancherofe ne fût en faveur de la Princeffe & n'affurât leur union; mais elles ne fçavoient pour qui le jeune Olidor s'expliqueroit; il étoit aimable & galant, mais ne paroiffoit

décidé pour aucune Amazone en particulier. La plus jolie d'entre celles qui
avoient accompagné Cassiane, se nommoit Adona, elle se flattoit d'avoir la préférence, & ses prétentions étoient fondées
bien plus sur l'opinion qu'elle avoit de
sa figure, que sur aucune assurance que
lui en eût donné le second fils d'Astrapol. Cependant ils arriverent, & le retour
de Cassiane fut un véritable triomphe:
la Reine sa mere vint au devant d'elle
jusques sur le rivage du Termodon. La
figure, la jeunesse & les graces des deux
Princes Grecs obtinrent son suffrage,
& celui des Amazones & des peuples
de Samotrace. On déclara à mes deux
neveux que quoique Ambassadeurs, ils
n'étoient pas dispensés de la loi imposée
aux étrangers, sans quoi ils ne pouvoient
pas pénétrer plus avant dans le Royaume;
ils répondirent l'un & l'autre sans hésiter,
que leur choix étoit fait, & qu'ils le dé-
clareroient dès qu'ils seroient arrivés dans
la capitale. Sur cette assurance, ils suivirent la Cour, & le jour ayant été pris
pour leur audience publique, la Reine
Castora y parut sur son trône avec tout
l'éclat & toute la pompe de sa Royauté,
& accompagnée de l'illustre & charmante

Cassiane. Castora avoit un peu plus de
trente ans ; mais ses traits étoient régu-
liers, sa taille noble & élevée, & elle
avoit conservé une fraîcheur & des appas qui embellissoient encore sa couronne. Elle étoit également en réputation de vertu, de prudence & de courage. Orontée qui jouissoit toujours
auprès d'elle de la même faveur,
& de la même confiance, que Pentasilée lui avoit accordée, étoit derriere son siége. Mélinde parla le premier,
& après avoir fait les complimens les
plus flatteurs de la part de l'Empereur
Florisel, & des Princes de notre lignage,
il finit par déclarer ses sentimens pour
Cassiane, & par assurer que l'union des
Empires de Constantinople, de Trébisonde, & de Samotrace, ne pouvoit
être mieux cimentée, que par son mariage avec la Princesse. Des cris de joie
s'éleverent de toutes parts, & cette proposition fit une si vive impression sur la
Nation, que la Reine n'hésita pas à l'accepter publiquement.

C'étoit le tour d'Olidor de s'expliquer sur son choix, les jeunes Amazones prêtoient une oreille attentive, le
cœur battoit aux plus jolies, & Adona

fur-tout croyoit s'entendre nommer, lorfque le fils d'Aftrapol & d'Orontée fe jettant aux pieds de la Reine, déclara que c'é-
toit à elle-même qu'il ofoit offrir fon hommage, & la fupplia d'être fa Dame. Caftora
fut troublée autant que furprife, & la Cour
& le peuple refterent pendant quelques
momens dans le filence, ne fachant
que penfer de cette déclaration ; mais
Olidor la foutint avec tant d'éloquence &
un ton de vérité & de fentiment fi per-
fuafif, qu'enfin tout le monde applaudit à fon choix. Caftora en étoit plus
étonnée que fâchée ; fa fille, le Prince
Mélinde, fa Cour, fon armée, la nation entiere, la prefferent d'y confentir.
Orontée feule fe taifoit, elle avoit
bien reconnu fon fils dans le fecond des
enfants d'Aftrapol ; mais c'étoit avouer
une ancienne foibleffe que de parler pour
lui, & de déclarer à quel point elle s'y
intéreffoit, cependant fes larmes la tra-
hirent ; la Reine ayant demandé un jour
pour fe déterminer, & confulter fur-tout
la fidele Orontée, tout fut éclairci, &
cet éclairciffement acheva de déterminer
Caftora. Son mariage fut déclaré, &
célébré en même temps que celui de fa
fille ; & les deux freres partagerent en-

tr'eux, leurs époufes & Orontée, les
foins du gouvernement , & de la défenfe de la Samotrace. C'eft ce que nous
avons appris Aftrapol & moi à Conftantinople , avant notre enlevement pour
être tranfportés ici.

De tous les Chevaliers du lignage d'A-
madis , nouvellement enchantés , Rogel de Grece étoit le feul qui eût encore
quelques détails à apprendre à fon ayeul
Amadis de Grece : voici ceux dont il
l'informa.

*Hiftoire de Rogel de Grece , & de
fes enfans.*

Vous fçavez que je fuis né de votre
fils Florifel qui porte encore la couronne
impériale de Conftantinople , & de fa
premiere femme Hélene d'Apollonie :
vous êtes inftruit des circonftances fingulieres qui lui ont fait époufer en fecon-
des noces la Reine Sidonie de Guindaye.
Mon pere m'envoya de bonne - heure
chercher des aventures ; & fans m'amufer
à vous faire un détail de toutes celles que
j'ai mis à fin , il me fuffira de vous dire
en paffant, que j'en ai eu quelque-unes

T v

de glorieufes , & d'autres agréables ;
encore n'ai-je pas profité de toutes celles
de ce genre qui fe font préfentées à moi.
De ce nombre , fut la rencontre que je fis
de trois Demoifelles attaquées par autant
de Chevaliers difcourtois. Je me jettai
fur ces Meffieurs , & malgré l'inégalité
du nombre , je les vainquis & les tuai
tous trois. Les Demoifelles m'affurerent
de leur reconnoiffance, & comme je leur
avois déclaré que j'étois encore libre de
faire un choix, elles n'héfiterent point à me
faire toutes trois offre de leurs cœurs. Je
fus, je vous l'avoue, fort embarraffé ; j'hé-
fitois entre la crainte de paroître mal-
honnête & fauvage , & la difficulté de
me décider. Enfin , me fouvenant de
mes études , & de la Fable de Pâris ,
qui eut à choifir entre trois Déeffes ,
je compofai fur-le-champ une Chanfon,
& me comparant au Berger du Mont-
Ida, je me plaignis de trouver trois Vénus, & de ne voir ni Junon , ni Mi-
nerve. Il fallut bien qu'elles fe conten-
taffent de mon excufe , que je mis
en vers affez négligés, mais les meilleurs que je fçuffe faire , & je m'é-
chappai.

Quelque temps après , je rendis un

aussi important service à une Dame ,
que l'on appelloit la Dame aux quatre
châteaux , parce que ses possessions
étoient très-étendues , son vrai nom
étoit Calidore : elle me témoigna aussi
de la reconnoissance , & je ne fus pas
aussi insensible à ses bontés , que je l'avois
été aux avances des trois Demoiselles.
Des rivaux jaloux, envieux de mon bonheur , & s'imaginant peut-être que je
voulois me rendre maître absolu des châteaux de la Dame , vinrent m'attaquer;
je les défis & les tuai tous , ensuite je me
retirai , & laissai à la Dame la libre disposition de ses domaines.

Une troisieme aventure agréable ,
mais également passagere me fit éprouver les bontés de la Souveraine d'un petit
Royaume, nommé Galdap. J'aurai occasion de vous parler dans un moment
des suites de cette amourette.

Vous êtes informé comment j'eus le
bonheur d'épouser Léonide , fille de Silvie de Grece , & d'Anastarax , Roi de
Thebes , par conséquent ma cousine.
C'est d'elle qu'est né mon fils Sphéramonde : vous êtes également instruit de
ses aventures , de son amour Pour la
Princesse Richardine , & de son mariage.

T vj

Fortunian vous a auffi mis au fait de mon fecond mariage avec la Reine Perfée, qui fe fit en même temps que le fien avec la Princeffe Clair-Etoile, fille de cette Reine : vous fçavez comment Célinde, Reine de l'Ifle Mégere, époufa mon fils Dorigel, Roi de l'Ifle heureufe. J'avois eu ce fils de la Dame Calidore, aux quatre châteaux. Les Enchanteurs, nos amis, lui avoient fait connoître de bonne heure Célinde, qu'ils lui deftinoient pour femme. C'étoit une Héroïne ; Dorigel s'eft rendu, par de grands exploits, digne d'obtenir fa main. Des Magiciennes envieufes de leur bonheur, les ont tenus long-temps féparés par un fâcheux enchantement ; mais enfin ils ont été réunis, & regnent heureufement enfemble. Il ne me refte à vous parler que d'Argante de Galdap, mon troifieme fils. Il me fut adreffé par fa mere dès qu'il fut en âge d'être armé Chevalier, je lui conférai ce grade avec plaifir ; je lui donnai en même-temps les inftructions les plus utiles pour lui faire remplir tous les devoirs de fon état. Il me promit de les fuivre, & partit pour l'Allemagne, où je l'envoyai chercher des aventures. La principale de celles qu'il

y a trouvées eſt très-brillante, il ſe chargea de défendre l'honneur d'une grande
Princeſſe, accuſée par deux amants rebutés; c'étoit Sclarimene, fille de l'Empereur d'Allemagne. Son pere étoit très-
perſuadé de ſon innocence; mais il falloit qu'elle fût défendue par un Chevalier, auquel ſes accuſateurs, qui
étoient braves & conſidérables, ne fiſſent
aucune peur, & dans toute l'Allemagne
il ne s'en trouvoit pas un qui osât leur
tenir tête. Argante ſe préſenta dans
la ville d'Ulm, & tout le peuple Ger-
manique vit avec grand plaiſir que la
Princeſſe avoit trouvé un défenſeur. Le
jour étant pris pour le combat, mon fils
eut la liberté de voir celle qu'il devoit
défendre; elle fit une vive impreſſion
ſur ſon cœur, & il lui inſpira le même
ſentiment. Le combat eut lieu, & l'é-
vénement en fut favorable à Argante;
malgré ſa grande jeuneſſe, il défit ſuc-
ceſſivement ſes deux redoutables adverſaires; le premier s'appelloit Darinée,
& le ſecond Montbel. Il les perça l'un
après l'autre de deux coups mortels;
mais il fut lui-même griévement bleſſé.
La Princeſſe n'oſa lui témoigner ni toute
l'étendue de ſa reconnoiſſance pour l'im-

portant fervice qu'il lui avoit rendu ;
ni toute l'inquiétude que lui caufoient
fes bleffures ; cependant elle & fon pere
en firent prendre grand foin : il fut long-
temps à fe rétablir. La Princeffe le
voyoit fouvent, & s'enflammoit de plus
en plus pour ce charmant libérateur. A
peine fut-il guéri, qu'une nouvelle révolte, excitée par le frere de Montbel,
mit l'Empereur & fa fille à deux doigts
de leur perte. Ce rebelle vint affiéger fon
légitime Souverain dans la ville d'Ulm,
& ce ne fut qu'aux dépens de fa propre
liberté qu'Argante vint à bout de protéger la fuite du Monarque & de fa fille:
il fut enfermé dans une tour. L'ufurpateur (car le Comte de Montbel avoit eu
l'audace de monter fur le trône impérial)
envoya plufieurs fois au Gouverneur de
cette tour, ordre de le faire mourir. Celui-ci plus humain que fon maître, &
d'ailleurs encouragé par fa fille, qui étoit
devenue amoureufe d'Argante, feignit
d'avoir éxécuté ce barbare commandement, & cacha fon prifonnier jufqu'à que
quelques fideles fujets du véritable Empereur ayant repris les armes en fa faveur,&
ne manquant que d'un Général, mon fils
reparut tout-à-coup pour fe mettre à leur

tête. Il tomba sur le Chef & les partisans
de la rébellion , tua encore de sa propre main ce second Montbel , & pour
cette fois il ne fut point blessé ; mais
ayant rétabli dans la ville d'Ulm le
bon Empereur Léopold , & la Princesse
sa fille , Argante de Galdap , a obtenu
la main de Sclarimene , & a l'espérance
bien fondée de remplir quelque jour le
trône impérial d'Allemagne. Cette nouvelle épouse , plus sensible aux obligations qu'elle avoit à une personne qui
avoit sauvé la vie à son époux , que susceptible de jalousie, a fait sa Dame d'honneur & sa favorite , de la fille du Commandant de la tour dans laquelle mon
fils avoit été enfermé. Elle fait élever
avec soin l'enfant que cette Demoiselle
a eu d'Argante pendant sa prison.

Rogel ayant fini ces recits , Amadis
de Grece se trouva parfaitement au fait
de tout ce qui étoit arrivé à sa nombreuse
famille depuis son enchantement ; il le
raconta , & le fit raconter aux autres
Héros de son lignage , & ces détails
firent pendant long-tems le sujet des
conversations du château, ce qui n'empêchoit pas que les Héros enchantés ne

fissent de fréquentes promenades dans la galerie. Pendant les dernieres années qui précéderent la délivrance de toute l'illustre race de Trébatius & des Amadis, Alcandre leur fit souvent des visites, il se promenoit avec eux, il leur faisoit remarquer particuliérement les aventures de trois jeunes Chevaliers; il leur déclara enfin que c'étoit eux qui étoient destinés à les ramener dans le monde, l'un étoit Clarisel de Guindaye, fils de Florisel, & par conséquent frere de Rogel, & de Diane épouse d'Agésilan de Colcos, mais de beaucoup plus jeune, & qui étoit encore dans l'enfance, lorsque son frere & son beaufrere avoient été transportés dans le château. Le second étoit Rosalmonde, fils de Sphéramonde, par conséquent petit-fils de Rogel; le troisieme enfin étoit Alcidaman, Prince du sang des Gaules ou de France, descendant d'un frere de Périon, pere du grand Amadis, & par conséquent de Claberinde, & de Lindarasse fille de Trébatius; mais il étoit d'une branche cadette, qui avoit pris le surnom de Montclare ou de Clermont. Alcandre ayant fait suivre pas à

pas ces jeunes Princes par les Héros du
château, les mit fi bien au fait de leurs
aventures, que quand ils arriverent auprès de leurs parens, ceux-ci les connoiffoient auffi bien que s'ils avoient vécu
avec eux depuis long-tems : voici en
peu de mots le fommaire de ces hiftoires.

Hiftoire de Clarifel de Guindaye.

SIDONIE enchantée d'avoir ramené à
fes pieds fon premier amant Florifel, &
de partager avec lui le trône impérial de
Grece, mit au monde un fils prefqu'en
même-tems que fa fille Diane en donna
un à Agéfilan de Colcos ; celui de l'Impératrice fut nommé Clarifel, & furnommé de Guindaye. Les Sages prirent
un foin particulier de fon éducation &
affurerent l'Empereur fon pere qu'il étoit
deftiné à avoir grande part à d'importans événemens. Dès qu'il fut en âge
d'être armé Chevalier, Florifel l'envoya fuivant l'ufage conftant de la famille
des Amadis chercher des aventures : ce
fut d'abord du côté de la France qu'on

lui fit tourner ses pas, ce pays étant le berceau du lignage des Amadis. Parvenu sur les côtes de ce beau Royaume, il en traversa la plus grande partie sans faire d'autres exploits que ceux ordinaires aux Chevaliers de son tems. Il répara plusieurs torts, délivra après avoir combattu pour elles, plusieurs Princesses injustement accusées & détenues, & n'en exigea d'autre récompense que l'honneur de les avoir servi. Enfin il arriva dans cette délicieuse contrée, que l'on appelle encore le Forèz, & qui est arrosée par l'agréable riviere du Lignon; c'est-là que devoit naître la divine Astrée, elle n'avoit point encore vu le jour; mais déja la douceur du climat disposoit à l'amour tous ceux qui respiroient l'air de ce pays. Clarisel n'y échappa pas, il entendit parler de l'incomparable Miralinde, à qui sa beauté, ses vertus & sa douceur avoient procuré autant d'admirateurs & d'amans respectueux qu'il y avoit d'habitans dans le canton : elle demeuroit dans un simple, mais joli hameau, nommé Belle-ombre. Clarisel ne dissimula pas sa naissance à la Bergere, & lui demanda la grace d'être admis parmi ses adorateurs ;

sans être éblouïe du rang du Prince, Mira
linde lui permit de lui faire sa cour, pourvu qu'il jurât de se contenir toujours dans
les bornes de la plus rigoureuse réserve ;
il en fit le serment en présence des autres adorateurs de Miralinde , qui l'a-
voient tous prêté. Il passa plus d'un an
dans la douce occupation de plaire à
cette belle ; il étoit communément vêtu
en Berger des bords du Lignon, reprenant rarement ses armes , ne s'en
revêtissant que pour ne pas perdre l'ha-
bitude de les porter , & n'ayant combattu que dans deux ou trois occasions
où des Chevaliers fanfarons , qui pas-
soient par le pays, s'étoient avisés de dire
qu'ils étoient fâchés de ne pas trouver
à rompre quelques lances ; il leur proposa de combattre en l'honneur & en
présence de sa Dame , & les vainquit.
Ces exemples en imposerent à un Géant
du voisinage , qui étoit même un peu
enchanteur, & que l'on nommoit Dorion. Il étoit venu faire sa cour à la Bergere , & lui avoit proposé de se ranger
au nombre de ses courtisans , mais il
avoit été trouvé trop brutal & trop mauf-
sade. On avoit craint avec raison qu'il
ne troublât les douceurs de la société

paſtorale : d'ailleurs , il avoit refuſé de prêter le ſerment auquel Clariſel & tous ſes rivaux s'étoient ſoumis. Il s'étoit retiré dans ſon château , ſitué dans les montagnes , & s'étoit contenté de tenir de mauvais propos ſur l'attachement de Clariſel pour Miralinde ; mais il n'avoit pas oſé venir ſe meſurer contre ce Chevalier , juſqu'à ce qu'ayant reçu la viſite de deux de ſes parents & amis Géants , & leur ayant propoſé de ſe joindre à lui , il ſe crut aſſez fort avec eux pour combattre celui qu'il regardoit comme ſon rival. Ils défierent tous trois Clariſel , & propoſerent de le combattre l'un après l'autre. Leur procédé n'étoit pas trop généreux ; mais la valeur du Prince de Guindaye ne lui permit pas d'héſiter , ni même de remettre la partie plus tard qu'au lendemain. La Bergere paſſa la nuit la plus agitée , tremblante pour les jours de ſon amant ; mais la bonne contenance de celui-ci , & ſon courage la raſſurerent. Dès la pointe du jour , il fut armé , & ſe porta ſur l'arêne ; la Bergere y vint prendre place ſur un petit trône de gaſon entouré de ſa Cour paſtorale , & les Géants ſe préſentérent. Le premier d'entr'eux qui combattit, s'appelloit Farnabafon; c'étoit le plus redoutable des trois, & les deux autres espéroient bien qu'il les dispenferoit de se servir de leurs lances & de leurs épées. Cependant il n'en fut pas ainsi; mais ce ne fut qu'après le plus rude combat que Clarisel en vint à bout. Pendant qu'il duroit encore, & même dès le commencement de l'action, on remarqua un jeune Guerrier armé de toutes pieces, suivi d'un Ecuyer, qui s'étoit arrêté pour en être témoin, & avoit marqué de l'admiration pour la force & l'adresse de Clarisel: on s'étoit bien apperçu qu'il n'étoit point encore Chevalier, car ses éperons n'étoient point dorés; d'ailleurs, il avoit l'air si noble, qu'on voyoit bien qu'il étoit de l'espece de ceux qui reçoivent cet honneur aussitôt qu'ils sont en état de porter les armes. Farnabafon ne fut pas plutôt vaincu, qu'un second Géant se prépara à prendre sa place, & à attaquer le vainqueur; & si celui-ci avoit encore été malheureux, Dorion lui auroit bientôt succédé, dans l'espérance que le jeune Chevalier se seroit trouvé accablé sous le poids de tant de lauriers, qu'il ne pouvoit

cheillir qu'en se fatiguant beaucoup : par
bonheur le jeune inconnu sentit quel risque couroit Clarisel, & combien il y avoit
d'injustice à lui faire soutenir trois combats en un jour. Il s'avance, & demande à
partager du moins avec l'amant de Miralinde la gloire de combattre & de vaincre les deux Géants restants. Dorion mécontent de cette proposition qui renversoit une partie de ses espérances, fit
tout ce qu'il put pour l'éluder, il se
retrancha sur ce que le nouveau venu n'étoit pas encore Chevalier : ,, Eh ! l'êtes-
,, vous vous-même, lui repliqua le jeune
,, Guerrier ? qui vous a armé ? dans quel
,, temps avez-vous reçu l'Ordre ? Effectivement le Géant n'avoit jamais mérité, ni obtenu cet honneur. Il n'y eut
pas moyen d'éviter le combat de deux
contre deux ; le Prince de Guindaye
semblant avoir acquis de nouvelles forces par le secours qui lui étoit survenu,
fit aisément éprouver au second Géant
le même sort qu'au premier, & Dorion
s'enfuit honteusement devant le Damoisel, qui l'eut bientôt perdu de vue.
Clarisel l'empêcha de le poursuivre trop
loin, ne voulant pas qu'il s'exposât inutilement. Il le rappella auprès de lui, &

le préfentant à Miralinde, ils le condui-
firent dans les habitations heureufes &
champêtres des bords du Lignon. La
journée ne fut employée qu'au repos,
dont l'un & l'autre Guerrier avoient befoin; cependant elle ne fe paffa pas fans
que le Damoifel témoignât au Chevalier
qu'il avoit fecouru, le défir qu'il avoit
d'être armé par lui. Clarifel lui promit
volontiers de lui faire cet honneur, & lui
tint parole dès le lendemain; mais auparavant la belle Miralinde interrogea avec
grace le récipiendaire fur fon pays & fa
naiffance, & celui-ci répondit à toutes
fes queftions avec la plus noble franchife. Il s'appelloit Alcidaman : il étoit né
d'un fang qui depuis long tems avoit donné des Souverains à la France, puifqu'il
defcendoit d'un frere du Roi Périon,
pere du grand Amadis. Les poffeffions
de fa branche étoient réduites à un château, fitué au pied des Alpes, & que
l'on appelloit Montclare ou Clermont.
Mais fi les Seigneurs de ce petit Do-
maine n'étoient pas à beaucoup près auffi
puiffants que leurs ancêtres, au moins
en avoient-ils confervé toute la valeur
& les fentiments. Ils avoient toujours
été en relation avec les Empereurs Grecs,

leurs parents , & dans toutes les occasions où ces Monarques avoient besoin
de leurs secours , ils se faisoint un devoir d'y voler. Le jeune Alcidaman avoit
été élevé dans le château de ses peres,
par une tendre mere uniquement occupée de sa conservation & de sa santé ;
cette bonne Dame craignant de le voir
trop tôt exposé aux fatigues & aux dangers de la guerre , & même à ceux des
tournois , l'avoit empêché de suivre son
pere , qui avoit été appellé à Constantinople par l'Empereur Florisel ; mais ce
n'avoit pas été pour long-temps qu'elle
avoit pu le retenir. Il avoit lu quelques
relations qui étoient conservées en ma-
nuscrits dans le château de Montclare, &
qui contenoient les hauts faits de ses parens & de ses ancêtres. Il auroit voulu les
égaler tous , & même les accomplir en
aussi peu de temps qu'il en avoit mis à
les lire. Son jeune courage ne voyoit
rien de si hardi qu'il ne pût exécuter ,
& aucune aventure qu'il ne voulût
promptement mettre à fin. Il s'étoit
également instruit de leurs amours & de
leurs bonnes fortunes. Les amusements
de Galaor ne lui étoient pas échappés,
& il avoit la plus grande impatience
d'imiter

d'imiter , & même de surpasser ces
modeles. Désolé de ce qu'on le laissoit ,
disoit-il, croupir dans l'oisiveté , il prit ,
quoiqu'il n'eut que seize ans , le parti
de s'échapper , & ayant dérobé d'anciennes armes qui avoient servies à ses
ancêtres , & s'étant associé un jeune
homme , dont le pere avoit été Ecuyer
du sien , ils partirent l'un & l'autre sous
prétexte d'aller à la chasse , & furent
chercher des aventures. Une des premieres , & sans contredit la plus intéressante qu'ils trouverent, fut la rencontre de Clarisel & de Miralinde. Le premier étant disposé à l'armer , lui demanda , suivant l'usage , s'il avoit une
Dame , & l'exhorta à en choisir une , à
laquelle il promît une fidélité inviolable,
& dont il invoquât le nom dans toutes
les occasions périlleuses où il se trouveroit. » Sire, répondit le récipiendaire , je
» n'ai point encore de Dame, & ce n'est
» pas sans quelque restriction que je vou-
» drois en choisir une : cette exacte fi-
» délité à laquelle vous voudriez que je
» m'assujettisse m'effraye, & je vous l'a-
» voue même, me déplaît. S'il ne s'a-
» git que de rendre un hommage qui
» soit toujours respectueux , & sans

Tome II.   V

» aucune prétention fur le cœur de la
» Dame auquel je l'offrirai , j'en ai
» trouvé l'objet , il eft devant mes yeux ;
» je le déclare avec d'autant moins de
» fcrupule, que cette façon de penfer n'é-
» tablit point entre nous de rivalité. La
» figure la plus noble & la plus inté-
» reffante , les plus beaux yeux , les plus
» beaux traits, font de Miralinde l'objet
» de l'admiration , & même de l'amour
» de ceux qui la voyent ; pour moi je
» m'en tiens pour elle au premier de ces
» fentimens, & j'en fuis pénétré au point
» qu'il exclut de mon cœur certains
» défirs , fans lefquels il n'y a peut-être
» point d'amour. On vante par-tout fon
» efprit , fes talents, fon caractere, fes
» vertus ; le dégré de perfection auquel
» elle porte ces qualités , exclut tout
» ce qui peut reffembler à la déraifon ,
» au ridicule , au caprice, à la coquette-
» rie. Une Dame auffi parfaite mérite
» un attachement dont je ne me crois pas
» capable. Je ferois trop coupable fi , après
» m'être voué à fon fervice , je l'oubliois,
» ne fût-ce que pendant quelques inftans
» auprès d'une beauté ordinaire qui
» me féduiroit peut-être par les dé-
» fauts que Miralinde n'a pas. Oui ,

„ Madame, continua Alcidaman en se
jettant aux genoux de Miralinde, „ je
„ vous supplie de me ceindre l'épée, &
„ je promets de l'employer en toute oc-
„ casion pour votre service, je vous re-
„ garderai toute ma vie comme l'objet
„ le plus digne de mon admiration &
„ de mon respect ; mais point d'amour,
„ ni de fidélité exclusive ; je veux me
„ mettre de bonne heure sur ce pied là,
„ dit Alcidaman en se relevant, & adres-
„ sant la parole à Clarisel ; si j'allois faire
„ un serment contraire en recevant l'Or-
„ dre de Chevalerie, je n'oserois y man-
„ quer, & je me trouverois peut-être
„ privé du droit de profiter des aventures
„ les plus agréables «. Le Chevalier &
la Bergere sourirent, & lui dirent, qu'a-
près tout, il y avoit de la bonne foi dans
son aveu. Clarisel étoit prêt à lui donner
l'accolade, lorsque la bonne Fée Urgande parut. Elle étoit connue de Miralinde qu'elle protégeoit, & dont elle
avoit même élevé l'enfance. La Fée déclara qu'Alcidaman étoit aussi son protégé, quoiqu'il ne la connût pas encore,
& qu'il étoit destiné aux plus grandes
aventures ; qu'il ne pouvoit être mieux
armé que par le Prince Clarisel, & que

Miralinde étoit digne de lui ceindre l'é-
pée. Elle lui en fit présent d'une , qui
étoit enchantée & dont la poignée étoit
très-riche , d'un casque brillant , sur-
monté en forme de panache de plusieurs
palmes d'un verd éclatant , & d'un écu
sur lequel étoient peintes deux lances &
deux épées croisées , & liées ensemble
par des guirlandes de fleurs & des festons
de myrtes , avec cette devise : » je com-
» bats tous les monstres , & sers tou-
» tes les belles «. Urgande , après avoir
assisté à la cérémonie , déclara que le
nouveau Chevalier ne devoit s'arrêter
que pendant peu de temps dans le délicieux séjour de Belle-ombre ; qu'aussitôt qu'il n'auroit plus d'occasion d'y
exercer son courage , il devoit suivre ses
hautes destinées , en passant dans des pays
plus éloignés du sien , sous le nom du
Chevalier des Palmes ; que Clarisel même ne devoit pas languir long-temps
dans l'oisiveté attachée à la vie pasto-
rale ; mais que pour ne le pas priver de
la douceur de voir tous les jours l'adorable Miralinde , les Sages permettoient
à celle-ci de l'accompagner dans toutes
ses expéditions , & d'animer son courage par sa présence ; elle ajouta qu'elle

s'en remettoit aux principes de fageſſe &
de vertu de ces deux amants pour être
aſſurée qu'ils ne s'en écarteroient point
pendant leur voyage ; qu'au reſte , elle
leur promettoit qu'avant qu'il fût trois
ans ils feroient unis, de l'aveu de leurs
familles , qui étoient également illuſtres.

Urgande les ayant quittés , & les
deux Chevaliers & la Bergere ayant promis de ſe conformer à ſes intentions , ils
prirent enſemble leurs meſures , les premiers allerent d'abord forcer dans ſon château Dorion , le ſeul qui reſtât des trois
perſécuteurs de Miralinde. Quoiqu'ils ne
fuſſent aidés que de quelques Paſteurs,
ils vinrent à bout de forcer le Géant de
ſortir & de combattre : il fut tué. La
paix étant ainſi aſſurée ſur les bords du
Lignon , Alcidaman partit le premier ,
après avoir tendrement embraſſé Clarifel , & avoir renouvellé à Miralinde les
aſſurances de zele & de reſpeɛt qu'il lui
avoit déja données. Nous le ſuivrons
dans un moment. La Bergere & ſon
amant quitterent, peu de temps après, le
tranquille féjour de Belle-ombre , dans
lequel Miralinde avoit été élevée , & où
elle étoit généralement adorée. Sa ſépa-

ration d'avec les Habitants de ce lieu fut très-touchante ; mais elle ne perdoit pas ce qui lui étoit de plus cher, la compagnie de Clarifel. Nous les retrouverons dans quelque temps.

Aventures d'Alcidaman.

LE Chevalier des Palmes, voulant se rendre en Grece, traversa la France affez lentement, parce qu'il fut arrêté par un affez grand nombre d'aventures qui le confirmerent également dans son goût pour la gloire & les combats, & dans la difpofition où il étoit de faire fa cour à toutes les belles, avec efpérance de réuffir auprès du plus grand nombre. Une des plus remarquables de ces aventures lui arriva, fuivant notre Auteur, près d'Orléans. Un jeune homme vint implorer le fecours de notre Héros, pour une Demoifelle perfécutée, difoit-il, par un oncle fon tuteur qui l'accufoit d'aimer un Page ; c'étoit celui-même qui parloit à Alcidaman. Les preuves que donnoit l'oncle étant affez fortes, la Demoifelle étoit fur le point d'être con-

damnée, si elle ne trouvoit un Chevalier
qui voulût combattre pour elle contre
l'oncle qui étoit aussi Chevalier, & avoit
passé dans son tems pour assez brave. Le
Page employa toute son éloquence pour
déterminer Alcidaman à soutenir l'innocence de la niece : vous le devez en honneur & en justice, disoit-il ; on n'ac-
cuse cette honnête Demoiselle, que pour
s'emparer de son bien & de ses châteaux ;
d'ailleurs, ajoutoit-il, rien n'est si joli &
si aimable qu'elle. Cette derniere raison
plus que toute autre, décida le Chevalier des Palmes à prendre son parti. Il se
présenta devant les Juges, & s'offrit d'ê-
tre le champion de la belle Mélanie,
(c'étoit le nom de la Demoiselle), il
combattit son oncle, le vainquit, & le
fit même condamner à rendre le bien de
sa pupille, & à renoncer à sa tutelle.
ramena la jeune émancipée dans ses possessions. Enchantée d'en jouir en liberté,
la Demoiselle se proposoit bien de les
partager avec le jeune Page qu'on l'avoit
accusée d'aimer ; mais il falloit avant
tout témoigner sa reconnoissance à son
libérateur. Tandis que le jeune homme
alloit arranger les affaires dans les terres
les plus éloignées, appartenantes à la

Demoifelle, Alcidaman & Mélanie pafferent quelques femaines délicieufes dans
le château le plus commode. Il y feroit
refté encore plus long-tems, fi Urgande
ne l'eût averti, qu'étant deftiné à voler de
victoire en victoire dans tous les genres, il
étoit tems qu'il partît pour tenter de nouvelles conquêtes. Pendant plus d'un an, il
réuffit à en faire un grand nombre; ce fut
toujours en faveur des Dames, qu'il pour-
fendit des Géants, tua des monftres,
défit des troupes entieres de brigands &
de raviffeurs, força des châteaux & des
prifons, & rendit la liberté à des belles
dont la plupart ne s'en fervirent que pour
perdre avec lui ce qu'il avoit défendu
pour elles. Ce n'étoit cependant pas fans
modération & fans prudence, qu'il ufoit
des avantages que fa jeuneffe, fa valeur
& fa beauté lui donnoient fur le cœur des
Dames. Il n'eut pas dans tout le cours de
fes galanteries à fe reprocher le moindre
acte de violence; la douceur & la perfua-
fion lui réuffiffoient affez; d'ailleurs il fe
payoit de bonnes raifons, quand on avoit
à lui en oppofer; par exemple, dès qu'il
voyoit que le cœur d'une Dame étoit
férieufement acquis à un autre, il y renonçoit. Il alloit jufqu'à refpecter les

principes austeres de vertu , lorsqu'ils étoient bien établis ; malgré cela, il faut convenir que les maximes d'Alcidaman n'étoient pas aussi séveres que celles qu'avoient suivies les enfans de Trébatius , & même les premiers Amadis , si l'on en excepte Galaor.

Enfin , le Chevalier des Palmes arriva dans la Grece , & entra dans Constantinople , dont la Cour étoit alors occupée d'un tournoi , qui se donnoit à l'occasion du mariage de Primaléon , Roi d'Ethiopie , avec Polixene , fille de l'Empereur Florisel. Cette alliance avoit été la suite & le gage d'une paix qui devoit assurer le bonheur de la Chrétienté ; aussi les noces & les fêtes qui les suivirent , furent-elles superbes. Alcidaman s'étant fait connoître pour ce qu'il étoit , fut traité par l'Empereur avec la plus haute distinction ; il fut présenté aux Impératrices , aux Princesses , & Dames de Constantinople , & les graces de sa figure & de son esprit furent généralement admirées. Il fit connoissance avec les jeunes Princes du lignage des Amadis ; & quoiqu'il ne pût être présenté par Clarisel , qui n'étoit point encore de retour de ses voyages ; ils se firent un plaisir de lui

V w

faire les honneurs de la Ville, en attendant les joûtes auxquelles ils devoient tous concourir. Le principal d'entr'eux étoit Rosalmonde, fils de Sphéramonde, l'aîné des enfans de Rogel, il étoit revenu depuis peu de ses premieres courses dans lesquelles il avoit eu nombre d'aventures également glorieuses & agréables; c'étoit sur-tout dans la grande Bretagne qu'il avoit séjourné ; il avoit parcouru avec plaisir les Provinces où l'on conservoit encore la mémoire du grand Roi Artus, & des anciens Chevaliers de la Table-ronde, Lancelot du Lac, Perceval le Galois, & l'aimable Tristan de Leonois. S'étant fait montrer les lieux où l'on disoit qu'ils avoient autrefois combattu, & se trouvant sur les ruines du château de Cramalot, résidence ordinaire du bon Roi Artus, & de la belle Reine Génievre, il remarqua des morceaux de pierres brisées, sur lesquels il y avoit quelque chose d'écrit. Les ayant fait réunir, & ayant cherché à déchiffrer l'écriture, dont les caracteres étoient d'une forme très-ancienne, il découvrit que c'étoient les Statuts de la Chevalerie de la Table-ronde qui y étoient gravés. Il trouva moyen d'en rassembler tous les articles , au nombre de douze , & ayant ainfi rendu ce monument complet , il le crut digne d'être tranfporté dans la Capitale de l'Empire Grec , & dépofé dans le Palais Impérial , expofé dans la grande falle , au lieu le plus évident , pour que tout le monde fût inftruit des loix fondamentales de la Chevalerie , & des maximes inébranlables , fuivant lefquelles la partie la plus noble du genre humain , les Chevaliers , les Héros doivent fe conduire.

Rofalmonde fe hâta d'enrichir de cette précieufe antiquité le Palais de fes peres , & Florifel & Rogel fçurent gré à leur petit-fils de la leur avoir procurée , c'étoit l'objet le plus remarquable que l'on préfentât aux étrangers qui venoient à Conftantinople. Les enfans de Trébatius , & les Amadis lûrent ces loix avec plaifir dans un des tableaux magiques de leur galerie ; ils en prirent des copies , & elles fournirent long-temps matiere à leurs converfations dans le château du Tréfor.

Ce fut Rofalmonde même qui les montra à Alcidaman ; mais pour bien juger de ce qu'en penfa ce jeune homme ,

V vj

qui, malgré la légéreté qu'on lui reprochoit en amour, avoit de la justesse &
de la sagacité dans l'esprit, il faut que
nous les mettions sous les yeux de nos
Lecteurs ; elles étoient originairement
écrites en un langage qui seroit à présent
tout-à-fait inintelligible, même dans la
Grande-Bretagne ; mais on les avoit ensuite réduites en dix quatrains de vers
techniques, pour que les jeunes Damoiseaux & Varlets, pussent les étudier de
bonne heure, & les apprendre par
cœur.

_____

*Statuts & Réglemens fondamentaux
du noble & ancien Ordre des Chevaliers
de la Table-Ronde, & de toute bonne
Chevalerie.*

I.

NOUS ne composerons notre société
Que de Guerriers fameux par vertus & prouesse;
Le nombre ne doit pas en être limité,
Et titres de valeur sont titres de noblesse.

II.

De cette noble troupe, en Héros si féconde,

Nous banniſſons l'envie & la rivalité,
Et les plaiſirs communs de notre Table-ronde
Prouvent que parmi nous regne l'égalité.

III.

Les éperons dorés que porte un Chevalier
Aux yeux de l'ennemi ne doivent point paroître,
C'eſt aux terribles coups que lance un fier
    Guerrier ,
Que pour notre confrere il ſe fait reconnoître.

IV.

Faiſons aux Chevaliers très-expreſſe défenſe
De ſe ſervir de pointe ou de fer émoulu ,
Si le contraire entr'eux n'eſt duement réſolu ,
Et pour bonnes raiſons le combat à outrance.

V.

Aux combats ſinguliers, c'eſt l'honneur qui
    préſide ,
Et jamais il ne faut , ſoit en guerre ou tournois,
Que deux francs Chevaliers attaquent à la fois
Un ſeul, leur parût-il plus terrible qu'Alcide.

VI.

Pour ſervir ſon pays , ſon Seigneur ou ſa Dame,

Si quelque Chevalier contre un autre combat,
Qu'il venge , avec ardeur , son honneur ou sa
 flamme ;
Mais soit humain & doux au sortir du combat.

VII.

Pour conduire à sa fin périlleuse entreprise ,
Il ne faut pas penser qu'on puisse y succomber ;
Mais bien que sous nos coups tout rival doit
 tomber,
Et que spectres , Démons , cedent à vaillantise.

VIII.

Protéger hautement les orphelins, les Dames,
Pour le plus foible au fort livrer de fiers com-
 bats ,
Vaincre tyrans, brigands, & ravisseurs infâmes ;
Ce sont-là nos devoirs , & même nos ébats.

IX.

Ce que l'on a sauvé , sans doute on doit
 le rendre ,
Et qui l'exigeroit , feroit crime odieux ;
Mais si l'on consentoit à nous le laisser prendre ,
En discrets Chevaliers du moins soyons heureux.

X.

Le parfait Chevalier fait le choix d'une belle ,
Dont les rares vertus égalent les appas ;
Il invoque fon nom en tournois, en combats ,
Et craint plus que la mort le titre d'infidele.

Alcidaman ayant lû les Statuts de la
Table-ronde, les admira comme avoient
fait tous ceux qui les connoiſſoient.
L'Empereur Floriſel chez qui il ſe rendit le même jour , ne manqua pas de
lui demander ce qu'il en penſoit. « Sire ,
» lui répondit-il , ces loix ſont excel-
» lentes ; mais un Damoiſel bien né
» doit les avoir preſque toutes gravées
» naturellement dans ſon cœur , bien
» avant qu'il les liſe imprimées ſur le
» marbre & l'airain. Il eſt vrai , dit
» l'Empereur ; auſſi c'eſt principalement
» pour montrer le cas que j'en fais , que
» je les ai fait placer dans le lieu le plus
» apparent de mon palais ; mais ajouta
» le Monarque, n'avez-vous à me com-
» muniquer ſur quelques articles au-
» cunes réflexions particulieres ? Si cela
» eſt, faites nous en part , les meilleu-
» res loix ont beſoin d'être commentées.

» Sire, répliqua le Chevalier, le pre-
» mier & le dernier des dix articles,
» sont les seuls sur lesquels j'aie quel-
» que chose à dire..... Expliquez-vous
» avec confiance...... j'obéis...... Le Roi
» Artus a déclaré que le nombre de ses
» Chevaliers devoit être illimité, & que
» le mérite & la valeur doivent dans son
» ordre tenir lieu de noblesse. Cela pou-
» voit être bon pour son tems, & mê-
» me pour celui où nous vivons ; mais,
» Sire, n'en viendra t-il pas un, où
» le monde sera si corrompu que des
» gens aussi dépourvus de mérite que de
» naissance, obtiendroient tous les
» honneurs & toutes les distinctions,
» si l'on ne prenoit des précautions con-
» tr'eux. Alors il faudra les accorder de
» préférence aux gens de qualité, du
» moins ceux-ci auront-ils pour eux le
» mérite de leurs ancêtres. Mais, re-
» pliqua Florisel, les ancêtres de ces
» Gentilshommes n'auront peut-être
» eu aucun mérite personnel ? Cela ne
» se peut pas, reprit Alcidaman, dans
» huit ou dix générations de gens tous
» à portée de s'être fait connoître, il
» est impossible qu'il n'y en ait pas eu
» quelques uns de très-estimables.

   » Ma seconde & derniere réflexion,
» continua le Comte de Montclar, porte
» sur le dernier article de ces admira-
» bles réglemens, c'est celui qui me pa-
» roît de la plus difficile exécution; ah!
» Sire, être toujours & constamment
» fidele à sa Dame! ne pourroit on pas
» être bon, loyal & preux Chevalier
» sans cela? & seroit-on si coupable en
» cas que....... Assurément on seroit cou-
» pable, répondit l'Empereur, car l'hon-
» neur est intéressé à ce qu'un Chevalier
» tienne sa parole..... Eh bien, Sire, re-
» prit Alcidaman, ne promettons que
» ce que nous pouvons tenir. C'est le
» parti que j'ai déjà pris, & je ne ferai ja-
» mais accusé de parjure, tant que je
» n'aurai ni choisi de Dame unique, ni
» fait de serment exclusif.

Vous avez raison, mon fils, lui dit
en souriant le grand & bon Florisel; puis
se retournant vers ses courtisans, il leur
cita ce vers d'une tragédie alors généralement connue & estimée dans la
Grece.

Des Chevaliers François tel est le caractere.

Ceux-mêmes qui ne trouverent pas

tout-à-fait juftes les réflexions d'Alcidaman, convinrent qu'elles étoient fpiri-
tuelles ; mais il fallut bientôt qu'il ceffât
de raifonner fur la Chevalerie pour faire
encore de nouveaux actes de ce noble mé-
tier, lorfque les joûtes commencerent.
Rofalmonde fut un des tenans, & l'eftime
qu'on avoit conçu pour Alcidaman, lui
fit obtenir l'honneur d'être l'autre. On
ne combattit qu'à armes courtoifes, car
aucuns véritables ennemis ne fe préfenterent à cette fête, & l'on n'y vit, ni
Géants, ni barbares ; cependant les
Princes parens & amis, & les Chevaliers, tant de la Grece que des pays
voifins, qui y étoient accourus, eurent
occafion d'exercer leur valeur & leur
adreffe. Pendant quinze jours, les deux
illuftres tenans défarçonnerent tous
ceux qui fe préfenterent, & ne furent
point abattus. L'Empereur & les autres
Juges du camp déciderent que le prix
devoit être partagé entr'eux deux. Alcidaman reçut le fien de la Princeffe Polixene, nouvellement mariée à Primaléon, Roi d'Ethiopie, & on ménagea à
Rofalmonde la fatisfaction d'en tenir un
autre de la belle Théodorine, defcen-
dante de Florès, & héritiere du Royau-

me de Macédoine. Le Prince de Grece
en étoit épris, & l'avoit choisie pour sa
Dame; mais quoiqu'il ne put être couronné par des mains qui lui fussent plus
cheres, Rosalmonde qui étoit encore bien
jeune & élevé dans l'espérance de monter sur les premiers trônes du monde,
ne pouvoit s'empêcher de croire qu'il
avoit un droit exclusif à toutes les distinctions. Il fut piqué de n'avoir pas eu seul
les honneurs du tournoi : & l'on s'apperçut bien qu'il étoit jaloux de la gloire
d'Alcidaman : celui-ci avoit trop d'esprit
& d'usage, pour faire d'abord semblant de
le remarquer; mais enfin il n'en put plus
douter, lorsque Rosalmonde même lui
proposa d'aller combattre sans témoins
dans la forêt des Alisiers, pour voir
si l'un d'eux ne méritoit pas seul le
prix. Le Prince François répondit courtoisement, que quoiqu'il fut étonné du
prétexte de ce combat, il ne refusoit
pas l'honneur que le Prince Grec vouloit lui faire, & qu'il lui prouveroit qu'il
pouvoit du moins partager les prix avec
lui. L'heure étant convenue, & les combattans ayant été exacts, les assauts furent réciproquement vigoureux, & il paroissoit même qu'il commençoit à s'y

mêler de l'animosité , lorsque la grande
Urgande parut , & d'un coup de baguette , ayant enveloppé les Princes chacun d'un nuage , elle les força de se séparer , & leur fit savoir ensuite ses intentions & ceux du conseil des Sages.
» Prince , dit-elle à Rosalmonde , re-
» tournez à Constantinople , oubliez
» une querelle mal fondée de votre part,
» & ne vous occupez plus que de votre
» amour pour Théodorine ; elle sera cou-
» ronnée & vous régnerez un jour glorieu-
» sement avec elle; mais n'oubliez jamais
» qu'attaquer injustement est un véritable
» crime , & que des milliers d'hommes
» payent quelquefois chérement les mo-
» mens d'humeur qui font commettre
» aux Monarques de pareilles fautes». Rosalmonde ne reçut pas cette leçon avec
docilité , il témoigna à la Fée un chagrin
qu'elle lui pardonna en faveur de sa
jeunesse. « Si vous me séparez de mon
» ennemi dans ce moment , lui dit-il ,
» je saurai bien un jour le retrouver.
» Oui , Prince , répondit Urgande , vous
» le retrouverez , & je vous indiquerai
» moi-même dans quelque-temps , le
» lieu où vous le rencontrerez ; mais
» vous serez amis comme vous devez

„ l'être, & vous confentirez à partager
„ la gloire de fes hauts faits «.

Après avoir dit ces mots, la Sage Enchantereffe, s'étant retournée du côté
d'Alcidaman, elle l'entraîna vers les bords
de la mer, & l'ayant fait embarquer
fur un navire enchanté, il fut tranfporté
dans d'autres pays, où elle lui confeilla
de chercher de nouvelles aventures.

La premiere occafion qui fe préfenta
à lui, fut de délivrer une Reine de Léca-
géne, nommée Mérodiane, expofée à
l'infolence d'un barbare Géant, qui, depuis quelque-temps la retenoit prifonniere dans fon propre château. Alcidaman
partit pour tenter cette aventure, & il
la mit à fin avec un fuccès inefpéré. Seul
avec fon Ecuyer, il défit toute l'armée
du Géant; il le renverfa à fes pieds.
Après fa mort, Alcidaman prit, du confentement de la jeune Reine, la place
que le tyran occupoit de force auprès
d'elle. Les Sujets de cette Princeffe donnerent à leur Souveraine les plus belles
fêtes pour célébrer fon heureufe délivrance, & fes voifins & fes parens vinrent la féliciter. Silvanie, Reine de l'ifle
Silvane, fut du nombre de celles qui la
complimenterent en perfonne : elle étoit

sœur cadette de Mérodianne ; mais plus
belle, plus vive, & pour tout dire, infiniment plus coquette que son aînée. Aux
témoignages de sa tendresse qu'elle donnoit à la Reine, elle joignoit les éloges
les plus flatteurs pour son libérateur, &
elle les adressoit toujours à Mérodianne.
» Qu'on est heureuse, ma chere sœur,
» lui disoit-elle, de devoir son repos &
» sa liberté à un Héros aussi charmant
» que brave ! vous êtes délivrée d'un
» Géant formidable, qui vous tenoit in-
» dignement dans ses chaînes, & que
» vous détestiez..... il étoit horrible &.....
» que son vainqueur est différent ! » La
grande taille ne fait pas les grands hommes. Avec ces propos légers, Silvanie attira l'attention & les regards d'Alcidaman,
& bientôt son manége lui réussit à tel
point, qu'elle s'apperçut qu'il ne lui restoit plus qu'un pas à faire pour rendre infidele l'amant de sa sœur. « Mais à propos,
dit-elle un jour dans la conversation,
» il y a long-tems que j'ai aussi dans mes
» Etats un monstre dont je serois fort
» aise d'être défaite. C'est un Dragon
» qui habite une caverne à l'extrêmité
» de mon isle. Quoiqu'il ne soit pas fort
» dangereux, de pareils voisins sont

„ défagréables ». Alcidaman ne manqua
pas de s'offrir pour combattre le monftre,
fa propofition fut reçue avec complaifance, & quelque chagrin que reffentit
Mérodianne de l'éloignement du Prince,
il fallut bien le laiffer partir : il fut aifément vainqueur du monftre, & pour célébrer cet exploit, la coquette Silvanie
donna des fêtes dont la magnificence
prouva qu'elle prifoit infiniment plus le
Héros que la victoire qu'il venoit de remporter.

Mérodianne inftruite de ce qui fe paffoit dans l'ifle de Silvanie, en conçut la
plus forte jaloufie, & paffa bientôt de
cette trifte paffion à la fureur; elle affen-
bla fes troupes, fit une defcente dans
les Etats de fa fœur, & menaça de les
ravager. Silvanie fe mit en défenfe, &
conjura le vainqueur du Dragon de lui
prêter fon fecours. Alcidaman ne laiffa
pas de fe trouver fort embarraffé entre
deux belles Reines auxquelles il avoit
rendu les plus grands fervices, & qui
lui en avoient témoigné la même reconnoiffance. Urgande vint à propos le tirer
d'affaire : elle l'engagea dans une nouvelle aventure, qui eut pour lui des fuites plus férieufes que toutes les autres.
Tandis que notre Chevalier fe promenoit

sur le rivage de la mer, héfitant pour laquelle des deux aimables sœurs il prendroit parti , ou plutôt quels moyens il emploieroit afin de les réconcilier , une Demoifelle inconnue l'aborda , & lui préfentant un portrait; « Seigneur , lui dit-elle, l'original de cette » peinture implore votre fecours : s'il » ne vous paroît pas digne du plus ten- » dre intérêt , reftez auprès de Méro- » dianne , ou avec fa fœur Silvanie; ma » maîtreffe n'adoptera pour fon défen- » feur , que le Chevalier dont l'amour » pour elle enflammera le courage ». Alcidaman prit le portrait , le confidéra avec attention , & dit à la Meffagere de le conduire où elle voudroit , qu'il étoit prêt à la fuivre. Sélafine (c'étoit le nom de la Demoifelle) dit qu'elle avoit un vaiffeau tout prêt derriere une roche. Alcidaman ayant appellé fon Ecuyer , qui n'étoit qu'à quelques pas , entra dans le bâtiment , & un quart-d'heure après l'Ecuyer revint avec les armes, le cheval de fon maître & le fien. On met à la voile , on vogue , & l'on arrive en terre ferme dans le pays de Tramefonde , fur lequel régnoit ou devoit régner la belle Trafictée , c'étoit la Princeffe dont

Sélafine

Sélafine avoit montré le portrait à Alcidaman ; on s'achemine vers le seul château qui appartenoit encore à cette Reine
infortunée, d'injustes usurpateurs l'ayant
dépouillée du reste de ses États. A moitié
chemin du château, trois Géants sortent
de derriere un buisson, & veulent insul-
ter la Demoiselle conductrice ; le Comte
de Montclare la défend contre tous les
trois, en blesse deux mortellement, met
le dernier en fuite, le poursuit & le tue.
A vingt pas du château, Alcidaman en
voit sortir un Chevalier qui lui propose
de rompre une lance ; le combat com-
mençe avec vigueur & adresse de part &
d'autre, & avoit déja duré assez long-
tems, lorsque le défenseur de Trasiclée
fait sauter l'armet de son adversaire, &
lui ayant mis la tête à découvert, re-
connoît la Reine même de Tramesonde.
Il se jette à ses genoux, lui présente son
épée par le pommeau, & la supplie de
lui pardonner la faute involontaire qu'il
vient de commettre en la combattant.
Seigneur, lui répondit alors Trasiclée, je
voulois juger par moi-même, si votre
valeur vous rendoit digne de me défendre, je l'ai éprouvé, & je vous reçois
pour mon Chevalier ; j'espere que vous

Tome II. X

vaincrez mes ennemis ; mais ne vous
imaginez pas qu'il soit aussi aisé de m'af-
sujettir ; je sais que vous êtes accoutumé
à regarder les Dames que vous secourez ,
comme faisant partie de vos conquêtes ,
& je rougirois d'être confondue avec
celles qui se rendent si facilement. Je
suis armée encore plus contre ceux qui
attaquent mon cœur , que contre les
usurpateurs de ma couronne. Ce langage
étoit nouveau pour Alcidaman ; mais il
étoit trop honnête pour ne pas faire semblant de se soumettre à toutes les loix
qu'une belle Reine lui imposoit : il répondit qu'avant tout il vouloit lui
rendre service , & que ce ne seroit qu'a-
près cela , qu'il se livreroit à l'espoir de
lui plaire. Ils entrerent dans le château,
concerterent ensemble un plan de campagne , & s'étant mis à la tête du peu
de Sujets qui restoient fideles à Trasiclée,
ils commencerent à l'exécuter en chassant
les ennemis de poste en poste & donnant
plusieurs petits combats avec succès. Trasiclée ne quittoit pas un seul moment
son cher compagnon d'armes , & ils s'en-
flammoient de plus en plus l'un pour
l'autre , mais ils n'osoient s'expliquer ;
Alcidaman ayant conçu pour la Reine

un refpect qu'aucune Dame n'avoit encore pu lui infpirer, & Traficlée fachant
bien que fi on vouloit fixer un Chevalier fi aimable, il falloit l'éprouver long-
tems.

Enfin ils parvinrent jufqu'à fe rendre maîtres de la capitale du pays, nommée Trafipolis. La Reine trouva fon
pere enfermé dans fon palais, qu'on lui
avoit donné pour prifon, ils le délivrerent;
& le refte du Royaume ayant été foumis,
il ne fut plus queftion que de donner
des fêtes pour célébrer ces brillantes vic-
toires. Alcidaman remporta tous les prix;
il fe crut alors autorifé à demander la
main de Traficlée; affurément il la méritoit bien, auffi le bon Roi de Tramefonde ne demandoit pas mieux que
de la lui accorder, & c'étoit déjà beaucoup pour le beau François, que de confentir à former un lien éternel; mais
fa Dame crut qu'il étoit néceffaire d'é-
prouver encore la fincérité de fa conver-
fion. Elle employa tout l'art dont une
femme d'efprit & amoureufe eft capable
pour différer de fe rendre, fans faire perdre l'efpérance à fon amant. Enfin elle
finit par exiger un tems d'épreuve, que
l'on fut obligé de lui accorder. Elle fei-

gnit de la jaloufie. Alcidaman recevoit des lettres de reproches de fes anciennes amantes, la Reine voulut les voir, on les lui facrifia, elle fit femblant d'être irritée des affurances d'une tendreffe à laquelle elle étoit cependant bien fûre qu'on ne répondoit plus : ayant trouvé le Chevalier lifant encore une de ces lettres qu'il venoit de recevoir, fans favoir de quelle part, elle devint furieufe, lui fignifia qu'elle le banniffoit de fa préfence, fe doutant bien qu'il n'iroit pas loin, & ne profiteroit pas des offres de fes anciennes maîtreffes. Le Comte de Montclare fentit alors que les grandes paffions entraînent toujours avec elles de grands chagrins & de véritables tourmens. Défefpéré de la cruauté de fa Dame, il fe retira dans une forêt, fituée à l'extrêmité du Royaume de Tramefonde ; y ayant trouvé une grotte trèsbien difpofée pour en faire un hermitage, puifqu'il y avoit tout auprès une fource d'eau claire, & qu'elle étoit entourée d'arbres qui fourniffoient des fruits fauvages, il s'y arrêta, s'y dépouilla de fes armes, & les pendit à la porte. S'étant revêtu d'un habit d'Hermite que lui fournit un payfan des environs, & s'é-

tant ceint le corps d'une corde, il s'é-
tablit dans cette retraite, & réfolut d'y
mener la vie la plus auftere & la plus
pénitente, non pour expier les fautes
qu'il avoit commifes en féduifant nombre de Dames & de Demoifelles, mais
pour témoigner le chagrin qu'il reffentoit de la colere de Trafclée. Auffi cette
pénitence peu méritoire fut-elle accompagnée de circonftances bien fingulieres.
Il fit conftruire au fond de fa grotte
une efpece de chapelle, qu'il embellit
de tous les·ornemens & de toutes les ri-
cheffes qu'il étoit poffible de fe procurer
dans un pays auffi écarté. Il paya bien
cher à quelques petits marchands ambulans qui pafferent près de fa grotte, des
lampes & de l'huile odoriférante, des
pots propres à mettre des fleurs, & des
caiffes dans lefquelles il plaça de jolis arbuftes que lui fournirent les payfans du
canton. Il forma des berceaux qu'il dé-
cora de pilaftres compofés de feuilles,
de fleurs, d'Oripeau, & de papier peint.
Au milieu de ces décorations, s'élevoit
un autel fur lequel on voyoit porté par
des figures aîlées & dorées, le portrait de
Trafclée qu'il avoit fidellement gàrdé
depuis qu'il lui avoit été remis dans le

Royaume de Silvanie. Il étoit entouré
de guirlandes, & furmonté de couronnes
de toute efpece : c'étoit là la divinité du
nouveau temple que le dévot Alcidaman
avoit érigé en l'honneur de fa Dame : il
y avoit employé tout l'argent, & même
les bijoux dont il fe trouvoit chargé au
moment qu'il entra dans la grotte. Du
refte c'étoit la feule dépenfe qu'il fit dans
ce lieu, car il n'achetoit pour vivre
que du pain fec ; mais fa Dame qui le
faifoit efpionner, & prenoit intérêt à fa
fanté, lui faifoit fournir fous main, &
fans qu'il fçût d'où ils lui venoient, des
mets plus fucculens.

En effet, Traficlée étoit dans la difpofition de faire finir cette pénitence, qui
avoit déja duré quelques mois, & n'é-
toit embarraffée que fur le prétexte dont
elle fe ferviroit, lorfqu'une heureufe rencontre le lui fournit. L'illuftre Clarifel
paffa par le Royaume de Tramefonde,
toujours accompagné de Miralinde : il
fut frappé des décorations extérieures de
la grotte ou hermitage d'Alcidaman, &
encore plus étonné, lorfqu'y étant entré, il trouva le jeune Hermite, qui,
ayant allumé toutes fes lampes & fes
cierges, chantoit un Hymne en l'hon-

neur de la divinité de son Temple : comme il avoit eu une éducation très-soi-
gnée , & qu'il avoit la voix naturellement belle , Clarisel l'écouta avec plaisir
sans le reconnoître , ni même le voir
d'abord : voici les paroles de cet
hymne.

DE ce lieu la Divinité
Est un prodige de beauté :
O ! vous , qui doutez de cela ,
    Regardez-la.

Ah ! que ses yeux , noirs & touchants ,
Font espérer d'heureux instants !
O ! vous , qui doutez de cela ,
    Regardez-la.

De son front , l'éclat, la blancheur,
Sont l'image de la candeur :
O ! vous , qui doutez de cela ,
    Regardez-la.

X iv

Non , jamais de plus beaux cheveux
N'ont lié les cœurs amoureux :
O ! vous, qui doutez de cela ,
　　Regardez-la.

Sur fon teint , brillent rofe & lys ,
Et fur fa bouche, jeux & ris :
O ! vous , qui doutez de cela ,
　　Regardez-la.

Sur ce menton : ah ! qu'un baifer
De doux plaifirs pourroit caufer !
O ! vous , qui doutez de cela ,
　　Regardez-la.

Ce fein charmant eft deftiné
A foumettre un cœur obftiné :
O ! vous , qui doutez de cela,
　　Regardez-la.

Ses beaux bras lancent tour-à-tour
Les traits de Mars & de l'Amour :
O ! vous , qui doutez de cela ,
  Regardez-la.

Ce que l'on voit de ses appas ,
Fait aimer ceux qu'on ne voit pas :
O ! vous , qui doutez de cela ,
  Regardez-la.

Mais , jamais à tant de beauté
On n'a joint autant de fierté :
Hélas ! qui penseroit cela ,
  De ces yeux-là ?

Cependant , malgré sa rigueur,
Son portrait charme ma douleur ,
Et c'est le seul soulagement
  De son amant.

Ce Temple lui fut consacré ;
C'est ici que j'adorerai ,
Et son courroux , & ses appas ,
  Jusqu'au trépas.

X v

O ! vous , des belles maltraités ;
Pour refpecter leurs cruautés ,
Venez , & voyez le tourment
D'Alcidaman.

La cérémonie étant finie , & l'Hermite ayant encenfé fon idole , il fe retourna , & le Prince de Grece reconnut avec étonnement fous le froc & le capuchon ce jeune & aimable Chevalier , qu'il avoit armé quelques années auparavant. Il étoit aufli charmant en Hermite qu'en Guerrier. Le premier mouvement de Clarifel fut de rire de fon ajuftement , le fecond de le plaindre , & de lui demander l'explication de cette métamorphofe. L'Hermite fit entrer le Prince & fa Dame dans fa cellule , qui étoit ménagée à côté de la chapelle ; là il leur conta , en très-peu de mots , les aventures agréables qu'il avoit eues depuis qu'il avoit été armé Chevalier ; mais il s'étendit beaucoup fur la vivacité de la paffion qu'il avoit conçue pour l'incomparable Traficlée , & fur les rigueurs dont elle l'accabloit. Clarifel avoit trop d'ufage du monde , pour ne pas fe douter qu'elle ne vouloit que l'éprouver , il

lui promit de fe rendre à la Cour de Tramefonde, de plaider fa caufe, & d'obtenir fon pardon.

Miralinde apprit à Alcidaman, qu'elle
étoit fa fœur, qu'Urgande après les avoir
laiffés pendant plus d'un an courir &
chercher des aventures dans lefquelles
Clarifel avoit toujours donné des preuves
de fa valeur, & elle de fa fagelfe, les
avoit enfin ramenés à Conftantinople,
où après avoir appris à l'Empereur Florifel, que la prétendue bergere étoit une
Princelfe du Sang de France, de la branche de Montclare, ils avoient été unis
du confentement de leurs parens; que
cependant quelque tems après, la Fée
leur avoit ordonné de continuer leur
voyage, & de diriger leurs pas du côté
du pays où ils fe trouvoient. Alcidaman
après avoir embraffé fon beau-frere & fa
fœur, attendit impatiemment l'effet de
leurs promeffes, il ne fut pas long-
tems dans l'inquiétude à cet égard. Clarifel vint bientôt lui annoncer fon pardon, & l'arrivée de Traficlée qui vouloit elle-même venir voir le petit temple
élevé en fon honneur. Le Comte François ayant obtenu fa grace, reprit fes ar-

mes, & retourna à Trafipolis, où fes
noces furent célébrées avec tout l'éclat
convenable à une fi augufte cérémonie.
Les beaux-freres & les belles-fœurs auroient paffé long-temps enfemble dans
cette capitale, fi Urgande ne leur fût
apparu, & n'eût fignifié aux Chevaliers
qu'il étoit temps qu'ils partiffentpour aller
mettre à fin la plus brillante aventure à
laquelle ils étoient deftinés l'un & l'autre. Ils fentirent qu'il falloit obéir ; mais
il leur en coûtoit beaucoup pour fe féparer de leurs charmantes époufes. Urgande les confola en leur difant qu'il leur feroit permis de les conduire avec eux. Traficlée étoit accoutumée à porter les armes
& à combattre aux côtés de fon époux ;
Miralinde avoit auffi accompagné le fien
dans fes voyages : ils s'engagerent donc
tous quatre dans l'expédition pour laquelle
Urgande leur dit qu'il falloit marcher vers
le Mont Caucafe. Ils prirent cette route,
& ils appercevoient déja ces montagnes
dans l'éloignement, lorfqu'ils virent venir à eux un Chevalier & une Dame.
Bientôt ils recornurent ce Guerrier pour
le Prince Rofalmonde. Celui-ci reconnut auffi Alcidaman, & s'avançant fiérement contre lui, voulut reprendre le

combat commencé devant Conftantino-.
ple. L'époux de Traficlée ne l'auroit pas
refufé, Clarifel & les Dames mêmes,
n'auroient pas pu les empêcher de fe battre, fi Urgande n'avoit paru à l'inftant :
elle défendit les voies de fait aux Princes de Grece & de France, & leur dit
qu'elle alloit enfin leur déclarer à tous
trois quelle étoit l'importante commiffion
dont ils alloient être chargés, & qu'ils devoient exécuter tous trois de concert. Pour
qu'ils puffent l'écouter tranquillement, elle
entra avec eux & leurs Dames dans une
habitation commode qui fe trouvoit à peu
de diftance du lieu où ils étoient. La Fée
commença par faire embraffer Rofalmonde & Alcidaman, & Traficlée & Théodorine leurs époufes. La derniere étoit, comme nous l'avons dit, Princeffe de Macédoine, fille de Florandin, qui dès les premiers
jours de fa naiffance, avoit perdu fa
mere Enone, & fon pere Florès de
Grece. " Vous devez, leur dit Urgan-
" de, pénétrer à travers les montagnes
" que vous voyez, jufques dans le val-
" lon, dont la plus grande & la plus
" belle partie eft occupée par le châ-
" teau du tréfor. C'eft-là, que depuis

» près de deux siecles ont été transpor-
» tés successivement vos ancêtres. Ceux
» qui y sont entrés les premiers sont les
» fils & petits-fils de Trébatius , de qui
» descendent Alcidaman & Miralinde.
» Les Sages y ont conduit ensuite ces
» fameux Amadis , de qui vous, Clari-
» sel & Rosalmonde , vous vous faites
» honneur de descendre. Théodorine y
» trouvera son grand-pere Florès de Gre-
» ce. Trasiclée ne rencontrera point de pa-
» rents dans ce château ; mais sa beauté
» la rend digne d'être aimée de Clari-
» diane & d'Oriane «.

On ne peut douter du plaisir que
fit cette déclaration aux trois Princes
& à leurs épouses. Dès le lendemain
ils se mirent en route , & traverserent
le Mont Caucase. Aux approches du
château , ils trouverent des fantômes ,
des monstres , & des Géants , que les
trois Princes & l'Amazone Trasiclée furent obligés de combattre & de vaincre : c'étoit une cérémonie nécessaire à
la rupture de tout enchantement ; mais
on juge bien qu'ils en vinrent aisément
à bout ; le bruit des coups qu'ils porterent , fut le signal auquel les habitans

du château reconnurent l'approche de leurs libérateurs. Ils avoient d'ailleurs été avertis par Alcandre , & ce fut cet Enchanteur qui les leur préfenta ; ils allerent d'abord tous enfemble au tombeau de Trébatius auquel ils rendirent leurs hommages. Les trois Princes baiferent enfuite les mains de tous leurs ayeux encore exiftants ; & les Princeffes embrafferent l'Impératrice & les Reines leurs ayeules , ou celles de leurs époux. Cette reconnoiffance fut auffi noble qu'intéreffante ; il s'y verfa bien des larmes de joie & de tendreffe. Enfin , il fut convenu qu'ils pafferoient encore quelques jours enfemble dans ce lieu , après quoi cette augufte famille feroit rendue au monde. Ce plan fut exécuté ponctuellement. Pendant ce court féjour , les derniers venus ne cacherent rien à leurs ancêtres de ce qui leur étoit perfonnel. Alcidaman ne leur diffimula pas fes erreurs, & les affura qu'il en étoit bien revenu depuis qu'il s'étoit attaché à Traficlée. Il reçut de douces & paternelles réprimandes ; mais les anciens Héros en conclurent que l'efprit févere & régulier de l'ancienne Chevalerie commençoit à fe perdre dans le monde , & que c'étoit

fans doute pour cela que les Sages avoient
jugé qu'il falloit les rendre à l'univers.
Ils furent confirmés dans cette opinion
par Urgande & Alcandre.

Enfin le jour fixé pour le départ étant
arrivé, vingt chars attelés d'animaux aî-
lés se trouverent prêts, & les Sages y firent monter tous les Héros & leurs Dames. Ils traverferent les airs, & s'abattirent fur la grande place de Conftantinople, devant le palais qu'occupoit encore
dans un âge très-avancé l'Empereur Florifel de Niquée, fils d'Amadis de Grece,
& arriere petit-fils du grand Amadis de
Gaule. Les Sages lui avoient confervé
la vie pour qu'il pût rendre témoignage
que c'étoit fon pere, & quelques autres Héros qu'il avoit encore vu, qui
revenoient dans le lieu de leur origine. Jamais cris de joie, tranfports
d'admiration & de fatisfaction, n'ont
égalé ceux dont fut alors remplie Conftantinople. On tint dans la grande falle
du Palais, qui portoit encore le nom de
Trébatius, le plus augufte & le plus important confeil qui ait jamais été tenu.
Florifel y préfida, les anciens Empereurs
& Rois déclarerent qu'ils vouloient fe
contenter de leurs titres purement hono-

raires, & fans exercer aucune autorité, pro-
teftant qu'ils l'abandonnoient volontiers
dans la Grece à Florifel, & que quant aux
autres pays, ils y laifferoient régner ceux de
leur poftérité qui en étoient en poffeffion.
Florifel après les avoir remerciés tendrement & refpectueufement, les avertit
que la Grece & toute la Chrétienté
étoient menacées d'un dernier effort de
la part des Payens ; que ces Idolâtres
irrités de ce que plufieurs des Princes de
leur parti les avoient abandonnés en embraffant le Chriftianifme, de ce que Pri-
maleon, Roi d'Ethiopie, partageoit fon
trône avec une Princeffe Grecque ; que
les Reines des Parthes, de Samotrace,
de l'Inde & de Perfe avoient époufé
de jeunes Princes Grecs, fe fouvenant
qu'un de ceux-ci, fils de Trébatius, avoit
régné fur la Schytie, en époufant Lindabride, & avoit reçu les hommages des
Rois de la Chine & du Japon ; furieux
enfin de ce que dans toute l'Europe, il
ne reftoit plus d'Idolâtres qu'aux extré-
mités les plus reculées, & dans les pays
les plus voifins des pôles, ils s'étoient
déterminés à fe liguer, & étoient convenus qu'au printemps fuivant, ils fe
rendroient, des deux bouts de l'univers,

dans les plaines de Bagdad , pour y faire des efforts inconcevables contre la Chrétienté.

Après avoir bien raifonné fur cette affaire , les Héros furent d'accord d'appeller de tous côtés les Souverains leurs defcendants , les Chevaliers , & les troupes fur lefquels ils avoient anciennement dominé , & de leur donner rendez-vous dans l'Afie mineure, pour qu'au printemps toutes marchaffent contre les Payens. Cette grande réfolution étant prife, les courriers furent dépêchés de toutes parts , les mefures combinées & tout concerté.

Cependant l'hiver fe paffa à Conftantinople en fêtes fuperbes, & fur-tout en tournois. C'étoit ce genre de divertiffement qui plaifoit le plus aux Héros défenchantés , & il y avoit long-temps qu'ils n'en avoient vu ; on leur propofa à tous de joûter ; les plus anciens d'entr'eux , tels que le Chevalier du Soleil, fon frere Rofïclair , Claridian & Claridiane , & même Elene de Dace le refuferent , & ne voulurent être que Juges & fpectateurs ; mais Poliphébé, Claramante & Rofabel, qui avoient été enchantés jeunes , & qui n'avoient rien perdu de leur premiere vigueur, y confentirent. Le grand Amadis des Gaules fe trouva le plus vieux de tous ceux qui combattirent ; mais c'étoit en même temps le plus fort, le plus adroit, & celui qui avoit la meilleure grace. Quand il parcourut la carriere en marchant à la tête de tous ceux qui devoient joûter, il parut fi beau, fi noble & fi fier, que le peuple de Conftantinople enchanté, s'écrioit : » vive le grand Amadis. C'eft » toujours le Chevalier de la verte épée, » difoient les uns ; ce n'eft plus le beau » Ténébreux, difoient les autres, c'eft » le beau lumineux : vive Amadis , » crioient-ils tous , vive fon illuftre » poftérité , vivent fes glorieux an- » cêtres, qui nous font rendus avec lui; » puiffe cette brillante race régner à ja- » mais fur nous & nos enfants « !

Amadis remporta tous les prix, on affure même qu'il n'eût pas befoin de complaifance pour les gagner. Il en reçut une partie des mains de fa bifayeule la Reine Olive , & l'autre de celles de fa chere Oriane, dont il avoit invoqué le nom en commençant à combattre.

L'enthoufiafme qu'occafionnerent fes fuccès & fa bonne grace, lui procura une

aventure affez agréable, & dont il fe tira en
Seigneur de la vieille Cour. Une belle &
jeune Reine de Lemnos étoit alors à Conftantinople, elle s'appelloit Cléofile ; elle
n'avoit point encore agréé de Chevalier,
& on lui reprochoit fon indifférence &
fes rigueurs. Enfin elle déclara qu'elle ne
vouloit aimer que l'ancien, mais toujours
aimable Amadis des Gaules. On applaudit à fon choix, & on s'empreffa de
l'annoncer au Héros. Celui-ci fe rendit
auffitôt auprès de la belle Reine, & après
s'être mis à fes genoux, & lui avoir baifé
la main : » Madame, lui dit-il, je fuis
» encore plus flatté que furpris des fenti-
» mens dont vous m'honorez, mais à
» mon âge on ne peut plus être attaché
» qu'aux Dames que l'on aime depuis
» plus d'un fiecle. J'adore Oriane, & je
» ne lui ai jamais été infidele, vous con-
» viendrez avec moi qu'il feroit bien tard
» pour commencer «. Cléofile convint
en fouriant de la jufteffe de cette réponfe, & fe retrancha à demander à
Amadis un Chevalier & un époux de fa
main & de fa famille. Ce Patriarche des
Héros fit auffi-tôt appeller le jeune Amadis de Trébifonde, fils légitime d'Amadis d'Aftrée, & de Rofaliane, & deftiné

à porter la Couronne impériale de Trébifonde : » Madame, dit-il, en le pré-
» fentant à la Reine de Lemnos, voici
» un jeune Prince de mon lignage, &
» qui fe montre déja digne d'en être,
» il porte mon nom, & eft le quatrie-
» me de ceux de mes enfants qui l'ont
» porté après moi ; en vous le préfen-
» tant, je vous offre un autre moi-mê-
» me ». L'on juge bien qu'il fut accepté.

Enfin le printemps étant arrivé, &
toutes les troupes étant raffemblées, on
marcha, & on fe trouva le premier de
Mai en préfence des ennemis. L'armée
Chrétienne fut rangée fur quinze colonnes. A la tête de chacune étoit un
Héros de la plus grande réputation. Cinq
de ces colonnes compofoient le corps de
bataille commandé par le Chevalier du Soleil & fes plus proches parents. Cinqautres
compofoientl'aîle droite, commandée par
le grand Amadis de Gaule, & ceux de fon
lignage qui étoient reftés en France, dans
la Grande Bretagne & en Efpagne, entr'autres Lucendus qui n'avoit point été
enchanté, & régnoit en France, & Ar-
langes qui régnoit en Efpagne. Ils avoient
amené leurs troupes au rendez-vous de
Conftantinople. A la tête de l'aîle gauche
étoient Efplandian & fes defcendants qui

avoient occupé après lui le trône de Conftantinople & de Trébifonde. L'Empereur
Florifel étoit refté à Conftantinople avec
Olive , Oriane , & les autres Dames
qui avoient été enchantées dans le château du Tréfor, & étoient revenues avec
leurs époux , excepté les Amazones telles
que Claridiane , Alaftraxarée , & quelques autres qui pouvoient être auffi utiles dans les armées que les plus iliuftres
Chevaliers , & qui par cette raifon
avoient voulu combattre auprès de leurs
époux.

Les Payens oppoferent à l'armée Chrétienne un pareil ordre de bataille & un
même nombre de troupes rangées également fur quinze colonnes , divifées en
trois corps ; celui du milieu , ou corps
de bataille , étoit compofé d'Africains
barbares & fauvages , & les plus redoutables d'entre tous les peuples idolâtres. On voyoit à leur tête les Rois des
Nubiens & des Caffres , & l'Empereur
du Monomotapa. Les troupes des uns
étoient compofées de lions , finon appri-
voifés , du moins difciplinés pour la guerre ; les autres conduifoient des batail-
lons entiers de tigres & de léopards. Il y
avoit des efcadrons d'autruches & de
dromadaires portant des cornes à la tête.

L'Afrique si féconde en monstres, leur en avoit fourni de toutes les especes ; ainsi l'on voyoit dans cette armée des hommes à plusieurs bras, d'autres également fournis de jambes. On en remarquoit qui étoient sans tête, ou qui l'avoient au milieu du corps. Ils étoient très-vifs à la course, car ayant des jambes en haut & en bas, de quelque façon qu'ils se tournassent ils se trouvoient toujours sur leurs pieds. Mais tous ces monstres n'étoient pas capables de déconcerter ni d'arrêter des Héros tels que le Chevalier du Soleil & sa famille. Les cinq colonnes opposées à l'aile d'Amadis étoient composées des Payens de l'Europe septentrionale. Les uns, comme les Finlandois, étoient d'une taille gigantesque, & à côté d'eux étoient leurs voisins les Lapons, d'une petitesse ridicule, mais d'une incommodité extrême, car c'étoit une espece d'insectes qui se glissoient par-tout, incommodoient fort les Guerriers, & les blessoient au défaut dela cuirasse, avant qu'ils eussent eu le temps de les appercevoir & de se mettre en défense. Il falloit être Amadis pour dissiper cette troupe Payenne ; mais lui & les siens en avoient bien détruit d'au-

ties. L'aîle droite des Payens opposée
à l'aîle gauche des Chrétiens étoit com-
posée de tous les Idolâtres de l'Asie. Les
Géants y étoient multipliés à l'infini,
aussi bien que les dragons, & on y remarquoit plusieurs figures semblables à
celles de ces idoles effroyables qu'adorent
les peuples situés à l'extrémité de l'Inde.
On y voyoit aussi nombre de Bonzes
& de Philosophes adonnés à la magie,
qui se flattoient d'opposer leurs prestiges
à la valeur des Princes Grecs', mais ce
fut inutilement que tout fût employé de
la part des Payens. La réunion des principaux Héros que la Chrétienté avoit
produits depuis plusieurs siecles, étoit un
avantage que rien ne pouvoit balancer.
La bataille se donna, & le succès en fut
si complet, que chaque colonne Chrétienne renversa, défit, anéantit même
celle qui lui étoit opposée. Peu de Payens
échapperent au carnage, & il n'y eut pas
un de leurs Chefs qui revit sa patrie;
au contraire, aucun des Princes & des
Chevaliers du lignage de Trébatius &
d'Amadis ne fut tué, ni blessé. Ils assis-
terent tous le lendemain au *Te Deum*,
qui se chanta sur le champ de bataille.
Si l'on peut dire que les plus beaux *Te
Deum*

Deum font ceux qui fuivent les plus grandes batailles, celui-ci fut le plus brillant
qui ait jamais été chanté, quoique la
mufique fut plutôt bruyante & militaire,
que fçavante & agréable. Après que tous
les Patriarches & les Prêtres qui fui-
voient l'armée eurent été employés à
cette augufte cérémonie, on fit partir
des détachements de troupes Chrétien-
nes pour les pays dont les forces venoient d'être détruites, & qui devoient
être foumis à la domination des Princes
Chrétiens, & par conféquent au joug du
Chriftianifme. On mit à la tête de ces
détachements des Chevaliers du fecond
ordre, mais braves & expérimentés,
& on les fit accompagner par d'habiles
Prédicateurs & de zélés Miffionnaires.
Ils eurent ordre d'attendre les Souverains deftinés à ces pays, & qui devoient les fuivre inceffamment. Cependant ces Princes retournerent tous à
Conftantinople, & y recurent les honneurs d'un triomphe plus beau qu'aucun
de ceux dont les Empereurs Romains
ayent jamais été honorés.

Ils ne tarderent pas à délibérer fur la
maniere dont ils devoient partager entr'eux le monde qu'ils venoient d'affu-

Tome II. Y

jettir prefque en entier. Voici quel fut
le réfultat de cette grande délibération :
les Princes de l'ancienne famille de Trébatius, renonçant à tous les trônes de la
Grece, de l'Afie mineure, & de l'Europe, qu'ils avoient autrefois occupés,
réfolurent, par le confeil des Sages, de
fe tranfporter dans les pays les plus éloignés, dans lefquels cependant la réputation de leurs exploits & de leurs vertus étoit déja plus d'une fois parvenue.
Nous allons voir comment cette réfolution s'exécuta, avant que de parler du
refte de la diftribution des Couronnes.
Sept chars, pareils à ceux qui avoient
tranfporté les premiers Héros dans le
château du tréfor, fe préfenterent à eux,
ils y monterent avec autant de Sages.
Celles de leurs époufes qui les avoient
fuivis dans leur enchantement, ne les
quitterent pas. Les premiers de ces chars
s'abattirent fur la grande place de Nanquin, capitale de la Chine, où l'illuftre Alphébé, autrefois le Chevalier du
Soleil, étoit attendu depuis plus d'un
fiecle. Nous avons vu que la Reine Julie, amie intime de Lindabride, n'avoit
point quitté cette Princelle pendant fon
enchantement, & avoit repafié avec elle

& Claramante en Scythie. Après la mort
de sa protégée, Julie étoit retournée
dans ses Etats, où elle avoit régné long-
temps avec sagesse, & avec gloire. Nos
Lecteurs sçavent qu'elle étoit Enchanteresse, mais de celles qui n'emploient
l'art de la magie qu'à faire du bien ;
étant morte sans enfans, elle avoit fait
un testament par lequel elle ordonnoit à
ses Sujets de se gouverner par le conseil de quelques sages Ministres qu'elle
leur indiquoit, & qui devoient se nommer eux-mêmes des Successeurs, à me-
sure que quelqu'un d'entr'eux viendroit
à manquer, jusqu'à ce qu'il leur arrivât
du côté de l'Orient un Monarque qui leur
seroit présenté par les Sages, & qui devoit
rendre l'Empire de la Chine le plus heureux
& le plus glorieux du monde. C'étoit le
Chevalier du Soleil ; les peuples de Nanquin le virent descendre de son char magique avec des transports de joie & d'admiration. Les Régents de l'Etat le placerent avec satisfaction sur leur Trône, &
y firent monter avec lui l'illustre & belle
Claridiane. Après avoir reçu avec grâce &
bonté les hommages qui lui étoient dûs,
Alphébé s'occupa du soin de rétablir le
bon esprit de la Chevalerie dans le pays

qu'il alloit gouverner, & d'y faire régner les plus sages loix. Ce pays en avoit déjà quelques-unes de bonnes ; mais pour les multiplier & les perfectionner , Alphébé ayant appris qu'il y avoit dans les montagnes Septentrionales de la Chine, un Philosophe du plus grand mérite & de la plus grande sagesse , nommé Confucius , il le pria de se rendre à Nanquin pour l'aider de ses conseils. Le Philosophe obéit , & l'on suit encore dans cet Empire une partie des sages loix qui furent faites alors.

Claridian destiné à succéder à ses parens , au gouvernement de ce brillant Empire , y étoit arrivé en même-tems qu'eux. Lorsqu'Alphébé eut fait publier les sages maximes de Confucius , il chargea son illustre fils de les faire connoître & pratiquer dans la vaste étendue que l'Empire de la Chine avoit alors; car elle comprenoit non-seulement le Japon , mais la plus grande partie des Indes en deçà & en delà du Gange. Après avoir employé bien des années à des soins si importans & si utiles, Claridian revint dans la capitale de la Chine, pour y voir expirer ses illustres parens dans un âge très avancé. Leurs corps furent transfportés par les Sages dans le Pantéon, où reposoit déja celui de Trébatius. Claridian eut quelques années après le même sort ; leur mémoire est encore dans la plus grande vénération à la Chine, du moins parmi les lettrés & les gens instruits.

Les Sages avoient ramené Claramante dans l'Empire de Scythie, qu'il avoit déjà gouverné avec Lindabride. Ils l'y firent reconnoître, & il y fut reçu avec la plus grande satisfaction des peuples qui avoient conservé la mémoire de sa valeur & de ses vertus. Il rétablit les désordres qui s'y étoient glissés, réunit les parties qui s'en étoient détachées, & ayant épousé en secondes noces, une descendante d'Androne, Roi de Tartarie, de la famille de Zoïle & d'Alicandre, il laissa une postérité nombreuse dont les Héros de la Tartarie (Gengiskan & Tamerlan) ont prétendu tirer leur origine.

Rosiclair, la belle Olive, & leur fils Rosabel furent transportés au centre de l'Afrique dans ces pays barbares qui avoient si grand besoin de sages loix, tant militaires, que civiles ; mais le courage & la prudence des nouveaux Sou-

verains vinrent à bout de les civilifer.
Ils ne produifoient avant eux que des
monftres en tout fens ; fans changer la
couleur des Négres, ni le fonds de leur
caractere, ils en rendirent une grande
partie dociles & difciplinés, & furent les
fondateurs des Empires du Monomotapa
& du Congo.

Les Enchanteurs avoient prévenu le
Chevalier du Soleil qu'ils conduifoient
fon frere Poliphébé, & fon coufin
Elene de Dace, dans des contrées encore
plus éloignées, & que les peuples de l'Europe n'entendroient parler d'eux & de
leur poftérité qu'après bien des fiecles :
effectivement ces deux Princes furent
chargés de fonder les deux grands Empires du Pérou & du Mexique en Amé-
rique. Ce ne fut que dix ou douze fiecles
après, que les defcendants de Trébatius
& d'Amadis par Arlante d'Efpagne,
firent paffer les mers à des Guerriers qui
attaquerent les Souverains de ces Empires, & eurent affez de peine à les fub-
juguer, & à confommer l'injufte projet
de détruire ces belles Monarchies. L'on
fait que les Incas du Pérou fe difoient
defcendants du Soleil, & qu'ils affuroient
que leurs premiers Souverains étoient ve-

nus de l'Orient, d'où l'on peut aisément conclure que Poliphébé fut leur premier Légiflateur, & que c'est lui qu'ils révérent encore fous le nom de Mango-capac.

Retournons à Conftantinople, & voyons quel parti prirent le grand Amadis de Gaule & fes defcendants. Le premier retourna dans la Grande-Bretagne, héritage de fa chere Oriane ; mais voulant s'affurer d'un fucceffeur, il y conduifit avec lui fon arriere petit-fils le charmant Clarifel & fon époufe Miralinde. Ce fut effectivement à eux qu'il laiffa le trône de la Grande-Bretagne, & il mourut comblé de gloire & d'années.

Galaor retourna dans fes petits États de Sobradife, pour ne pas s'éloigner de fon cher frere Amadis ; mais il confentit que fa poftérité allât régner fur les pays feptentrionaux, qui, depuis la grande bataille avoient été foumis à la foi & à la domination des Chrétiens. Ce fut donc Lifpant d'Efpagne, qui avoit époufé l'héritiere de Galaor, qui paffa de ce côté. Il y régna long tems, & fa poftérité s'allia avec celle de Clarabel, fils de Rofabel & d'Euphronife ; d'eux font

Y iv

venus plufieurs Princes, la plupart auffi
vaillants qu'aimables, & dont le goût
pour la galanterie, a fondu pour ainfi
dire les glaces du pays qu'ils ont habité.
Le petit Royaume de Sobradife fut
uni à l'Angleterre après la mort de
Galaor.

Floreftan paffa le refte de fes jours
auprès de fon frere aîné Amadis. Il
avoit avant fon enchantement, aban-
donné fon Royaume de Sardaigne à fon
fils, qui portoit le même nom que lui.
Ce Floreftan fecond, fut pere de Floreftan troifieme, qui époufa l'héritiere de
l'Empire de Rome, & régna fur
toute l'Italie à laquelle il réunit fon
Royaume.

Anaxarte, fils d'Amadis de Grece, &
d'une Reine du Mont Caucafe, étoit en
poffeffion du trône d'Efpagne en ayant
époufé l'héritiere. Son fils Arlange avoit
eu d'une Princeffe de Lufitanie, Arlante
qui après bien des exploits, époufa Seftiliane, Princeffe de Sibille. Nous avons
vu que ce dernier devint Roi des Nabatéens; mais, après la grande bataille dans
laquelle fon pere Arlange combattit avec
Amadis de Grece fon grand-pere, il retourna avec lui en Efpagne, y mena

Seftiliane , & renonça au trône des Nabatéens.

Argante de Galdap , fils de Rogel de Grece , avoit, comme nous l'avons dit , époufé Silarimene , héritiere de l'Empire d'Allemagne. Sa gloire étant augmentée par celle que venoient d'acquérir encore les Amadis , il fuccéda fans difficulté à l'Empire de fon beau-pere.

Lucendus retourna régner en France, & fon fils Fortunian lui fuccéda.

Alcidaman ne voulut poffèder d'autres Etats que le petit Royaume de Traméfonde, héritage de fa chere Traficlée; mais il faifoit de fréquents voyages en France , & aimoit mieux vivre dans ce délicieux pays en particulier, aimé & confidéré , que d'y porter la couronne. Le fouvenir de fes exploits l'y faifoit refpecter comme un héros & un grand homme; & celui de fes bonnes fortunes multipliées, ne laiffoit pas que de lui donner encore un relief dans la fociété des Dames & des jeunes gens. On prétend qu'au lieu de rétablir l'auftérité des principes de la vieille Chevalerie, il confeilloit de s'en écarter un peu , & qu'il a contribué à perpétuer quelques-unes des maximes relâchées qu'il avoit autorifées par fon exemple. Son histoire prouve que l'on peut être un Héros dans les combats, & un perfide en amour. Sa postérité a subsisté en France , & a formé l'illustre maison de Clermont , dont le Comte Aymon & ses quatre fils se faisoient honneur de descendre.

Le reste de la postérité d'Amadis se fixa & régna dans la Grece , & la partie orientale de l'Asie.

Esplandian qui déjà depuis long-temps avoit pris le parti de la retraite, & s'étoit démis de l'Empire en faveur de son petit-fils Amadis de Grece , acheva ses jours dans la tranquillité & le repos. Lisuart & Amadis de Grece laisserent Florisel en possession du trône de Constantinople. Rogel de Grece l'occupa après son pere ; Sphéramonde fils de Rogel lui succéda, & Rosalmonde à Sphéramonde. Amadis de Grece avoit laissé l'Empire de Trébisonde à Agésilan de Colcos, son petit-fils par Alastraxerée. Il fut remplacé par Amadis d'Astrée son fils , & celui-ci par Amadis de Trébisonde.

Nous avons vu que Silvès de la Forêt, autre fils d'Amadis de Grece , avoit épousé la Reine des Amazones Pentasilée. Leur fils Astrap.l   t un fils nommé Mélinde, qui épousa Cassiane, Princesse du même pays, & son frere Olidor, la Reine mere de cette Princesse : ainsi les Amazones obéirent à la postérité d'Amadis.

Le Royaume des Perses fut aussi gouverné par ses descendants ; car ce fut Dorigel, fils de Rogel, qui y fut envoyé, lorsque Claire-étoile, fille de Rogel & de la Reine Persée, passa en France avec son mâri Fortunian, qui hérita de ce Royaume. Celui d'Ethiopie eut le même avantage, Primaléon, Roi de ce pays, ayant épousé Polixene, fille de Florisel, de laquelle il eut une nombreuse postérité.

Florès rentra dans ses Etats de Macédoine, qui passerent après lui à Rosalmonde, qui avoit épousé Théodorine sa petite-fille.

La couronne des Parthes devoit appartenir à Sphéramonde, ou à Amadis d'Astrée, qui en avoient épousé les deux Princesses ; mais comme ces Princes furent Empereurs l'un de Constantinople, l'autre de Trébisonde, ils envoyerent régner sur les Parthes, Silvan, fils de Silvès de la Forêt, fils d'Amadis de Grece.

C'eſt ainſi que la poſtérité de Trébatius ſe trouva établie ſur tous les trônes de l'Univers. Les Sages après avoir préſidé à un ſi grand & ſi bel arrangement, retournerent chacun dans les iſles & les châteaux où ils faiſoient leur réſidence ordinaire. Ainſi Alquif, ſon épouſe Urgande & leur fille Alquife, ſe retirerent dans l'iſle inconnue, d'autres dans l'iſle ſécrete, dans l'iſle détournée, &c..... Tous ces Sages contens d'avoir renouvellé par le retour des deſcendants de Trébatius, le bon eſprit & les vraies maximes de la Chevalerie dans tout le monde, & d'avoir ſervi d'inſtrumens à la juſtice divine, pour détruire le paganiſme, furent pluſieurs ſiecles ſans faire parler d'eux ; mais ſous l'Empire de Charlemagne, ils ſe mêlerent de nouveau des affaires des Chevaliers de ce tems-là. On en entendit même encore parler dans la Paleſtine du tems de Godefroi de Bouillon. Enfin il n'en a plus été queſtion, & les Héros qui ont paru depuis ſur la terre, n'ont dû leur réputation qu'à leur valeur, ſans que le Diable, ni les Enchanteurs s'en ſoient mêlés.

F I N.

MUSIQUE

DE M. GRÉTRY.

Quand on est belle, af-fable & bonne, En tout temps en tous lieux on plaît : Jo-lie a-vec u-ne cou-ron-ne,

Et Reine en simple ba- vo- let.

J'ai vu la di- vi- ne Sil-

vi- e Mener ses troupeaux

dans nos champs ; Ma foi ! je

leur por- tois en- vi- e,

Et trouvois leurs deſ- tins charmans.

Elle avoit foin de les conduire
Aux pâturages les plus gras ;
Et doucement fembloit me dire :
Toi , vas-t-en paître où tu voudras.

Sans qu'elle ait l'air rude & fauvage ,
D'elle l'on n'eſt pas mieux traité ;
Mais on n'en rend pas moins hommage
A fes vertus , à fa beauté.

Un Prince parle de tendreſſe ,
C'étoit un très - beau Chevalier :
Elle l'éconduit fans rudeſſe ,
Comme un fimple particulier.

Enfin fa naiſſance éclaircie
Lui préſage un deſtin charmant ;
Bientôt une heureufe magie
La met fur un trône brillant.

Lorſque Silvie étoit bergere ,
C'étoit l'honneur de nos boſquets ;
Elle regne en ce jour proſpere ,
Pour le bonheur de ſes ſujets.

⚬⟩⟨⚬

Portant la houlette avec grace ,
Et le ſceptre avec dignité ,
Par-tout où le deſtin la place ,
Elle regne par ſa bonté.

⚬⟩⟨⚬

Reine, elle obtient tous les ſuffrages ,
Et Bergere , on la reſpectoit :
La Cour , la Ville , les Bocages
Retentiſſent de ce couplet.

⚬⟩⟨⚬

Quand on eſt belle , affable & bonne ,
En tout temps, en tous lieux on plaît ;
Jolie avec une couronne ,
Et Reine en ſimple bavolet.

F I N.

TABLE
DES
PRINCIPAUX PERSONNAGES
du second Volume du Chevalier du Soleil.

A

AGéfilan de Colcos, fils de Falange & d'Alaftraxerée, amené par le fage Alcandre au château du tréfor, page 331. Ses aventures ; il époufe Diane de Guindaye, p. 351, jufqu'à 370 ; fa fortie de château du tréfor : il regne à Trébifonde, p. 494, jufqu'à 514.

Alaftraxerée, Amazone, fille d'Amadis de Grece, & de la Reine Zahara ; fa naiffance, eft armée Chevalier, p. 334, jufqu'à 336 : rencontre Silvie, défenchante Anaftarax ; époufe Falange, p. 345, jufqu'à 351.

Alcidaman, defcendant de Périon de Gaule, pere d'Amadis de Gaule & de Lindaraffe, fille de Trébatius, p. 448 ; eft armé Chevalier, par Clarifel, p. 454, jufqu'à 461 ; fes aventures, p. 462, jufqu'à 513 & 514.

Alphébé, (le Chevalier du Soleil) retourne à Trébifonde, p. 66 ; fe rend au port Saint-Georges pour fecourir Trébatius, p. 105. Il s'abfente de Conftantinople pendant la treve, p. 151 ; aborde en Italie, met fin à l'enchan-

B

tour de cryftal , combat Bravorante, Brufaldor & Bombe , défenchante Liriane , & la
rend à Rofabel , eft féparé des Grecs , p. 146 &
147 : arrive près de Rome , tente l'aventure
du défenchantement de Rofelie & d'Arbolinde ; quitte l'Italie , p. 151 , jufqu'à 158 :
arrive en Grece , défenchante Lindabride ,
Princeffe de Scythie , fe fait reconnoître à fon
pere Trébatius , époufe Lindabride , p. 159 ;
combat Bombe , p. 198 : regne en Scythie ,
eft enlevé par les Sages au château du tréfor , p. 240 , jufqu'à 245. Sa fortie du château du tréfor ; il retourne enfuite régner en
Scythie , p 494 , jufqu'à 509.

Claridian quitte Conftantinople , p. 63 ;
combat Bombe , près de la tour de cryftal , p.
68 , jufqu'à 70 : va en Efclavonie , fes exploits dans ce Royaume , fon départ de Croatie , p. 74 , jufqu'à 90. Aborde dans l'ifle
de Crete , défenchante fon oncle Claramante,
s'embarque avec lui pour la Grece , p. 129 ;
jufqu'à 142. Arrive à la tour de cryftal , en
combat les défenfeurs ; eft féparé des Grecs,
146 & 147 , arrive près de Rome , tente de
défenchanter les Princeffes Rofelie & Arbolinde , quitte l'Italie , p. 151 , jufqu'à 158.
Ses exploits en Italie , revient en Grece , p.
191 , jufqu'à 194 ; combat les Ambaffadeurs
Romains , fauve la vie à Claridiane , & à
Archifilore , p. 198 ; jufqu'à 203. Se fait reconnoître à fes parens , époufe Archifilore , p.
223 & 224 : après la paix regne au Royaume
de Lire , eft enlevé par les Sages au château
du tréfor , p. 240 , jufqu'à 245. Sa fortie du
château du tréfor , il regne après fon pere Alphébé , à la Chine , p. 494 , jufqu'à 508.

D

E

G

L

délivre

Tome II.   Z

Z ij

connoît fes fils Clarabel & Léobel , p. 206 ,
jufqu'à 208 ; regne à Conftantinople après la
mort de Trébatius , eft enlevé par les Sages
au château du tréfor , laiffe pour lui fuccéder
en Grece , Trébatius fecond , fon fils , & dans
la Grande-Bretagne , fon autre fils Lifuart , p.
240 , jufqu'à 245. Sa fortie du château du
tréfor , va enfuite au Monomotapa , & au
Congo , p. 494 , jufqu'à 509 & 510.

Rofalmonde , fils de Sphéramonde & de Ri-
charde , fon combat contre Alcidaman , p.
466 , jufqu'à 477. Suite de fes aventures ;
il regne à Conftantinople après la mort de
Sphéramonde , p. 492 , jufqu'à 514.

Rofalvire , fille de Trébatius & de Garofilée , aimée par Lindorian de Niquée , p.
36 : enlevée par un Géant , fon amant la délivre , p. 107 & 108 : eft délivrée par fon
frere Poliphébé , & va avec lui en Grece ,
p. 189 jufqu'à 191. Eft reconnue par fon pere
Trébatius , p. 220 & 221 ; époufe Lindorian ,
le fuit à Niquée , p. 233 , jufqu'à 235.

Rofalvire , fille d'Alphébé & de Claridiane ,
retourne à Trébifonde , p. 66 ; eft enlevée
par le Roi de Rhodes , p. 70 , jufqu'à 74. époufe
Bombe d'Achaye , p. 232.

Rofelie , Princeffe de Rome , s'engage pour
Ecuyer de Lifart , Roi de Tarfes , fous le
nom de Rofelli , p. 15 , jufqu'à 21 ; le fuit
à Tarfes , p. 33 : rencontre Elene de Dace ,
p. 49 & 50 : quitte la Grece , & retourne à
Tarfes , p. 64 : eft enlevée par Nabate , &
enchantée près de Rome , p. 94 , jufqu'à
96 : eft défenchantée par Alphébé , p. 153 ,
jufqu'à 159. Elle fuit en Grece l'Empereur

F I N.

Imprimé en France
FROC031748180919
22190FR00010B/337/P